中国教科书理论研究丛书

石 鸥 / 主 编

国家出版基金项目
NATIONAL PUBLICATION FOUNDATION

教科书编辑学

李 学 / 著

SPM 南方传媒

全国优秀出版社
全国百佳图书出版单位

广东教育出版社
·广 州·

图书在版编目（CIP）数据

教科书编辑学／李学著 . —广州：广东教育出版社，2024. 12
（中国教科书理论研究丛书／石鸥主编. 第二辑）
ISBN 978 - 7 - 5548 - 5651 - 2

Ⅰ. ①教… Ⅱ. ①李… Ⅲ. ①教材—编辑学—研究—中国
Ⅳ. ①G423. 3②G232

中国国家版本馆 CIP 数据核字（2023）第 237598 号

教科书编辑学

JIAOKESHU BIANJIXUE

出 版 人：朱文清
丛书策划：李朝明
项目负责：林　蔺
责任编辑：李浩奇
责任校对：黎飞婷
责任技编：许伟斌
装帧设计：陈宇丹
出版发行：广东教育出版社
　　　　　（广州市环市东路472号12 - 15楼　邮政编码：510075）
销售热线：020 - 87615809
网　　　址：http://www.gjs.cn
E-mail：gjs-quality@nfcb.com.cn
发　　　行：广东新华发行集团股份有限公司
印　　　刷：广东信源文化科技有限公司
　　　　　（广州市番禺区大龙街竹山工业路57号）
规　　　格：787 mm × 1092 mm　1/16
印　　　张：16. 5
字　　　数：330 千
版　　　次：2024 年 12 月第 1 版
　　　　　2024 年 12 月第 1 次印刷
定　　　价：88. 00 元

序
一

　　没有人会怀疑"书籍是人类进步的阶梯"，而这个"阶梯"中最基础、最坚实的那一部分便是教科书。与高头讲章相比，孩童手捧的小课本似乎是微不足道的，但小课本却有大启蒙、大学问。课本虽小，却能培根铸魂、启智增慧。习近平总书记指出，要大力"培养能够担当民族复兴大任的时代新人"。而教科书正是培养时代新人最重要、最直接、最影响深远的工具。它体现国家意志，承载优秀文化成果；它传播科学知识，打开每个人心灵的窗户；它凝心聚力，培育代代新人，为民族复兴注入持久而深沉的力量。可以说，有什么样的教科书，就有什么样的年轻人，也就有什么样的国家未来、民族未来。同样地，我们想要什么样的年轻人，想要什么样的国家未来、民族未来，就要建设什么样的教科书。教科书是"小课本"，但"小课本"却关乎国家大事。

　　石鸥教授从20世纪90年代起就对教科书产生了浓厚的兴趣，边收藏边研究，执着地走到今天，所藏教科书已具博物馆规模，研究团队日益壮大，研究成果不断涌现。2015年，鉴于教科书研究的重要性以及石鸥教授带领的团队在教科书研究上的成果和优势，我所在的教育部基础教育课程教材发展中心与首都师范大学合作，联合成立了"中国基础教育教科书研究与评价中心"，致力于研究基础教育教科书发展和评价中的理论与现实问题。多年来，首都师范大学教科书研究成果丰硕，影响力日益扩大。

　　摆在读者面前的这套"中国教科书理论研究丛书"，既是石鸥教授团队的又一重要成果，更是理论研究对教科书实践的积极回应，是教科书建设的"及时雨"。该丛书不仅把教科书理论推上了一个新高度，也为该领域的一些现实关切和争议的问题提供了专业、科学的解答思路。该丛书的面世对于提升我国教科书研究的理论水平具有重要意义。该丛书分为两辑，此前我为之作序的第一辑已经出版，一经面世就深受好评，屡获重要奖项；本次出版的是第二辑。在第二辑中，研究者将从文化学、心理学、管理学、编辑学、传播学、技术学、评价学等理论视角和专题领域切入，进一步丰富教科书理论体系，回答教科书实践问题。有理由相信，这套"中国教科书理论研究丛书"将推动我国教科书研究迈上一个新台阶。

　　恩格斯指出，"一个民族要想站在科学的最高峰，就一刻也不能没有理论思维"。当前，我国教科书建设亟须理论支持。在某种意义上，教科书理论已经严重滞后于教科书实践，教科书实践正在不断倒逼教科书理论研究。如何评判一本教科书的质量？如何通过教科书培养能够担当民族复兴大任的时代新人？如何提高教科书质量以满足人民群众对更高水平、更加优质教育的期盼？如何在教科书中处理好本土化与国际化、政治性与科学性、传承与创新、教与学的关系？这些问题在理论上都没有得到很好的解释与解决。尤其是，如何增强中国自己的教科书话语能力（从长远来看，教科书话语能力体现的是国家教育实力与教育科学实力），如何构建以中国话语说中国经验的具有中国特色、中国气派的"教科书学"等，已经成为我们这一代教科书研究者的时代使命。

　　这是一个需要教科书理论、呼唤教科书理论的时代。

　　教科书研究者任重道远。

田慧生　首都师范大学教授

2024 年 3 月

序
二

一

教科书应该是世上最珍贵的文本，也是最深入浅出、通俗易懂的文本。它是人类知识的精华，对读者的影响深刻而持久。莫言对此是有感受的："让我收益最大的是上个世纪（20 世纪）50 年代末 60 年代初期，我大哥家中留下很多中学语文教材，每逢雨天无法下地，我便躲到磨坊里去读这些课本……这些教材虽然很薄，但它们打开了农村少年的眼界……对中学语文教材的阅读让我受益终生。"

美国学者多伦曾感叹道："这个国家若没有教科书是难以想象的……教科书是基础或根基的东西。"[①] 著名学者托马斯·库恩认为，"任何一门科学中第一个范式兴起的附带现象，就是对于教科书的依赖。"[②] 实际上，不仅学科发展离不开教科书，个人发展更与教科书息息相关；不仅每个人的大部分科学知识、人文社会知识的获取离不开教科书，甚至我们的世界观、人生观、价值观的获得，都直接受教科书的影响。

---

① 瞿葆奎. 教育学文集：课程与教材：下册[M]. 北京：人民教育出版社，1993：113.
② 库恩. 科学革命的结构[M]. 金吾伦，胡新和，译. 北京：北京大学出版社，2003：85.

大量优良的教科书培养了人的良知，唤醒了人的渴望，引导人们向善向上。

重视教科书研究，是为了提升教科书质量，其终极意义是这一特殊文本能使读者有更良善的发展。教科书对学生的影响是最直接、最深远的。所以，我们必须擦亮眼睛——孩子们的未来与此时此刻正在读的教科书息息相关！

重视教科书研究，是为了让这一独特文本繁荣。真正的教科书文本繁荣，应有强大的学术评论或学术批评作为支撑。我国教科书文化的不发达，与教科书评论的缺席或教科书研究的弱势息息相关。必须承认，目前教科书研究进展还是比较缓慢的，它在独立、自成系统方面并未取得突破性进展，没有产生有突破性意义的新方法，还不能圆满回答教科书实践中的许多重要问题。这或许可以归因于我们关注得太晚、努力得不够、研究角度不恰当，也或许可以归因于教科书太复杂、涉及的学科太多，等等。

重视教科书研究，就是要打造一个关于教科书、教科书史、教科书作者、教科书读者、教科书理论、教科书实践的对话场域，进而构建教科书评价体系，或直白地说——构建教科书学。教科书学的构建是一项相对独立的研究活动，在我国，这是几近原始的处女学术领域。近十余年，有赖于一批同道中人不离不弃地辛勤耕作，教科书学的构建具备了基础条件，时机正在逐步成熟。

教科书学建构时机趋于成熟有几个标志：一是基本完成了严格意义上的中国教科书发展历史的梳理，基本搭建了教科书主要理论视野的分支框架；二是逐步实现了教科书研究从编书经验、教书经验向教科书理论的转换，使教科书研究从教材编写论、教师备课论中走了出来，逐渐自立门户；三是形成了相对系统的知识话语体系和相对稳定的学科结构形态；四是初步实现了教科书理论的专业化转变，有稳定的研究领域、实体对象、结构规模、品牌作品，有广泛的社会、学术、教育和意识形态效应，具有其他学科所不可替代的价值；五是产生了一批有关教科书研究的书籍，有了自己相对稳定的研究平台。当然，根本标志是教科书已成为被高度重视的研究对象，教科书研究已成为一批学者终身的学术事业。

从教育科学的学术发展轨迹来看，21 世纪以来，时代的变革与学术视野的拓宽，尤其是基础教育课程改革的推进，成就了课程教学理论研究的空前繁荣。学校课程及其主要载体——教科书的研究，开始由学术边缘向学术中心移动。近年来，教科书研究逐渐成为整个教育学领域生长最快、最受关注的热点领域之一。这一现象反映了教育科学学术共同体的变化轨迹。

教科书研究逐渐成为新时期教育科学研究的新天地，这意味着学界对教科书文本是学生成长最重要的文本材料的普遍认同。这是学界视野与思维得以拓览的一种表现，是教育科学学术共同体的一大进步。

当然，对教科书的研究，很难完全归入教育学现有学科领域，虽然教育学在这里是主力。对教科书这个客体的研究，主要涉及教育学，同时也涉及历史学、文化学、社会学、政治学、语言文字学，还涉及物理学、化学、地理学、心理学、伦理学、出版学、传播学、管理学、美学、音乐、美术、体育学等各个学科。我们高兴地发现，有历史学家、文学家，甚至有科学史专家、美术领域的专家，都表现出对教科书研究的高度兴趣。这种跨学科研究的发展是 21 世纪以来中国社会科学特别是教育学领域最令人瞩目的地方，由此构建的教科书研究学术共同体，也值得学界高度关注。

教科书研究是无尽的，教科书文本和教科书现象，永远都有可供研究之处。教科书研究进入学术殿堂并成为严谨的省思决断对象，是学术界可圈可点的事。虽然以前有零散的研究，但对教科书真正系统地、有规模意义地研究，还是 21 世纪以来的事。在 20 世纪 90 年代末关于教科书研究的硕博士论文只有寥寥几篇，到最近几年，每年与教科书研究相关的硕博士论文已经超过千篇，试问哪个学术领域有这么快的跃升？不那么谦虚地说，我们团队在推动这一进展方面发挥了积极的引领作用，和全国同仁一道，兢兢业业，不彷徨，不犹豫，执着往前走，终于迎来了可喜的局面——教科书研究领域已日渐开辟出一片新天地，教科书研究的理论特色日渐凸显，以中国话语说中国教育，具有中国特色、中国气派、中国风格的教科书学的新时代正在到来。

二

教科书是有使命的！从事教科书研究也是有使命、有担当的。因为从一定意义上说，有什么样的教科书，就有什么样的年轻人，就有什么样的国家和民族的未来。

教科书学是有责任的！从某种意义上说，它是经世之学。它必须为学生的学习承担责任，这种责任基于两种重要的考虑：一是为了学生的当下，即每日每时的学习自觉和身心成长；二是为了学生的未来，同时也是民族和人类的未来。

基于这一使命和担当，也基于构建教科书学的目的，多年来，我们借助教科书丰富的藏品，在对教科书的近现代发展史进行了系统而卓有成效的梳理后，一刻也没有停歇地把精力转向对教科书现实问题的系统理论探究上，旨在为教科书的重大现实问题提供理论解析，同时为教科书学的建构提供基本的分支理论体系和重要的学术基础。

"中国教科书理论研究丛书"站在新的学术起点上，通过加强教科书研究共同体建设来深化教科书研究，借鉴政治学、经济学、社会学、历史学、文化学、美学、哲学、管理学、传播学、生态学、语言学等学科理论精华，打破不同学科理论的界限，自觉构建教科书研究的本体论、认识论、方法论体系，力求从基础上推动教科书研究的发展和创新，为教科书学的建立构建基本框架。

该理论丛书分两辑，第一辑包括《教科书概论》《教科书美学》《教科书语言学》《教科书生态学》和《教科书研究方法论》，已经于 2019 年底出版。其一经面世就产生了良好的社会影响，已获得多个重要奖项。即将出版的第二辑包括《教科书文化学》《教科书心理学》《教科书管理学》《教科书编辑学》《教科书传播学》《教科书评价学》《教科书技术学》。

《教科书文化学》借鉴文化学的原理与方法，结合教科书文化的研究与实践，揭示了教科书与文化的关系，阐述了教科书的文化传承与创新功能，以及文化冲突对教科书产生的影响，从多个维度探讨了教科书编写过程中的文化观念、教科书内容确定过程中的文化优选和重组、教科书使用过程中的文化意识，旨在拓展教科书研究领域，促进教科书文化研究的深化以及教科书理论的创新与发展。

教科书引领学生培养健全人格，养成核心素养，追求真、善、美。教科书应该也必须考虑学生的心理发展因素。从心理学视角剖析教科书，教科书是不断契合学生心理发展规律的文本存在。《教科书心理学》主要审视教科书文本中的心理学要素，并探析这些心理要素被设计编写进教科书的原因及方式，通过对教科书的深入分析，将暗含于其中的心理学理论或规律挖掘出来，阐释教科书知识的心理学价值，促进教科书质量的提升。

《教科书管理学》一书旨在通过全面、系统地探讨教科书管理的理论和方法，推进教科书管理的科学化和规范化，提升我国教科书管理的水平，以期促进教科书研究（教科书学）成为一门独立学科。

编辑活动是教科书质量保障的生命线。《教科书编辑学》围绕教科书编辑的历史、原理、政策、编辑方式、编辑素养等方面的基础问题，初步建构了教科书编辑学的基本框架，系统呈现了教科书编辑活动的发展过程和具体要求。教科书编辑合理吸纳教学智慧、充分符合教学特性，是推动教科书育人价值更好地转化为立德树人实际成效的必然路径。信息时代，万物互联，教科书编辑应主动拥抱科学技术创新成果，及早布局教科书数字化和数字教科书发展。

《教科书传播学》将教科书视为一种传播媒介。学生不仅是教科书传播的对象，也是教科书传播的主体，更是衡量教科书传播效果的标尺。随着网络新媒体时代的到来，新时代教科书建设需要新的舆论支持，依据传播规律，运用融媒体，整合多种社会因素说服人、打动人、感染人。

什么是高质量的教科书？什么是好的教科书？教科书评价是按照特定目标和程序，对教科书进行价值判断的过程。教科书评价对于提高教科书建设质量具有非常重要的意义和价值。《教科书评价学》聚焦教科书评价的基本理论和实践探索，在分析基本概念的基础上，从视角与分类、过程与方法、实践与应用以及反思与展望等方面深入阐释了对教科书评价的研究。

现代技术是一种特殊的生命系统，具有自身的进化规律。《教科书技术学》意在运用技术思维解析教科书的技术组成元素，探索教科书的技术元素及其演变规律，进而发现教科书未来的可能形态。面向变幻莫测的未来，秉持"为了智能社会生活，为了学生素养发展，为了教师专业发展和为了学校经营"原则，探讨信息时代数字教科书的理想形态，并审慎对待数字教科书应用过程所涉及的多样化主体，释放技术在教科书创制中的功能，使教科书进一步充满能量和生命力。

"中国教科书理论研究丛书"主要提供给这样的读者——他（她）对本丛书的意图以及丛书本身怀有足够深厚的情怀和道义上的支持，进而不苛求它们的绝对完美。我先在这里感谢他们的宽容，毕竟这套书中不少是填补空白的研究，许多系统探索在国内尚属首次，片面和肤浅是不可避免的。我相信，如果我们要等一批高水平、没有瑕疵的教科书研究的理论著作，我们将会等待很长时间。但我们不能等。

我们的研究犹如手电筒，只能照亮黑暗中的一部分，没有办法看到整个黑暗中的所有事物与事件。我们知道，一套放之四海而皆准的教科书研究通则或分析模式并不存在。没有固定不变的教科书研究模式，也没有作为终极真理的教科书理论体系。真正具有生命力的教科书研究是随着思考和实践的不断推进而发展的。

这套丛书是对教科书理论的学术探讨，各书作者都有自己的研究思路与表达风格，更有自己的研究心得。为遵从作者的学术追求，我仅仅对形式方面作了一些粗略的规整。

这套"中国教科书理论研究丛书"的顺利出版，首先要感谢广东教育出版社朱文清社长，感谢李朝明总编辑、卞晓琰副总编辑和夏丰副社长的大力支持，尤其要感谢项目负责人林蔺女士，她的敬业精神令人感动，她的沟通能力让一切困难迎刃而解，没有她的精心呵护，很难想象这套书目前的进展。

当然，最需要感谢的是各位作者，在他们和出版社的共同努力下，这套书第一辑、第二辑两次成功入选国家出版基金项目。

最后，我要感谢时任教育部教材局田慧生局长和时任首都师范大学党委书记孟繁华教授的支持和关心。我知道，他们的支持与关心既是一种鼓励，更是一种期望和鞭策。

石鸥

2024 年 3 月　于北京学堂书斋

目
录

第一章

教科书编辑学概论

人类社会的发展和个人的成长都是以书籍为中介的不断延续创新。一个社会主张什么样的思想观念，期望培养具备何种素养的人才，总是会体现在书籍编写、编辑、出版和发行之中。教科书是一种特殊类型的书籍，是传承人类文明成果的重要载体，随着教育普及程度越来越高，受教育的人口比例不断增长，其地位的重要性和价值的特殊性也日益凸显。在教科书内容和呈现方式受到社会广泛关注的背景下，教科书编辑研究必将成为教科书质量保障的关键课题。

第一节　教科书编辑学与普通编辑学

研究教科书编辑学，首先绕不开的是其与普通编辑学的关系认识。教科书编辑学是编辑学的一个分支，还是教科书研究的一个具体方向？重心是在教科书还是编辑？抑或是综合两者形成的交叉学科？目前尚未得出一致的结论。

一、普通编辑学的研究视域

编辑活动有着悠久的历史和丰富的实践积累，但编辑学的研究却仍处于起步完善时期。"'编辑学'是近三十年来诞生的一门新学科。关于编辑'有学''无学'，也是一个广受争议的话题。"① 尽管如此，编辑学已经取得了支撑其作为一门学科发展的标志性成果，一批学术著作相继出版，研究机构纷纷建立，创设了

---

① 方毅华，郝丽丽. 编辑学概论［M］. 2 版. 北京：中国广播影视出版社，2017：28.

专业期刊，不少高校也设立了编辑学专业，建构起了初步的理论体系，明确了研究对象、任务和方法。从已有成果来看，编辑学的研究重点和教科书编辑的独特性主要体现在以下方面：

1. 编辑活动

普通编辑学研究的编辑活动侧重于归纳不同历史时期的编辑活动发展进程，分析编辑活动的性质，归纳编辑活动的基本要素，并总结编辑活动的规律。现当代编辑活动与传统编辑活动有明显区别，具体表现为与相近学科的兼容性和多学科交叉性，物质性、时代性、间接性、制约性、创造性和系统性是其基本属性，作者、编者、读者、稿本、加工本、出版本是编辑活动的构成要素，包含不断寻找作者与读者之间联结点、寻找社会效益与经济效益平衡点、对作品进行选择和加工等具体规律①。编辑活动，主要是定位于编辑工作，更确切地说是专业编辑人员的工作，与教科书编辑的专业与兼职结合现状并不吻合。

教科书的编辑活动与普通编辑学中的编辑活动既有共性又有较大的差别。在一般的编辑活动中，"编辑活动也由幕后走向了台前，由被动走向了主动，这给编辑工作人员带来了机遇，同时也给传统的编辑观念和编辑手段带来了新的挑战"②。"面对编辑活动的现状，编辑工作者要认识到必须熟练地掌握现代传媒技术的发展，密切跟踪世界信息技术发展潮流，充分利用最先进的信息技术。更进一步说，在这个飞速发展的时代，编辑工作者要有超强的想象力和创造力，勇立传媒技术发展的潮头。"③ 教科书编辑的工作重点在于编选，选择什么样的内容，如何组织内容之间的逻辑结构，如何满足政策要求和方便师生使用，这些工作都要在专业编辑活动之前完成。"充分利用最先进的信息技术""超强的想象力和创造力"一定是限定在已经成稿的文本范围之内。

2. 编辑人员

普通编辑学所指的编辑人员是以编辑活动为主业的专业工作者，其工作对象、专业和工作职务都形成了较为稳定的框架范围。根据编辑内容分为文字编辑和美术编辑；编辑作为专业技术岗位，在达到法定条件下可以晋升专业技术职

---

① 吴平，芦珊珊. 编辑学原理［M］. 武汉：武汉大学出版社，2011：42 – 50.

② 方毅华，郝丽丽. 编辑学概论［M］. 2 版. 北京：中国广播影视出版社，2017：12.

③ ③同②14.

务，具体包括编审、副编审、编辑、助理编辑等层次；编辑还有职务的区分，从高到低可能分为总编辑、编辑室主任、编辑，因编辑出版的内容和方式不同，不同职务编辑承担的责任存在较大差别。图书出版的编辑包括责任编辑和策划编辑等，责任编辑一般在图书出版过程中起主导作用，对图书的社会效益和经济效益负主要责任，策划编辑工作包括准备出版前期相关工作、代表出版社与作者沟通、考虑图书宣传方案等。

与一般的图书出版相比，教科书编辑人员的工作方式具有明显的独特性。即便是教科书编辑，也由选用制度差别导致大学和中小学教科书、部编版教科书和其他科目教科书编辑人员组成的多样化。如部编版《义务教育教科书　语文》版权页列出的信息包括总主编、学段主编、编写人员、责任编辑、美术编辑、美术设计、插图绘制、封面设计等，而非部编版编辑构成人员则更为多样化。2009年，人民教育出版社出版的《义务教育实验教科书　语文》在后记中标明的编辑人员，包括学科编委会主任、副主任，本套教科书主编、副主编，本册编写人员，责任编辑、审稿、特约审稿，插图和封面设计等多类人员信息。教科书不需要策划编辑，主编和编写人员都是编辑主体，是由其使用属性决定的，与出版发行规定要求密切相关。

3. 编辑过程

编辑过程包括选题、组稿、审稿、编辑加工、校对、装帧设计、营销宣传等环节，大部分需要由编辑独立完成，个别事项需要作者和其他人员的配合，同时编辑过程的各个环节并不一定是线性依次推进，有些环节可能需要反复循环。图书出版制度改革后，出版部门或公司的效益将更为直接影响其生存与发展，因而潜在市场、可能的利润及新的发展机会是选题考虑的首要因素，除遵守国家相关法律外，选题还需要遵循与时代同步、服务读者、成本效益和特色创新等原则。一批出版社在选题策划中形成了自己的独特风格。广西师范大学出版集团把社会效益放在首位，以"开启民智，传承文明"为出版理念，以"为了人与书的相遇"为使命，以"出好书"为精神追求，"内涵发展，自我裂变"，走出了被业界称为"广西师大社模式"的发展道路；生活·读书·新知三联书店（简称三联书店）始终保持三联版图书的品位和特色，同时对开拓和发展市场做了积极的探索和尝试，成立了三联读书俱乐部，恢复了《读书》杂志和《生活周刊》，创办了《爱乐》杂志，坚守了学术传播的主要阵地定位。

教科书是落实国家课程政策的主要载体，其理念和内容已由各科课程标准规定，选题环节不具备选择的空间，所传递的知识要求绝对正确，排版装帧和印刷要求更为精致，审稿、编辑加工和校对等环节理应做到零差错。如人民教育出版社的教育类图书尤其在中小学教科书出版领域占有绝对优势，其成立七十多年来，始终坚持正确的政治方向和出版导向，致力基础教育教材和其他各级各类教材及教育图书的研究、编写、出版和发行，已成为基础教育教材编写出版的国家队、主力军，取得了社会效益和经济效益的双丰收。特别是义务教育和高中阶段的政治、语文和历史三科部编版教科书由人民教育出版社编辑出版，对教科书编辑质量提出了更高的要求。

二、教科书编辑学的内涵解析

通常意义上理解的教科书编辑学，应该是教科书学与编辑学交叉形成的专门学问，被当作一门新的学科来看待。学科建立需要有明确的研究对象，有独特的研究方法。教科书出版和使用受到国家高度重视，教科书研究如火如荼，但教科书学却没有正式建立，编辑学的发展也正处于起步发展阶段，因而作为交叉学科的教科书编辑学并不具备坚实的理论土壤和现实根基。学，除了指学问、学科外，还有学术、学理的意思，从学术、学理的角度理解教科书编辑学更加适合当前情形。

离开具体语境，单从语词概念分析，教科书编辑也可有多种理解。将"编辑"作为行为主体理解时，指称教科书的编写者；将"编辑"作为行为活动理解时，指称静态的教科书编辑活动；将"编辑"作为行为动词理解时，也可以说成编辑教科书，指称动态的教科书编辑过程。类似于教育社会学、教育经济学、教育行为学、教科书美学等都属于教育学的分支学科，教科书编辑学仍是教科书研究的重要内容，而不会像新闻编辑学、书籍编辑学、电视编辑学一样归入编辑学的范畴。相对于教科书的使用来说，教科书编辑学研究教科书编辑过程中的学术或学理，侧重的是教科书如何生产、如何将编写理念落实供师生使用的文本依据。简而言之，教科书编辑学主要研究教科书的形成过程。

1. 教科书编辑学的编辑特性

在纸张发明以前使用的书写材料是龟甲等硬物、用竹木削成的薄片或蚕丝织成的素绢。刻在龟甲上的字称为甲骨文，刻了字的竹木为竹简、木简，其书写需要专业技能，速度相当缓慢，并且笨重，既不利于运输，也不方便阅读。"学富五车"的说法，如果不从书籍材质角度理解，就很难读懂其内涵，如庄子言："惠施多方，其书五车，其道舛驳，其言也不中。"本意是在批评惠施这个人虽然写了很多书，但思想与语言均不佳。后世形容学者著述很多时，常用著作等身来形容，著作等身所创作的内容要远远多于"书五车"，原因就在于书写材料的变化。

单片的竹木简上写字的容量极为有限，要更好地表达思想，需要大量的竹木拼接，而这种拼接的材料主要是绳子，"编"与书籍最原初联系的意义就发生了，"把分散的事物按一定的条理组织起来或按照一定的顺序排列起来"①，既可以指对书籍在物理上进行整理使之方便阅读，又可指在逻辑意义上使书籍的内容形成连贯的整体。辑，本义是指车厢，开始与书本并无直接关系。《说文》解释的"辑，车和辑也"以及《六书故》理解的"辑，合材为车，咸相得谓之辑"均与车相关。编与辑连用作为专用名词，是近代词汇发展的结果。在编辑学的研究中，编辑的概念内涵随着认识深入和编辑活动的复杂化引发了广泛讨论，"从20世纪80年代起，编辑学界就围绕编辑概念进行了深入探讨，并形成了较为激烈的争鸣。争鸣的焦点，既是编辑概念认识的分歧所在，也是编辑概念共识达成的难点"②。

相比于普通编辑的文化创造内容，教科书编辑的使命更多在于选择什么样的文化、如何来传承所选择的文化，其创造性主要表现为对文化内容的选择与组织。教科书编辑是指由具有深厚学科背景、学科教学经验和教科书编辑资历的人员组成的团队，围绕特定教学理念和目标选择、组织知识体系、设计教学活动，推动特定年龄阶段学生获得发展的生产劳动。其具有目标导向、服务教学、针对特定学习主体等特性，这是教科书编辑明显不同于一般图书编辑而具有的鲜明特性。

---

① 中国社会科学院语言研究所词典编辑室. 现代汉语词典［Z］. 6版. 北京：商务印书馆，2012：76.

② 段乐川，李莎莎. 编辑概念再认识：争论焦点与融合视角［J］. 中国编辑，2020（1）：10 – 15.

2. 教科书编辑学的教科书视角

编辑内涵的多样性是与编辑实践的丰富性联系在一起的，要更好理解教科书中的编辑特性，需要对比分析教科书及其创造过程与其他出版物的生产过程。

与教科书最为接近甚至互用的一个概念是教材。通常说的教材，是指教学的材料，其外延包括但不限于教科书，凡是用于教学的材料都可称为教材。从历史语境看，整个教育过程都是以教材作为中介，但以教和学的过程为中心的教科书则是近代以来引进西方教育制度的产物。"科举废除，学堂兴起，旧教材被取代已是水到渠成、大势所趋了。到'最新教科书'出现时，教材的性质发生了巨大的变化，传统的教材不得不退出。在文本意义上真正统一了教与学、以'教科书'全面命名的现代教科书全面登场，完成了由纯粹的教本、读本向教学结合的教科书文本的转型。"①

已有相当多的文献辨析了教材和教科书的具体内涵，其理解基本上是大同小异的。2019 年，教育部印发的《中小学教材管理办法》称中小学教材是指根据国家课程方案编写的、供义务教育学校和普通高中学校使用的教学用书，以及作为教材内容组成部分的教学材料（主要包括教材配套的音视频、图册和活动手册等）。《职业院校教材管理办法》称职业院校教材是指供中等职业学校和高等职业学校课堂和实习实训使用的教学用书，以及作为教材内容组成部分的教学材料（如教材的配套音视频资源、图册等）。《普通高等学校教材管理办法》称高校教材是指供普通高等学校使用的教学用书，以及作为教材内容组成部分的教学材料（如教材的配套音视频资源、图册等）。据此，教材就是供不同类型学校使用的教学用书以及教学材料，至于哪些可以被称为教学用书和教学材料，文件仅用罗列的方式呈现。可以预见，随着教育教学实践的不断深入，教学用书和教学材料的形态、承载方式也将发生更新变化。

当前教材制度下的教科书，只包括义务教育学校和普通高中学校中为实施国家规定课程并依据法定程序由专门机构审定通过而使用的教材，这一界定极大缩小了教科书的外延，明确了教科书与教材的从属关系。日本研究者视域中的教科书内涵与此相类似，指"在小学、初中、高中以及与此相当的学校中，根据学科

---

① 石鸥. 民国中小学教科书研究［M］. 长沙：湖南教育出版社，2018：65.

课程组织编排的学科主要教材，是供教学活动使用的儿童或学生用书"①。当然，还存在教科书与教材概念混淆，或虽然区分教材与教科书，但与实际语境不相符的理解，有研究认为"教材与教科书是完全不同的两个概念，教材不完全等同于教科书，但两者又有千丝万缕的联系"。"教科书特指以'课程标准'等文件为指导和依据，由特定出版社出版，用于中小学教与学的文本式参考凭借，即指中小学各门学科学生用书、教师用书及与之相配套的必要的练习册。这里的'特定出版社'指的是取得一定资质的出版社，这些出版社能够出版、发行中小学有关学科的教学用书。"② 类似界定并没有说清教科书的核心属性，将教师用书及与教科书配套的练习册归入教科书，不恰当拓展了教科书的外延。人民教育出版社出版的教师教学用书，为不同年级、不同科目教师提供教学参考，其前言指出"主要目的是帮助教师把握教材特点，领会编写意图，明确教学要求，并提出教学设计和实施的建议。需要强调的是，本书中的教学建议、教学设计、课时安排等，只是给广大教师提供一个教学的基本依据，仅供教师教学时参考"。其中，"帮助教师把握教材特点"所指的"教材"实际上就是教科书，帮助教师把握教科书的教学用书，一定不能归入教科书的范畴。

教科书编辑学的问题域限定于教科书编写活动的基本原理、质量标准、主要方法、评价方式与发展趋势，以及影响并指导编写活动的政策要求、历史状况。

三、教科书编辑学的研究范畴

研究教科书编辑学的根本目的在于拓展教科书研究视域，丰富教科书研究理念，最终落实为教科书编写质量显著提高，以更有利于促进学生的学和教师的教。教科书编辑学的核心研究范畴是教科书编辑活动。"就编辑活动的本质而言，古往今来所有的编辑活动都是编辑主体依据一定的原则对编辑客体进行选择、优化，并使其适宜于传播的创造性的文化活动。"③ "以互联网为表征的知识媒介革命，在深刻改变人类与知识之间关系的同时，也在改变着编辑活动的范式和职

---

① 谭建川. 日本教科书的中国形象研究 [M]. 北京：北京大学出版社，2014：2.

② 孔凡哲，张怡. 教科书研究方法与质量保障研究 [M]. 长春：东北师范大学出版社，2015：3.

③ 邵益文，周蔚华. 普通编辑学 [M]. 北京：中国人民大学出版社，2011：66.

能。而立足于职业信用的新媒体背景下编辑活动的职能，乃是以专业伦理、专业精神、专业理论、专业技能为基础，以专业素养、专业行为、专业技能为内涵的政治职能、学术职能和专业职能的一体化构建。"① 由于教科书的特殊地位和在人才培养中的奠基价值，国家对教科书所承载和传播的文化范围有着明确规定，编辑活动中的创新主要在于传播方式，在知识媒介革命背景下，教科书编辑活动的政治职能、学术职能和专业职能要求更高，三者有机融合的难度更加明显。教科书编辑活动逻辑体现为依据什么理论编辑、怎么来编辑、编辑效果如何以及保障编辑质量需要怎样的编辑素养，相应地编辑原理、编辑方法、编辑质量和编辑素养成为编辑活动的四个基本维度。教科书编辑经历了什么发展历程（教科书编辑历史）、国家对教科书编辑的要求是什么（教科书编辑政策）、根据社会和技术发展方向预测教科书编辑的未来走向（教科书编辑趋势），构成教科书编辑活动研究的外围层，如图 1 - 1 所示。

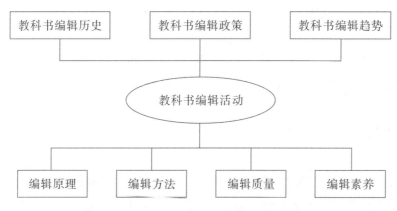

图 1 - 1　教科书编辑活动的基本维度和外围层

---

① 葛洪. 新媒体背景下编辑活动的职能 ［J］. 中国编辑，2020（1）：27 - 30.

第二节 教科书编辑学的现实境遇

教科书编辑学是以教科书编写为研究对象的全新领域，其实践形态已经取得丰硕成果，但理论分析仍然缺乏系统、完整的体系。已有教科书研究成果主要是针对已经编写、出版使用的教科书，很少有对其编辑过程的关注；编辑学是"研究编辑活动的性质、功能、发生、发展过程及其运行规律"① 的科学，也不能表现出教科书编写过程、编写技术、制约因素等教科书生产的特殊属性。教科书编辑的理论建构远远落后于实践的丰富性，无法推动自觉的、高质量的教科书编写活动。

一、教科书编辑学的研究困难在于教科书编辑的复杂性

教科书的功用是教科书编辑复杂性的首要影响因素。教科书向上需要体现特定社会对未来一代的成长要求，向下应当考虑不同年龄段学生学习的心理特征，而两者总是或多或少存在冲突，做到各得其宜、上下满意，就特别需要编辑的专业素养来保障。从这一视角来看，教科书编辑至少要对编写政策、学科内容、学生心理和编辑技术等方面都有较深的造诣，并且要有统筹不同学科、不同知识领域的能力方能整体驾驭编辑活动。叶圣陶、黎锦熙等著名教科书编辑大家，同时也是著名的语言学家、教育家。也可以反过来说，学科专家、教育理论专家或教学一线名师，并不必然具备一名优秀教科书编辑的综合素养。历史上以"政治挂帅"、唯意识形态论或唯学科知识论理念指导下的教科书编辑出现的诸多失误，恰恰也是以惨痛的教训表明教科书编辑的复杂性和理论建构的重要性。

1. 编辑范围拓展是教科书编辑复杂性的主要原因

编辑一词在现代汉语中有两个主要意思，一是指一门职业的称呼，二是指从事作品编写以满足出版传播需要的活动。编辑职业是现代社会分工细化的结果，

---

① 邵益文，周蔚华. 普通编辑学 [M]. 北京：中国人民大学出版社，2011：1.

出现时间较晚，而编辑活动自从有文化起就已存在。历史上有许多名人都从事过编辑活动，如孔子晚年就修订过《诗》《书》《礼》《易》《春秋》等当世在传作品，留下了"韦编三绝"佳话，此后有史记载的典籍整理活动也非常丰富，极大地推动了学术的发展和繁荣。古代教科书编辑伴随"四书""五经"作为科举考试的必读书目，以及《三字经》《百家姓》《千字文》《千家诗》（俗称"三百千千"）作为蒙学教材经典而达到高峰。现代意义上的教科书编辑是与西方学制的中国化同步发生，经最初的借鉴模仿之后，在一代又一代教科书编辑的努力下不断创新发展进入到科学化、现代化阶段的同时，又面临网络时代中数字化的挑战。正是教科书编辑活动的范围逐步拓展和技术含量不断提高，使得其专业化要求越来越高。

从教本转向学本是教科书编辑的重要转向，也是教科书编辑工作面临的关键问题。作为教本的教科书大多是以学科为边界，选择学科内最基础的知识和能力培养活动，按一定的顺序编排而成。现代学制以前的教材，基本是"四书""五经"及其注释，目的是进行道德教化，很少有创新，对学习者心理的把握基本处于自发阶段。科举制度创设之后，对个人才能的评价由背诵记忆、诗词创作等多种形式逐步固化为八股文写作。农业社会的经济特征、封建统治的愚民要求、知识创造的缓慢进展以及人才评价方式的不断固化，导致在上千年的历史中都没有对教科书及其编辑提出根本变革要求。当现代教育强调"双基"（基础知识、基本技能）时，是在延续"知识就是力量"的工业社会要求，教科书以知识为主体，通过设计练习训练能力，线索清晰，编辑活动中更为关注知识或能力本身。进入核心素养时期，教科书的重心明显偏移，不仅关注学生的学，而且在强调"学什么"的同时更加重视"怎么学"和"学了什么"等过程性、个人性特征。教育理念转向与落实，都绕不开教科书创新，离不开教科书编辑创新。

2. 编写主体多样化是教科书编辑复杂性的具体表征

狭义的编辑主体仅指"专门从事编辑工作的人员，一般分为文字编辑和美术编辑"①，其主要职责是保证出版物内容符合思想政治方向、语言表达规范、组稿原则的要求，形式能够满足阅读需要甚至给人以审美享受。事实上，教科书编

---

① 吴平，芦珊珊. 编辑学原理 [M]. 武汉：武汉大学出版社，2011：65.

辑主体不仅包括专业编辑，多数情况下承担教科书编写任务的学科专家更是完成"作品编写"的主要力量。现代教科书出版过程中，专业编辑从事的工作通常局限于技术性范畴，而包括主编在内的编写人员等兼职编辑则决定着教科书编撰意图和实现方式、内容主体等实质性方面。此外，代表国家行使权力的教科书审查者虽然处于编写主体之外，但因审查制度的规约而会对整个编写产生直接影响，知识生产者或知识界主流观点也在相当程度上制约着编写内容的选择与组织。与一般的著作相比，教科书是显性和隐性主体共同交织、各种力量博弈之后的产物。

社会对教科书的广泛关注也是导致教科书编辑复杂性的重要外部因素。教科书内容处理不当成为重要新闻事件或者引发负面舆情都会影响教科书的修订和发行使用。日本历史教科书因刻意掩盖第二次世界大战期间犯下的累累罪行，多次成为引发中日、韩日外交争端的诱因。我国最新版本的语文教科书特别重视中华优秀传统文化、革命文化和社会主义先进文化的传承，数学教科书突出数学思维和数学方法的培养，地理教科书重视人地协调，历史教科书进一步重视家国情怀，既是国家意志的体现，也是社会对未来一代期望的体现。教师使用教材中提出的反馈意见，学科专家提出的专业意见，都需要在教科书编辑过程中综合考量。整体来说，教科书编辑不仅是编写人员的工作，还需要综合判断所有与教科书有关的意见表达。

3. 使用对象差异性是教科书编辑复杂性的最终表现

教科书在很长一段时期称为课本或者教本。2001年启动的新一轮基础教育课程改革主张从教师中心、教材中心、课堂中心转向学生中心、经验中心、活动中心，折射出不同教育理念对教师、学习和教科书作用的不同认识。无论视教科书为教本还是学本，或是作为教学科目的用书，都是用于学生学习知识、培养能力、发展素养的最基本中介材料。教科书服务于特定教育目的，最终是要落实在学生的学习过程和学习结果中。越是重视学生的学习过程和特点，教科书编辑就越为复杂。在知识简单的年代，教育目的往往也相对简单，教学手段方式比较单一，因而教科书编辑更多注重于选择什么知识，或是选择谁的知识。信息时代社会发展速度空前加快，知识获取的渠道更加多样便捷，奠定学习的基础和掌握学习方法的重要性远远超过知识本身，教科书编辑需要考虑的问题要侧重于如何适应学生学习的特点及未来发展需要。不仅要判断"什么知识最有价值",而且要思考"知识的什么最有价值";不仅要培养学生适应社会的具体能力,而且要尽量引导学生成长的方向不出现偏差;不仅要方便教师利用教科书教学,而且要最大限度方便学生的学习。教科书编辑不可能完全满足地区差异、环境差异和师生个体差异的需求,但无论如何都应努力解决由差异所带来的学习问题。

二、教科书编辑学的建设需求在于教科书构成的多样性

教科书构成的多样性涉及科目、学段及版本的多样性。教科书的多样性更加要求高质量的出版保障。在信息时代、互联网时代、知识经济时代,各类信息呈爆炸式增长,知识与信息的界限逐渐模糊。据统计,"我国年均出版图书依然超过50万种,其中新书超过25万种。就品种而言,我国是当之无愧的世界第一出版大国"①,另外还有各类纸质期刊和电子出版物共同构成一个庞大的正式与非正式知识"生产市场"。特别是大数据和智能化程度不断提高的背景下,网络不仅可以为每个人提供一个广阔的知识或信息空间,而且能够根据探索情况自动推送相关信息。然而与教科书相比,除意识形态领域和法律的严格规定外,这些出版物的读者对象大都并不固定或明确,质量也参差不齐。教科书编写出版的主体、过程、审查都有严格的要求和程序。庞大的教育体系必然需要庞大的课程体系作为支撑,教科书是课程的基本载体,其数量和使用量是所有出版书籍中最多的。教育部2022年公布的义务教育阶段课程标准就有16个,义务教育阶段在校学生人数达到1.58亿人。高等教育课程门类更为繁多,共设12个学科(不含军事学)、92个大学专业类、771个大学专业,需要开设上万门课程。教育部发布《中小学教材管理办法》等一系列教材管理办法明确教材"凡编必审""凡选必审""管建结合",明确教材必须体现党和国家意志,将教材建设纳入教育督导范畴,规定义务教育学校不得使用境外教材,将进一步加强包括教科书在内的教材的权威性,推动教材编辑质量提升。

不同教育阶段要求教科书编辑应有不同特点。教育阶段不同,意味着学生发展基础不同,通过教科书传递的知识类型、组织方式、设计思路要体现学生的阶

---

① 张贺. 图书出版,要数量也要质量 [N]. 人民日报,2018 – 12 – 20 (15).

段差异。小学阶段处于抽象经验发展起始时期，学习具有起步和奠基性质，需要学习内容在与生活经验紧密联系的同时能迅速提升符号学习的习惯与能力，教科书应当选择各门学科中基础的、不存在争议的内容，并且排版、装帧符合这一年龄段的特有审美方式。民国前期出版的多套小学语文教科书，用毛笔书写后印刷，课文内容简短，富于生活气息，体现了民族传统审美特质，也符合整个教育启蒙的规律。初中阶段学生开始进入青春期和叛逆期，形象思维快速发展并且理性思维能力显著提升，特别是在当前社会条件下，青少年心理成熟年龄较之以往有所提前，教科书内容应当适当增加概念、命题、原理和规律等抽象知识比重；同时，初中生的学习兴趣和效果开始出现分化，如何既托底保障义务教育最低质量要求，又能满足部分学生进入高中后课程学习需要，成为教科书面临的新难题。高中阶段是基础教育最后一站，高中生学习分化更为明显，《普通高中课程标准（2017年版）》提出的分级学业质量标准，三科统编教材分必修、选修编写，是一种有益的探索，具体效果需要包括教科书在内的课程整体实践检验，如语文教科书以培育语文核心素养为中心，用学习任务群代替原来的课文组元方式，极大改变了传统编写理念和体例，成为教科书编辑的新思路和新示范。

不同教育理念要求教科书编辑具有不同方式。教科书是课程内容的载体，落实课程目标的主要途径。在不同历史时期有不同的教育理念，因而会有不同的教育目标，这都会直接影响教科书编辑。近代学制初立之时，清政府是迫于政治形势而改革传统教育体制，但骨子里并不愿意、实质上也不会同意采用西方的价值观念作为教育取向，因而在课程设置、课程目标等主要环节仍然保持着封建教育的根本，如《奏定初等小学堂章程》规定各学年均设"读经讲经"为主要科目，要求"讲解经文宜从浅显，使儿童易解，令圣贤正理学入人心，以端儿童知识初开之本"。说是用"圣贤正理"奠定儿童一生发展的底蕴，不如说是要把所教育的人规训成为当时制度的忠实拥护者。民国时期，军阀统治更替、国民党专制独裁、日本侵略导致民族危亡，共产党以根据地为中心救国图存，错综复杂的社会现实形成了形形色色的教育理念。但在这一段中国社会至暗时期，教科书发展仍然出现了短暂的繁荣。中华人民共和国成立后一段时期，由于政权建设和社会主义建设道路尚处于探索阶段，教科书建设随之经历了较大的曲折。21世纪以来的第九轮基础教育课程改革，倡导尊重学生学习主体地位，这推动了教科书编写理念和方式发生较为明显的变化。近年来，立德树人教育根本任务逐步得到落实，学生发展核心素养框架逐渐明确并体现在各个学科之中，指向培养德智体美劳全面发展的社会主义建设者和接班人的学科核心素养培育成为教科书编写的基本依据，政治、语文和历史三科教材在中小学统编统用，有力保障了新时代教科书编写进入新的发展阶段。

三、教科书编辑学的特殊价值在于教科书地位的重要性

教科书承载着国家的希望和民族的未来。"教科书这一薄薄的文本是读者最多、最特殊，又最被读者信赖甚至依赖、最耗费读者精力和时间，对读者影响最为深远持久的文本。一代又一代的青少年就是手捧着这小小的文本长大起来的，在一定意义上，有什么样的教科书，就有什么样的年轻人，也就有什么样的国家的未来。"① 正因为教科书对个人、国家和民族发展的无可替代作用，教科书编辑就具有了非常特殊的价值。

1. 教科书直接影响意识形态传播

意识形态有广义与狭义之分，狭义的意识形态与政治直接相关，而广义的意识形态是囊括各种思想观念的总和，通常是潜藏于人的思想结构底层、以无意识方式影响人的思考和行为。教科书选择哪些内容、如何解读所选择的内容，都是受意识形态规范的结果，也是传播特定意识形态的表征。教科书的意识形态内容有直接宣讲部分（政治、历史等学科表现最为明显），也会隐含在看似客观中立的陈述中，如将生物选择进化论作为科学的、确定的教科书知识内容，就是间接否定了宗教观念中的神创说，完全以科学知识的层级为序列、强调科学技术对于人类发展的绝对价值，往往会削弱科学中人的精神的作用和价值。不排除接受教育的学生在未来成长过程中质疑挑战甚至完全否定教科书承载的意识形态要求，但对大多数人来说，教科书认识与呈现世界的内容和话语方式都会在其身上打下深刻的烙印。

教科书的意识形态在多大强度上影响学生的观念，或教科书的意图能在多大

---

① 石鸥. 弦诵之声：百年中国教科书的文化使命 [M]. 长沙：湖南教育出版社，2019：序3.

程度上得到实现，取决于学生的接受情况、社会整体氛围特点，基本的前提或起点是教科书编辑质量。在信息来源闭塞的时代，教科书几乎是影响人们认识世界的唯一渠道，其呈现的内容不容置疑，阅读者也很难有表达疑问的机会和渠道。信息社会中知识获取方式多种多样，有事问百度成为众所周知的口头禅，即便是小学生也能够很便利地使用网络资源查找资料、寻求帮助。在知识承载方式变化的情况下，教科书呈现的事实需要更加严谨，意识形态作为观念性内容，极有可能引发不同的理解，因而要求编辑过程更加要体现出学生的接受特点，充分考虑可能出现的误读甚至反读情况。

2. 教科书是学生发展的重要中介

国家教育方针要求教育必须为社会主义现代化建设服务，意味着教育需要确保社会主义方向、发挥人力资源培养功能，最终检验标准是教育培养的人是否具备未来参与社会主义建设所需要的能力素养和作为接班人的思想素养。学生发展的程度与方向是判断教育效果的依据，教育要实现其目的和计划必然要有相应的手段和措施加以保障，其中教科书的作用特别关键。学生发展包括自然生长和教育所促进的生长两种主要途径，前者是生物本能层面，后者是属于经验生长层面的人类社会特有的方式，"教育上的教材首先由供给现在社会生活内容的种种意义所构成。所谓社会生活的连续性，就是说，在这些意义中有许多是过去的集体经验贡献给现在的活动"①。教科书的作用在于无须个体重复探索过去已经证明的经验，从而能够帮助学生在历史积淀的基础上快速实现个人发展。

教科书如何促进学生经验生长面临诸多难题，社会结构日趋复杂，社会问题层出不穷，就有了足球、消防安全、禁毒等从娃娃抓起等众多要求。"娃娃"的学习时间有限，到底哪些内容是学生发展必须具备的基础，教科书如何将这些必备的经验转化为具体内容，如何排列这些内容体现出发展的基础性和连续性，是教科书编辑过程中始终需要有创新性思考的主题。只有形成合理的知识序列，并且知识序列与学生直接经验能够有效对接，才可能融合为个人发展的内在基础，外在的知识并不必然转化为学生素养，较为丰富的知识储备并不必然转化为问题解决的能力。选择哪些知识、知识如何呈现，是教科书编辑的核心工作，也是教

---

① 杜威. 民主主义与教育［M］. 王承绪，译. 北京：人民教育出版社，2001：210.

科书编辑价值彰显的主要方面。

3. 教科书是文化延续的基本载体

人是符号的动物（该观点由德国哲学家卡西尔提出），人通过符号区别于其他物种而繁衍发展，符号是文化的重要类型，人除了由生理基因决定外，更多是由文化所塑造。"橘生淮南则为橘，生于淮北则为枳，叶徒相似，其实味不同。"橘的种子相当于人的生理基因，淮南、淮北则可类比环境，类似于文化。文化不同，人成长的方向就会不同。任何民族都有自己特有的文化传统，特别是中华民族五千多年的文明从未中断延续至今，在全球化进程不断加快的背景下更凸显出其独特价值，自然需要通过教科书传承进而创新。信息时代任何国家都不可能关起门来独自发展，势必要求未来一代了解熟悉并尊重其他类型文化，这也会对教科书的文化延续功能提出新的要求。

面对日益多元的文化内容和载体，教科书如何处理传统文化与当代文化、中华文化与异域文化的关系，如何引导学生形成正确的文化态度，如何运用恰当的文化观念解决现实困惑奠定价值观基础等一系列问题，需要编辑充分考虑文化内容选择、文化活动安排、文化观念内化的科学化程度，运用恰当方式将外在的文化要求与学生内在的生活经验有效结合，并帮助学生基于特定文化观念来看待当前现实生活。在社会主义先进文化建设的理念指导下，将革命文化、中华优秀传统文化和国外先进文化融入不同学段、不同科目教科书，仍需要统筹规划、顶层设计，需要在社会文化发展大格局下发挥教科书编辑的重要作用。

4. 教科书编用有严格的程序要求

教科书对于未来一代发展的无可替代功能决定了其地位要远高于其他类型出版物，其编写、审查、出版、发行和选用都有严格的要求。2016年10月，新中国成立以来第一个关于整体推进教材建设的中央文件《关于加强和改进新形势下大中小学教材建设的意见》印发，全面部署了大中小学的教材工作。2017年7月，国家教材委员会正式成立，其主要职责是指导和统筹全国教材工作，贯彻党和国家关于教材工作的重大方针政策，研究审议教材建设规划和年度工作计划，研究解决教材建设中的重大问题，指导、组织、协调各地区各部门有关教材工作，审查国家课程设置和课程标准制定，审查意识形态属性较强的国家规划教材。其下设部门委员和专家委员，部门委员由外交部、国家发展和改革委员会、科技部等部委和部分高校科研机构领导兼任，按照学科专业和学段，设置了大中小学德育一体化、思想政治、高校哲学社会科学（马工程）、语文、历史、科学等 10 个专家委员会，成员涵盖学科专家、课程专家和教科研专家以及一线教师，办公室设在教育部，由教育部教材局承担具体工作。

2019 年 12 月发布的《中小学教材管理办法》对教科书编写全过程提出了全新的要求，明确规定教科书编写人员的素质和参加编写的程序。教材编写人员应经所在单位党组织审核同意，并由编写单位集中向社会公示，还应符合以下具体条件：一是政治立场坚定，思想素质过硬；二是义务能力很强，专业素质过硬；三是道德品质高尚，师德师风良好；四是有足够时间从事教材编写工作。教科书主编要在本学科领域有深入研究、较高造诣和学术威望，或是全国知名专家、学术领军人物，在课程教材或相关学科教学方面取得有影响的研究成果，有丰富的教材编写经验，并且审定后的教材原则上不更换主编。教材编写团队由本学科和相关学科专家、教研人员、中小学一线教师等组成，各类编写人员应保持合理结构和相对稳定，每册核心编写人员原则上不超过 8 人。

教科书编辑的复杂性、构成的多样性和地位的重要性，使教科书编辑活动的关注度和影响度远远高于其他出版物，因而研究教科书编辑活动的教科书编辑学创设之路需要更多的学者关注，并积极参与方可铺成。

第三节　教科书编辑学的理论基础

教科书编辑服务于特定社会的人才培养取向、服务于学生的学习，也要服务于教师的教学，因而教科书编辑学需要将包括科学技术在内的社会发展要求、学生学习规律和教师教学理论作为基本理论基础，同时运用视觉表达、信息传播、编辑出版等领域的理论作为重要支撑。

一、教科书编辑的社会学支撑

教科书在社会之中，为社会而编，是推动社会发展的重要资源。社会学是有关人类社会结构及活动的知识体系，并以运用这些知识去寻求或改善社会福利为目标。社会学与教育交叉形成的教育社会学形成了较为丰富的理论来理解、阐释和指导教科书编辑活动，为教材研究提供了理论支撑、保障机制和筛选标准①，结构功能理论、冲突理论和社会批判理论三大流派的教材观最具影响。

结构功能理论主张用功能分析方法分析社会系统和社会制度之间的关系。帕森斯（Talcott Parsons）认为，在社会系统中，行动者之间的关系结构形成了社会系统的基本结构，社会角色是其基本单位。默顿（Robert King Merton）的功能分析方法注重社会文化事项对个人、社会群体所造成的客观后果，提出外显功能和潜在功能的概念；杜尔克姆（Emile Durkheim）甚至将教育目的看作"在于使年轻一代系统地社会化，使出生时的个体我成为崭新的社会我"②。突出个人成长的社会化过程，通过教育灌输集体价值观并培养相关技能是社会学看待教育的主要立场，其主张是教科书编辑应更为密切地联系社会生活、更加有效地推动学生社会化，奠定学生走入社会后正确的角色意识基础。教科书中的性别分析、阶级分析等研究成果，揭示了隐藏于文本之后的男权思想和阶级观念，能够帮助教科书编辑有意识预防可能产生的负面影响。

冲突理论侧重于社会冲突的本质和根源、冲突的类型、预防及其在社会生活中的作用等问题的探讨。达伦多夫（Ralf G. Dahrendorf）将社会看作是统治和被统治两大准社会群体之间的冲突与和谐不断循环的过程；马克思（Karl Heinrich Marx）从社会经济生活中探寻冲突的根源与实质，提出无产阶级与资产阶级之间矛盾的不可调和性。具体到教育领域，冲突理论把学校教育视为对原有阶级阶层以及社会不平等的再生产，学校是阶级再生产的工具。教科书编辑在社会阶层流动过程中应发挥怎样的作用，如何在传播主流文化的同时协调与形形色色的非主流文化之间的关系，如何保障学生在竞争中提高学习质量以最大限度实现教育公平，需要参考冲突理论所提供的思想观点。

社会批判理论以社会中的文化、意识形态为主要对象，是反对种种霸权，启蒙人的自觉、反抗的意识和能力以获得自由和解放的理论。阿普尔（Michael

---

① 王郢. 教材研究导论 [M]. 北京：人民出版社，2016：32 - 33.

② 张人杰. 国外教育社会学基本文选 [M]. 上海：华东师范大学出版社，1989：218 - 219.

W. Apple）认为教育是社会控制的一种形式或是文化危机的具体再现，主张从"什么知识最有价值"转向"谁的知识最有价值"追问，提出"围绕将什么编入教科书中、将什么排除在教科书之外的'正式知识'（formal knowledge）的争论，事实上蕴涵了更深层次的政治、经济、文化联系和历史。围绕教科书所暴露的冲突，往往反映出权力关系上更深层次的问题。它们涉及人们在知识方面最看重什么的问题"①。教科书选择哪些知识、有意排除哪些知识，既有意识形态的规范，又是权力主体判断知识价值的结果，教科书编辑需要有意识地运用批判理论审视所选择的内容，并预防潜在的负面影响。

二、教科书编辑的学习论支撑

随着对教科书功能认识的深入，教科书从作为"教的材料（教材）"越来越转向于作为"学的材料（学材）"，从学习论的视角编辑教科书是提高教科书质量的重要途径。

早期的教科书编辑的学习设计主要是依据一般心理学的理论。如赫尔巴特（Johann Friedrich Herbart）认为教育学作为科学，是建立在实践哲学和心理学的基础之上，"前者说明教育的目的，后者说明教育的途径、手段与障碍"②。教学需要改善学生已有的经验，因而教科书的编写和教学内容的确定都要考虑学生心理发展特点。皮亚杰（Jean Piaget）将个体发展分为感知运动阶段（0—2 岁）、前运算阶段（2—7 岁）、具体运算阶段（7—11 岁）和形式运算阶段（11 岁以上），一直被看作教科书编写的重要依据。行为主义、社会学习理论、信息加工理论进一步研究人类学习的形成方式及其内在机理，推动学习心理研究从一般心理学理论中分化出来建立了学习科学分支，为教科书编辑持续提供更为具体明确的支撑。

行为主义从动物学习的实验中提出学习论主张。联结理论认为，学习是刺激和反应之间的联结，通过尝试—错误—再尝试的往复过程完成，包括问题、动

① 阿普尔，克丽斯蒂安－史密斯. 教科书政治学［M］. 侯定凯，译. 上海：华东师范大学出版社，2005：4.

② 赫尔巴特. 教育学讲授纲要［M］//单中惠，杨汉麟. 西方教育学名著提要. 2 版. 南昌：江西人民出版社，2004：221.

机、试探、偶然成功、淘汰与选择、融合与协调等环节；操作性条件作用理论将强化看作学习的核心，行为的变化是正、负强化刺激的结果。行为主义学习理论将动物的实验简单类推到人类行为，忽视了人在学习过程中对复杂的情境把握与反应方式，忽视了个人特性对学习的影响，特别是忽视了人类学习中情感态度和价值观的作用，其机械倾向受到很多批评；但整体而言，对某些学习行为确实有较为直接的指导作用，可作为当前教科书编写的重要参考和依据。比如，将学习内容与练习有效结合、针对特定内容设计具体的练习活动，能够正向强化学习效果，同时也可采用负强化手段，引导对不良学习现象或行为产生抑制情绪，从而促使学生朝预期的方向发展。

社会学习理论针对行为理论偏重于个体行为的探讨、忽视社会环境因素在学习中的重要价值、不能全面体现人类学习的本质特征等缺陷，主张学习是个人认知、行为和环境相互作用的结果。班杜拉（Albert Bandura）在一系列科学实验的基础上建立了社会学习理论，其核心观点包括"交互决定论"和"自我调节论""自我效能论"等内容。他认为，决定人类的行为可分为先行因素和结果因素，先行因素有遗传、行为预期及社会预兆性线索，结果因素有替代性强化和自我强化，两者之间是交互决定的关系。人的行为受外界环境影响，也受自我生成的内在因素控制，通过自我观察、自我判断和自我反应三个过程完成内在因素对行为的调节。自我效能是个体对自己能否在一定水平上完成某一活动所具有的能力判断、信念或主体自我把握与感受，其形成主要受行为的成败经验、替代性经验、言语劝说、情绪的唤起以及情境条件等因素影响。教科书要更好地促进学习，所选择和安排的内容需要尽可能具有广泛的包容性，能够将学生的认知发展和行为活动与社会环境结合起来，尽力为教学活动开展提供延伸空间。

认知学习理论认为，"学习是通过理解，主动地在头脑内部构造认知结构的过程，不是受习惯支配而是受主体的预期引导。有机体当前的学习依赖于他原有的认知结构和当前的刺激环境，教学的目标在于帮助学习者把外界客观事物（知识及其结构）内化为其内部的认知结构"①。发现学习论主张学习是主动接受知识的过程，包括获得、转化和评价等几乎同时发生的过程，促进学生主动学习需

---

① 张大均. 教育心理学 [M]. 3 版. 北京：人民教育出版社，2015：81.

要教科书所呈现的知识结构与学生认知结构发展特点相适应。有意义接受学习论提出的先行组织者策略，学习新知识时先提供能起组织作用的、概括抽象化程度较高的材料，把新的内容与学生已有的知识联系起来，帮助学生组织要学习的材料。提供先行组织者的目的就在于用先前学过的材料去解释、整合和联系当前学习任务中的材料（并帮助学习者区分新材料和以前学过的材料）。认知学习重视学习者的认知结构，突出学习中个体的理解与建构，因而教科书内容组织及其逻辑体系应当符合学生认知发展的需要，为教科书编辑提供明确的框架组织要求。

教科书需要根据特定教育目的选择和组织人类文化优秀成果并有效传递至未来一代，并以此为个体发展的内在基础，包括业已存在的知识体系、价值取向等静态内容，也包括试图将这些知识和价值观个体化的学习活动设计，学习论的研究侧重点更多在于学习活动如何展开，能够从学习的视角为教科书编辑提供理论依据，从而保障教科书拓展适应范围和针对性。

三、教科书编辑的教学论支撑

教学是教师依据特定目标，以教材为中介指导学生获得发展的活动。教与学的关系历来是教学论关注的重点内容，教与学的矛盾至今仍是教学论研究的基本领域。教科书对教与学的关系认识和矛盾处理方式，直接受制于主流教学论的发展情况。

教学思想随着教学活动出现而产生，随着教学活动丰富而复杂。我国古代教育成就斐然，教学研究起步早，但由于社会发展形态及近代以来科学发展落后等原因，一直没有自觉形成系统的教学论学科体系。1904 年引进现代学制以后，传播改造西方教学思想并使之本土化的努力，推动了教学论研究的中国特色形成，并直接影响到教科书编辑活动。清末仍以"圣贤正理深入人心"为教育之根本，"四书""五经"作为传统文化经典原著依旧保持着教材主体的地位；民国时期，一大批留学归国博士带回欧美教育思想，倡导教与学的结合①，倡导知识灌输转为知识教学，教科书的内容安排、习题布置、版面设计逐渐重视学生学

---

① 陶行知将教授法改为教学法，叶圣陶提出"教的法子须依据学的法子"，展开道尔顿制、平民教育等多种教育改革与实验，极大地改变了传统教育中的内容和方法。

习的特点，进行了多样化的探索；中华人民共和国成立后，受苏联教学论影响，特别重视教师的教和教科书的权威地位，在相当长的时期内，教学论都在回应"知识就是力量"的主张，强调以知识学习为中心，将选择哪些知识、如何排列知识作为教科书编辑的中心工作。进入 21 世纪以来，学生的经验、学习特点被特别强调，变教材为学材的呼声高涨，教科书编辑重教、重学的取向逐渐明晰。

教学论对教科书的编辑提出了多种理论主张，其中关于教科书组织方式的观点影响最为直接。教科书编写需要遵循学科逻辑和心理逻辑。学科逻辑是依据学科知识本身的序列展开，强调对学科内容的结构化处理，从低学段到高学段不断螺旋上升拓展知识的广度和深度。如物理学科知识在小学是作为科学教科书中的一项要素，初中则安排力学、声学、热学、光学、电学等较为简单的内容，高中三年则在初中基础上进一步加大难度。心理逻辑是以学习者的心理发展特点和兴趣为依据组织教材内容，杜威（John Dewey）认为有组织的教材是"和儿童的经验相类似的许多经验的成熟产物，这些经验包含着同一个世界，也代表着和儿童类似的许多能力和需要"①。布鲁纳（Jerome Seymour Bruner）更为大胆地指出，只要与儿童学习的可能性结合起来，任何学科知识都可以用在智育上正确的方式教给任何年龄段的任何儿童，教材内容的心理组织方式是运用"智育上正确的方式"的重要基础。

开始关注教科书的教学性。教科书的教学性是从功能、属性层面明确指出教科书编辑应当是基于教学、为了教学，教科书质量判断标准应以适合教学的情况为最重要的依据。教科书的教学性看上去是一个常识性的命题，似乎已是不言自明，但在教科书编辑受到较强外力限制时，在实际操作中很不容易把握各类需求之间的平衡而往往以损害教学性求得教科书的顺利出版。"基于教学性是教科书的内在需要这一理论可以检证：教学性是教科书的生命属性，是教科书的存在之根。教科书的教学性需要主要包括四大类型：国家和社会的需要、文化保持与传承的需要、教诲与引领学生成长的需要以及交往或对话的需要。"② 教学性是从教学的层面关注影响教科书编辑的各种因素之间如何平衡的问题，更侧重于教科

① 杜威. 民主主义与教育［M］. 王承绪，译. 北京：人民教育出版社，2001：199.

② 张增田. 超越经验与常识：教科书的教学性再认识［J］. 课程·教材·教法，2020（1）：55–61.

书呈现的内容如何能够通过教学得以落实为学生的内在素质。如果教科书过于偏重于意识形态、文化观念本身，而不顾及学生成长特点与教学中的交往或对话，意识形态与文化观念传承的效果肯定会受到影响，当然，偏离意识形态与文化观念要求的学生成长需求与对话需求也会成为无本之木。

四、教科书编辑的传播学支撑

"传播学是一门新型交叉学科，认为传播是一种活动或是一种行为与过程，是与信息相关的行为，是一种交流、交换、沟通，是人类借助符号交流信息的活动。"① 以传播为主要研究对象的传播学在发展过程中，逐渐形成了经验学派、批判学派和技术控制论学派等不同学术路向，社会传播学、新闻传播学、法律传播学等不同研究领域。教育无疑是交流信息的活动，但很少有研究将教育活动看作传播活动，其重要原因在于教育中的信息是以知识为主体，师生主体之间虽然地位平等，但对知识的掌握先后和深入程度有着明显差别，教育活动的效果以预期的学生发展程度作为标准来判断。尽管教育与传播有着实质性的区别，但传播学特别是大众传播的研究成果仍对教育有着诸多启示，能够作为教科书编辑的重要依据。

教育和传播都是通过符号建构出意义，传播学的研究成果能够为包括教科书在内的教育活动提供有益启示。有研究将教育传播、人际传播、组织传播和大众传播并列为人类传播的 4 种类型。教育传播和大众传播的区别在于，"教育以培养合格公民为目的，对象是正在成长的年轻一代，传播者主要是教师、教育管理者和教材编制者，既可以通过传媒传播，也可以是面对面的直接传播，能较快收到反馈信息，具有更多的多向传播点，信息的选择有严格规定性，要求高度的科学性；大众传播以多方面影响受众为目的，对象主要是成年人，传播者包括报纸、杂志、广播电台、网站以及自媒体等媒体的编辑、记者等，主要是间接传播，通过传媒（报刊、图书、电影、电视、广播等）向广大公众传播，具有更多的单向传播特点，信息的选择具有很大随意性，内容涉及范围很广"。②

---

① 申凡，戚海龙. 当代传播学［M］. 武汉：华中科技大学出版社，2000：11.
② 王郢. 教材研究导论［M］. 北京：人民出版社，2016：27.

大众传播是专业机构从事的有组织的传播活动，传播采集到的信息要经过选择、过滤和加工，按照特定意图和受众需要加以传播。教科书是教育教学的主要中介，是教育教学目标的载体，在很大程度上规定着教育教学内容并影响具体实施方式，相当于传播中的信息要素，其对象是心理发展具有很多共性、但同时个性特征也很明显的特定年龄段的特定儿童，可借鉴大众传播中媒介产业和企业集团发展的做法，根据教育规律和教育发展要求加以利用，以提高教科书的适用性。

大众传播能够迅速采用现代化技术手段生产、复制和传播信息，通过新技术和设备加快传播速度，改善印刷质量、广播音质和电视画面，在竞争的环境中不断提高传播方式和质量。相比而言，教科书载体可能是当代社会中变化最为缓慢的一种，虽然印刷和排版大量运用现代化技术手段，但纸质书本的方式一直没有变化，在读屏时代能否适当引入电子资源，发展数字教科书技术并在实践中逐步推广应用，是值得探讨的一个重要课题。

大众传播是一种公开传播，所传递的内容可为广大受众分享，不同社会制度下的政府和政党都会用各种方式对其加以管制和限制。教科书的对象是所有需要接受教育的儿童，相对大众传播，其意识形态属性更加明显，接受教育的儿童在世界观、人生观和价值观方面正处于形成过程，具有较大的可塑性，借鉴大众传播管控方式，用来提高教科书意识形态教育的合规律性和合目的性，既有可能又有必要。

传播学领域研究的成果，如"传播这种社会现象的内部运动规律，对传播者、传播内容、传播媒介、受传者各要素之间组成的传播关系""传播与社会的相互关系，一方面要研究传播对社会的影响，另一方面也要研究社会对传播的控制和管理""传播与文化的相互关系"[①] 等内容，都能够直接或间接地为优化教科书编辑方式提供参照。

---

① 田中阳. 传播学基础 [M]. 长沙：岳麓书社，2009：14 - 15.

第二章

教科书编辑历史

教育伴随着人类活动而兴起、发展，人类文明进程既是教育展开的依据又是教育发展的结果。从"上所施下所效""养子使作善"的"教"与"育"的原初行为，到文字出现后由具体经验的口耳相传转化为知识的书面语言广泛传播成为可能，教科书逐渐替代个人经验而担负起传播特定社会公共知识的重任，教科书编辑活动日益受到重视、技术不断进步，成为推动社会发展和人才培养的重要凭借。从某种意义上说，教科书编辑的历史是体现人类社会发展的一面镜子，呈现出不同历史时期的观念形态、知识状况。

第一节　古代教科书编辑的缓慢进程

严格来说，古代社会并无教科书概念，也没有教科书编辑的明确意识。由于生产力不发达和社会发展观念落后等因素影响，教育目的主要在于维护特定统治秩序，教育内容基本固定为伦理道德观念，加上唐朝以后科举考试制度形式的限制，教科书逐步定型于"四书""五经"和蒙学阶段的"三百千千"①。

一、文明早期的教科书编辑

教育产生于人类的生产生活活动之中，在前文字时代，主要以言语和动作示范方式进行。"人类是在未有文字之前，就有了创作的。可以没有人记下，也没

---

① 《三字经》《百家姓》《千字文》和《千家诗》，俗称为"三百千千"。

有法子记下。我们的祖先原始人，原是连话也不会说的，为了共同劳作，必须发表意见，才渐渐练出复杂的声音来，假如那时大家抬木头，都觉得吃力了，却想不到发表，其中有一个叫道'杭育杭育'，那么，这就是创作；大家也要佩服，应用的，这就等于出版；倘若用什么记号留存了下来，这就是文学；他当然就是作家，也是文学家，是'杭育杭育'派。"① 文学创作、出版在劳动中起源，教育和教育内容的丰富也同样是在劳动中不断前行，当人类的经验累积到一定程度时，就会通过言语在不同部落和年龄的人群中传播，非正式的教科书编辑的雏形已经诞生。

1. 文字创造与教科书编辑萌芽

有意识的教科书编辑是与文字创造及文学发展联系在一起的。文字的起源存在多种版本，有"仓颉造字"说，《淮南子·本经训》提到"昔者仓颉作书，而天雨粟，鬼夜哭"；有"起一成文"说，宋代郑樵《通志·六书略》认为所有汉字是由"一"字演变而来；有"伏羲画卦"说，"古者包牺氏之王天下也，仰则观象于天，俯则观法于地。观鸟兽之文与地之宜，近取诸身，远取诸物，于是始作八卦，以通神明之德，以类万物之情"（《易·系辞下》）；有"结绳记事"说，"上古结绳而治"（《周易·系辞》），"古者无文字，其有约誓之事，事大大其绳，事小小其绳，结之多少，随扬众寡，各执以相考，亦足以相治也"（《春秋左传集解》）。以上说法，多少都带着推测的成分，无法真实还原文字出现与发展的历程，但汉字源自生活需要，通过教育一代代延续并不断完善，却是无需怀疑的事实。汉字教育及辅助汉字教育的材料是汉字发展的重要保障。

郭沫若在研究甲骨文后，举出一片习字骨，指出上有一行字精美整齐，其余数行仿照者"歪剌儿不能成字"，但中间间有二三字甚精，与整齐一行风格一致，认为"盖精美整齐者乃善书善刻者之范本，而歪剌不能成字者乃学书学刻者之摹仿也。刻鹄不成，为之师范者从旁捉刀助之，故间有二三字合乎规矩。师弟二人蔼然相对之态，恍如目前，此实为饶有趣味之发现。且有此为证，足知存世契文，实一代法书，而书之契之者乃殷世之钟王颜柳也"②。写字的范本可视为

---

① 鲁迅. 且介亭杂文［M］. 北京：人民文学出版社，2006：89.
② 徐林祥. 百年语文教育经典名著：第14卷［M］. 上海：上海教育出版社，2017：9.

文字教育的最初教材。在生产力缓慢发展以后，社会人口增加、生活经验扩大、文学创作兴起，至春秋战国时期已经出现"百家争鸣"的文化繁荣局面，著书立说、开门办学以推广各家的思想观念俨然成为风尚，其中也不乏古典作品的编辑。《论语》中就记载了孔子"自卫反鲁，然后乐正，雅颂各得其所"，这说明了孔子对诗经整理和编辑工作的目的和内容。这些编辑工作为后世教育留下了珍贵的思想财富。

教科书编辑源自教育发展的需要，可以推测，在教育相对落后的时代、教育与生产联系并不紧密的时代，一是教科书发展在技术和资源上缺乏支撑，书写方式单一、费时，出版传播速度缓慢；二是教科书仅存在于少数特权阶层的需要，因而其编辑实践较为匮乏，并且大部分成果丢失，无法得以考证；三是受书写方式限制，重视言教、身教，相对轻视书面作品，如孔子就强调"述而不作，信而好古"，《论语》也是其弟子及再传弟子根据回忆形成的语录体作品。

2. 文化专制与教科书定型化

中国社会的大一统催生了思想的大一统。自秦代以来实行以王权为中心的高度集权政治体制后，文化纷争的氛围基本消失。要保持一种思想、一种声音，必然会对教育与书籍出版进行严厉的管制，从秦朝开始一直延续到清末，最终形成了儒家为主兼及其他学派的文化传统。

焚书坑儒①是统治阶级开启禁锢思想的一个重大标志性事件。《史记·秦始皇本纪》记载："臣请史官非秦记皆烧之。非博士官所职，天下敢有藏诗、书、百家语者，悉诣守、尉杂烧之。有敢偶语诗书者弃市。以古非今者族。吏见知不举者与同罪。令下三十日不烧，黥为城旦。所不去者，医药卜筮种树之书。若欲有学法令，以吏为师。"以上做法目的是要杜绝种种与秦朝统治不相符合的观点，只留下发展生产技术与维护政治秩序需要的法令知识和人才。"焚书事件造成了文化传承的断裂，使得大量古代典籍面目全非，乃至到汉代出现了大量的伪书，一种书籍往往有多种版本，使人们不知所从，造成了学术思想上的混乱局面"②，也对后世教科书编辑和使用产生了深远影响。

---

① 这里的"儒"并非仅是遵循倡导儒家思想的儒生，有说法是方士，也有说法是知识分子。

② 仝冠军. "焚书坑儒"与秦朝文化政策 [J]. 出版发行研究，2009（5）：69-71.

独尊儒术是我国千余年教科书内容定型化的开端。董仲舒向汉武帝提出"推明孔氏，抑黜百家"，最后实行的做法是"罢黜百家，表彰六经"。六经是孔子晚年整理的先秦典籍《诗经》《尚书》《礼记》《周易》《乐经》和《春秋》，其中《乐经》至今已经失传。六经并非儒家经典，在汉代之前就已经作为教材使用，《国语·楚语上》记载申叔时谈到教育王室公子时的观点说，"教之处，使知上下之则；教之乐，以疏其会合而镇其浮……使知废兴而戒惧焉；教之《训典》，使知族类，行比义焉"。独尊儒术的作用在于从多样的文化学说中选择较为确定的教育内容并且使之权威化，进一步推动了六经作为教科书的整理编辑工作并使之系统化。

宋明理学的体系化将儒家思想彻底教科书化。理学是以宇宙万物之理作为出发点，解释自然、人生、社会和教育等问题，着重于道德伦理而形成了一套完整的理论体系，包括以程朱为代表的理本论、以陆王为代表的心本论和以张载为代表的气本论等学术流派，至南宋末期成为官方哲学，成为后世社会发展的思想规范。"宋明理学是中国古代哲学发展的最后阶段，也是唯心主义哲学发展的最高阶段，使儒家学说中思孟学派的哲学思想进一步理论化"[1]，也推动了儒家经典著作的校订整理和解释阐释，将传、注、疏等文本编辑工作发挥到极致。朱熹的《四书章句集注》首次将《大学》《论语》《孟子》和《中庸》合为一书，并且强调了学习的逻辑顺序，先读《大学》立纲领，次读《论语》立根本，再读《孟子》观其发越，后读《中庸》细探古人微妙之处。提出了多种独特的读书方法，如苏轼的"八面受敌"法、欧阳修的"计字日诵"法、陈善的"入书出书"法等适合传统经典阅读的做法，也为教科书编辑提供了新的思路和指导。

明清时期，随着文化专制不断加强，儒学思想不断固化，官方严密控制学术和教育，教科书编辑侧重于考据的范围，使本来就极为有限的创新空间还在被不断压缩。

3. 出版技术与教科书推广

教科书编辑的重点是内容选择与排列，也与科学发展水平及其所能提供的书写和印刷材料及相关技术直接相关。孔子述而不作，主观上是要谨言慎行，言必

---

[1]　黄济. 教育哲学通论 [M]. 太原：山西教育出版社，2001：10.

行，行必果，客观上也是当时条件不允许长篇大论的写作，所以微言大义成为普遍现象。从用刀刻写到用笔书写，为作品撰写提供了便利，但通过誊抄来完成的传播方式不可避免地存在误抄、错抄或漏抄等问题，从用龟壳、竹木、丝帛记录文字到造纸技术发展成熟，特别是印刷技术水平不断提高，推动了书籍出版的规模化，教科书编辑的价值伴随着传播手段优化而逐步彰显。

"所谓'日传万纸'，雕版方式比起手写方式来，大大提高了劳动生产率，对于文化的传播与普及起到了巨大的推进作用，并很快在发展中形成了以官刻、私刻、坊刻、寺院（道观）刻书四大系统为主的巨型出版传播系统，产生了风格多样的各种版本，以及套色印刷、饾版与拱花印刷、版画生产与制作等一系列新技术、新发明。"① 毕昇发明活字印刷术后，相继产生木活字、磁活字、铜活字、锡活字不同材料的印刷方式，加强了单字模板的利用率和灵活性，排版成为书籍出版的重要工艺，技术进步推动了书籍出版，也为编辑工作带来了新的机遇与挑战。

出版技术的进步提高了书籍的传播速度，同时也降低了出版成本，使得普通老百姓接受教育的可能性大大增加，为教育从少数人的特权到逐步面向社会中层和底层群众提供了条件，教育对象扩大反过来增加了教科书需求，同时也要求教科书不仅是简单呈现经典书籍，客观上要求教科书的编辑更加注重读者的知识基础与心理特点。这一时期教科书编辑虽然整体变化不大，但仍在缓慢的进程中不断进步。整体来说，与教育制度相适应的古代教科书分为蒙学阶段与正式入学阶段两类。正式入学阶段的教科书因与考试紧密联系，相对较为正式，其版本多为官方或有官方背景的机构出版。蒙学阶段教材主要用于识字、写字，在民间兴起、流传，其出版和使用比较随意，因而类型多样，根据"重见次数"挑选的历代版本分析发现，其"编写形式也并不是死板划一的，主要表现为文体、语言形式、编辑样式的多样化，教材体系的相对完整性"②。

---

① 田建平. 中国古代出版传播方式及其价值 [J]. 河北大学学报（哲学社会科学版），2002（4）：88 – 92.

② 陈黎明，邵怀领. 古代蒙学教材的分类 [J]. 河北师范大学学报（教育科学版），2011（5）：20 – 26.

4. 科举制度与教科书编辑

仕而优则学，学而优则仕，是《论语》中对为学与为官的一种理想阐述，本意是说做官有余力时还可加强学习，学习有余力时可去从政实现政治抱负。但在千百年的官场文化影响下，"学而优则仕"的原初内涵被解读为学习优秀者就能够去做官，再加上"书中自有千钟粟""书中自有黄金屋""书中自有颜如玉"（见宋真宗赵恒的《劝学诗》）等功利诱惑，教育对于维持与延续既有统治，以及进入或维持原有统治阶层身份，两者高度统一，而实现这种统一的重要工具或通道就是科举制度。

我国古代统治阶层划分，经历了由世袭到选拔的发展历程。世袭以血缘关系为纽带，由个人出身决定，选拔主要是根据一定的用人标准考察能力，起源于先秦和养士制，经察举制、九品中正制后至科举制度定型，成为上千年中国封建社会阶层流动的主要手段。科举起于隋朝，始设"志行修谨""清平干济"两科，隋炀帝时增加进士科，由于分科取士所以简称为"科举"；兴于唐朝，分为常科与制科，常科包括秀才、明经、明法、明字、明算等类型，制科由皇帝临时设定名目；盛于明朝，依次分为童试、乡试、会试、殿试四级，形成了严格的考试分类制度，以"四书""五经"为内容，作文形式是八股文；没于清朝，形式和内容越来越固化，导致一批读书人"两耳不闻窗外事，一心只读圣贤书"。

为功名而读书，自然会走入应试之路不能自拔。科举的固化，使大部分学子学习专注力偏离经典教科书的理解与运用，而是把读书作为获取功名的手段，心思放到如何快速找到考试的捷径，到明末清初时期，民间出版的关于八股文写作的书籍与范文大量流行，不读书而只模仿考试范文的做法成为风气。顾炎武在《日知录》中批评了这种"八股盛而六经微，十八房兴而廿一史废"的情况，并加以详细记述：

坊刻有四种：曰程墨，则三场主司及士子之文；曰房稿，则十八房进士之作；曰行卷，则举人之作；曰出于苏杭，而中原北方之贾人，市买以去。天下之人惟知此物可以取功名、享富贵，此之谓学问，此之谓士人，而他书一切不观，无知之童子惟读十八房稿，读之三年五年，而一幸登第，则俨然与公卿相揖让。或有一二位好学者，欲通旁经而涉古书，则父师交相斥责，以为必不能专心于帖括时文，而将成为一个坎坷不利之人。①

---

① 田建荣. 中国考试思想史 [M]. 北京：商务印书馆，2004：225 – 226.

二、古代教科书的编辑思想

从著书立说、表达个人思想和主观看法为主，到逐步树立教育意识、有意识编撰教科书，古代教科书编辑思想经历了漫长的演变过程。整体来说，古代教科书内容变化速度比较缓慢，编写体例大致比较固定，编辑思想基本没有大的变化。

1. 伦理道德为主的综合教育

我国古代教育主要在于灌输既定的思想伦理道德观念，以维护或形成新的社会秩序。无论是诗教还是儒教，基本出发点都是指向社会要求而非个人诉求。孔子说诗可以兴观群怨，能"迩之事父，远之事君；多识于鸟兽草木之名"，奠定了我国古代教育的诗教传统，但基本内容与学习者需求和个性发展并无太大关联，他也感叹"古之学者为己，今之学者为人"，然而"为己"的教育始终只是理想的教育，只是极个别人所能达到的境地。《大学》开篇即指出：大学之道，在明明德，在亲民，在止于至善，明确教育的宗旨是要宣扬道德理念，关爱百姓，以达到一种最高的善，至于善的具体内涵是什么，则在不同时代有着不同的理解，因而有不同的解释。目前可见的最早教学论作品《学记》也明确表示，"君子如欲化民成俗，其必由学乎"，教育就是教化并推动形成好的风俗。

封建王朝时期的教育，进一步明确了伦理道德的具体内容，并使之合法化、系统化，成为约束社会成员行为规范的强大力量。至朱熹时代，将"三纲五常"与"天理"结合在一起，构建起系统的宗法社会道德体系，同时还提出了适合这种教育内容的方法体系，如长善救失、克己内省等。围绕伦理道德教育的要求，古代教科书也在缓慢完善更新，但直到清末的学制改革后都没有实质性的变革。教育的强大惯性，与社会发展形态的特点联系在一起，也客观上对教科书的内在稳定性形成强大压力。

我国古代科学成就处于世界前列，但科学教育并没有成为单独内容，或是与道德教育结合在一起，"意识形态之作用于科学研究以及科学教育，往往不是通过直接的制度安排来进行，而是通过作用于人们的思想与价值世界，使之形成一套与意识形态相一致的研究范式、研究话语、研究中心问题域以及相关的价值评判"①，或是以师带徒的方式在小众范围内流传。《九章算术》《天工开物》《本草纲目》等曾经领先世界的科学成果没有纳入正规教育体系，也没有成为考试内容。

2. 致力于阐释儒家经典作品

信古、尚古、复古是儒家思想的一个重要特征，即对某个特定的社会时代的风尚、制度留恋与追求，托古讽今，试图推动社会精神道德层面能够进入理想状态。"古之学者为己，今之学者为人""八佾舞于庭，是可忍也，孰不可忍也"等表述，都是依托古代来批评当下社会问题，以获得道义上的正确性。同样，后代的学者也是依据之前的经典来阐发自己的思想见解和观念，虽然在学术层面形成了不同的流派，但整体根源仍有内在延续性，所以"四书""五经"作为教科书根本有着强大的生命力。依据儒家经典但并非原封不动照搬照抄，作为教科书的内容体系也在不断改造，"'四书'最初是作为'六经'的入门辅助读物或课程而被设计出来的，但在后来的岁月里，地位不断提升，最终取'六经'地位而代之，成为经学教育的核心课程。这成为我国传统教育发展中，继春秋时代孔子创建'六经'课程、汉代'五经'成为'国家课程'之后，有关课程变革的又一重大事件"②。

儒家思想作为我国传统文化的核心，在发展过程中不断丰富，出现了不同的流派，推动着中华文化往丰富性和统一性方向同时发展。张岱年等学者指出，中华文化是诸多要素的统一体，其中"刚健有为""和与中""崇德利用""天人协调"是核心。"刚健有为"是中华文化的纲领，一以贯之于几千年的历史，包括"自强不息"和"厚德载物"两个主要方面；"和与中"即中和，主要指导处理君臣、父子、夫妇及兄弟、朋友等人与人之间的关系；"崇德利用"思想主要指向人与自身的关系，如何提高个人修养、如何处理物质与精神的关系；"天人协调"主要解决人与自然的矛盾问题。这样一套文化体系，从面向自我到我与他

① 李朝晖. 意识形态与中国古代科学教育 [J]. 高等工程教育研究，2006（3）：107－133.

② 杜成宪. 为"六经"配"四书"：宋代新经学课程体系的构建 [J]. 全球教育展望，2018（1）：35－46.

人，再到人与自然，囊括了个体的人和群体的人处世的主要方面，后世以道德教化为主要任务的学术研究自然无法跳出其整体框架体系，传承与创新儒家思想也只能在阐释儒家经典基础上补充适应时代需要的内容。

直接与获取功名联系的考试类教科书如此，用于识字和思想启蒙的蒙学教材编撰同样遵循了这一原则。我国古代的启蒙教科书很多，流传至今的都有上百种，但无一例外地将儒家经典思想融合到主体内容中，使学习者自入学起就被框定在话语体系的框架里。《三字经》开篇为"人之初，性本善，性相近，习相远，苟不教，性乃迁"，将儒家的人性论认识放在最重要的位置，继而突出教育对于人性的重要作用，巧妙地将儒家思想与教育价值紧密结合。儒家经典通过儒学大师的阐释逐步官方化，官方意志体现到教科书而成为学术话语与思想启蒙工具，逐渐影响到中华文化的发展演变。曹丕在《典论·论文》中说道："盖文章经国之大业，不朽之盛事。年寿有时而尽，荣乐止乎其身，二者必至之常期，未若文章之无穷。"将立德、经国一统到立言之中，而我国古代所立之言，大都在儒家思想框架之内，与教科书致力于阐释儒家经典是直接相关的。

三、经典教科书的形成与发展

与古代的学习方式相对应的教科书主要有两类，一类是用于应试的"四书""五经"，一类是用于学习入门的蒙学教材。

从出现时代来看，"五经"中的"经"书《诗》《书》《礼》《易》《春秋》先于"四书"。《诗》是指《诗经》，是我国古代的一部诗歌总集，收录了周代时创作的 311 篇作品，包括民歌形式的"风"、宫廷宴飨或朝会时的乐歌"雅"和宗庙祭祀的舞曲歌辞"颂"三种主要类型。孔子特别推崇诗教，曾说："小子何莫学夫诗？诗可以兴、可以观、可以群、可以怨。迩之事父，远之事君。多识于鸟兽草木之名。"他将诗与人格培养、道德教化紧密联系起来，同时也兼有一点实用的意识（仅是用于增长见识），基于这一理念对《诗经》进行了修改编辑，至今原本已不可考据。一般认为，当前所见《诗经》是战国末年鲁人毛亨和赵人毛苌所辑和注、经汉代学者整理后流传下来的，因而也称之为"毛诗"。《书》指《尚书》，包括《今文尚书》和《古文尚书》两个主要版本，记录了上古时期特别是西周的王室史料，版本较多，也经过多次增删。《礼》《易》《春秋》也是其原版经过后世学者整理而流传。

"四书"也并非四本独立的著作。《论语》在汉代开始流行，并出现注本；《大学》《中庸》两篇原来是在小戴的《礼记》之中，郑玄作注；《孟子》最初列于诸子，赵岐作注后才显于世受到重视。"爰自近世大儒河南程子实始尊信《大学》《中庸》而表章之，《论语》《孟子》亦各有论说。至新安朱子始合四书为之《四子》，《论语》《孟子》则为之注，《大学》《中庸》则为之《章句》《或问》。自朱子之说行，而旧说尽废矣。于是《四子》者与《六经》皆并行，而教学之序莫先焉。"① "四书" "五经"的发展既是学术发展脉络的自然结果，同时也是适应教学需要而有意的编辑行为。

当前流行称呼的"三百千千"蒙学阶段教科书实际上也经过了漫长的整理历程，至清代方基本定型。《宋史·艺文志》记载："小学类二百六部、一千五百三十二卷。"《明史·艺文志》记载："小学类一百二十三部、一千六十四卷。"《清史·艺文志》记载的小学类教材有二百一十八部、一千三百零六卷。以《千字文》为例，《小学考》一书就记录有25种之多，除周兴嗣的《千字文》外，还有肖子云的《千字文》、夏太和的《理性千字文》、冯嗣京的《增寿千字文》等②。版本的多样性，说明参与编辑的作者人数多，作为教科书的原本内容在思想体例和使用价值方面都具有较高的认可度。

经典教科书的形成与发展离不开两个基本的条件：一是学术本身的发展情况。在我国古代，尽管科技特别是技术方面一度领先于世界，出现了至今仍然值得骄傲的四大发明，留下了长城、故宫等伟大的建筑和其他宝贵的文学、艺术文化遗产，但在教育的主流方面，仍是以"圣贤正理"为内容的经典教科书为主，即儒家思想是中国两千多年封建社会中最重要的教育内容。二是维护社会发展的需要。在王朝更替的过程中，总会要从舆论和思想上找到维持其合法性的依据，必然要支持、扶持适合自身最大利益的教科书发展，而相对忽视农业、科学、技术等不会动摇其统治根基的内容，因而在人才选拔过程中，尽管有过征辟、九品

---

① 杜成宪. 为"六经"配"四书"：宋代新经学课程体系的构建 [J]. 全球教育展望，2018（1）：35–46.

② 王超明. 古代蒙养教材编辑出版中的"人本化"倾向 [J]. 西南民族大学学报（人文社科版），2004（8）：404–406.

中正制及后来成型的科举制度等种种探索，但整体依据仍是道德文章，为晚清的没落与我国长达半个世纪的半殖民地半封建社会埋下了伏笔。

四、古代教科书编辑的特点

我国古代在世界的领先地位与教育的繁荣和教科书编辑成就密不可分，但也由于教育内容和教育方式固化，近现代以来我国错失科学技术发展的最佳机会，中华民族自鸦片战争起经历了一百多年的落后挨打的屈辱。教育兴，则国兴，教育与国运休戚相关，互相影响。

其基于学术经典而编辑。在我国古代，教育家和思想家、学问家通常是混合在一起的，学术名家不一定从事教育，但教育大家一定也是学术名家，他们的学术思想需要通过教育传播、传承与发展。教育由学在官府到逐渐向民间下移，客观上为学术思想广泛传播提供了有利条件。儒家思想内涵不断丰富并成为中华文化的基本内核，同时也是得益于学术大家通过教育的推动。以孔子及其弟子的思想为基础，中国儒学思想的几次重大发展主导着教育的基本内容，董仲舒和朱熹是两位关键人物。

董仲舒（公元前179—前104），西汉思想家、政治家、教育家。汉景帝时任博士，讲授《公羊春秋》，著有《春秋繁露》《董子文集》等作品，以春秋为依据糅合儒家和阴阳家思想，提出封建"三纲""五常"伦理，系统阐发宇宙、历史、国家和人性理论，推动了儒学与皇权结合而成为官方教育的重要内容。《汉书·董仲舒传》记载："董仲舒，广川人也。少治《春秋》，教景时为博士，下帷讲诵，弟子传以久次相授业，或莫见其面。"可见所带学生之多，只能用大弟子教其他弟子的方式授业。

朱熹（1130—1200），南宋时期理学家、思想家、哲学家、教育家、诗人。著有《四书章句集注》等作品，不仅重新解释了儒家思想，而且极大调整了教育内容，使"四书"作为教科书的科学化程度进一步提高。"南宋光宗绍熙元年（1190年），朱熹在漳州（福建）刊刻《四子》书后，'四书'作为经书开始流行，元仁宗延祐年间恢复科举，以《四书集注》考试学子，至明清两代科举考试又规定作八股以它为'代圣贤之言'的根据，于是后世学童和士子必须反复诵读以之为继'六经'之后的'四经'。"①

其主要凭借个人学术行为。与现代教科书编辑的团队协同不同的是，古代教科书的编辑多表现为个人的学术活动。虽然有些作品在成型过程中集中了团队的智慧，但其进入教育体系作为教育内容都是个人学术成果的体现。目前流传下来的《诗经》收录了西周初至春秋中期创作的 311 篇诗歌作品（其中 6 篇仅存目），其传世过程中，出现了很多版本，对原本内容与风格进行了多种多样的阐释，如有研究提出明代丰坊"所谓旧说，既包含以毛传、郑笺为代表的毛诗，也包括朱熹《诗经》学观点，《诗集传》影响正逐渐降低。与季本相似，丰坊《诗经》著作的最大特色，就是倡导《诗经》鲁诗，他因此将自己的《诗经》著作名之为《鲁诗世学》和《申培诗说》。《鲁诗世学》传世版本有多个，多以写本和影印本为主。"成书于公元 6 世纪的《千字文》就是周兴嗣从书法作品中（一说是钟繇的书法，一说是王羲之的书法）选择 1000 字不重复而成书，后被用为习字教材一千多年。

其形成了一套特有的编辑体系。围绕经典作品的解释，我国古代学术研究形成了独特的考据和义理治学方法，教科书编辑通常是对经史之学研究的成果集成，体现着当世大儒的基本学术观点。考据学又称为考证学或朴学，主要的工作是对古籍加以整理、校勘、注疏、辑佚，作为一种治学方法兴起于明朝中后期，但一直以来都为历代学者特别是教科书编辑者所使用。《史记·孔子世家》记载："古者，诗三千余篇，及至孔子，去其重，取其可施于礼义，上采契后稷，中述殷周之盛，至幽厉之缺，始于衽席……三百五篇孔子皆弦歌之，以求合韶武雅颂之音。礼乐自此可得而述，以备王道，成六艺。""孔子删诗"整理古籍成为教科书，就是对古籍卓有成效的考据工作，使得《诗经》流传后世并影响教育、文化的发展。讲求儒家经义，探究名理的学问为"义理之学"。古代著述崇尚微言大义，就意味着后世学者需要对经典中的只言片语蕴含的大道理加以阐释和发挥，注、集解、传、笺、疏、正义等方法不断成熟，明清以后的科举制度，都是以朱熹的《四书章句集注》作为题库和标准答案。

---

① 张隆化，曾仲珊. 中国古代语文教育史 [M]. 成都：四川教育出版社，2000：328.

第二节　近代教科书编辑的初步繁荣

近代教科书编辑的发展是学制改革的结果，晚清时期的壬寅—癸卯学制，模仿西方教育方式，特别是废除科举考试，从制度上彻底改变了几千年来的教育状况。新的教育体系建立并非一日之功，特别是作为教育主要内容的教科书准备需要相当长的时间，也需要有不同学科专家参与以及专业的出版社来组织编辑出版。学科门类激增推动教科书的出版，也促使教科书编辑开始将个人学术活动与专业化编辑工作结合起来。

一、清末教科书编辑的初步探索

晚清政府仿照西方设立新学制，是逼不得已的结果。军事失败、战争赔款，使清廷上下颜面尽失，进退维艰，一批有识之士试图变法图强，从教育入手，通过培养各类人才以增强国力、延续既有统治。"窃臣闻国于天地，必有与立，言人才之多寡，系国势之强弱也。""夫以中国民众数万万，其为士者十数万，而人才乏绝，至于如是。非天之不生才也，教之之道未尽也。"而改变教育现状，一个很重要的条件是要有适合人才培养的专业书籍，在当时还没有教科书的情况下，一个替代的办法是用公共图书来弥补教材不足之缺陷，因此有官员建议"自京师及十八行省省会，咸设大书楼，调殿板及各官书局所刻书籍，暨同文馆、制造局所译西书，按部分送各省以实之。其或有切用之书，为民间刻本，官局所无者，开列清单，访画价值，徐行购补。其西学陆续译出者，译局随时咨送，妥定章程，许人入楼看读，由地方公择好学解事之人经理其事"①。

无书可读，又没有教科书编辑出版的意识与条件，是当时教育变革面临的最大尴尬之一。选择"殿版"加印，使用官书局和译著等办法，都只是权宜之计。

---

① 刘宗棠，谭佛佑，梁茂林. 李端棻与贵州近代教育史遗存［N］. 人民政协报，2012－12－07（12）.

各类学堂自成体系，课程设置不统一，也难以形成教科书出版使用的规模效益。根据湖南时务学堂的"读书分月课程表"记载，其学习内容分为"溥通学"和"颛门学"两种。"溥通学"即普通学，是每名学生都要学习的内容，下设经学、诸子学、公理学（整合算理、公法、格物等学科）、中外史志及格算诸学之粗浅者四目。"颛门学"即专门学，目的是为进入西人专门学堂深造奠定基础，包括公法学（宪法、民律等内公法，交涉公法约章等外公法）、掌故学、格算学等条目。针对不同学习内容提出了精读和略读两类书籍，如格算门的精读书有《几何原本》《形学备旨》《代数术》《代数难题》《化学鉴原续编》《化学分原》。课程分类情况说明当时教科书尚未完全从学术书籍中分离出来，教科书内容即是对已有学术成果的选用。直到教科书出版机构、专业人员出现和教科书选用规范形成，教科书编辑走向专门化、独立性才具备了基本条件并成为可能。

民间自发的教科书编写和沿用原有经学书籍已经无法满足课程科目与学生人数迅速增加的需要，晚清政府固化的官僚体制无法有效解决教育面临的现实问题；相反，教会学校由于资金较为充足、可借鉴国外教科书编写的经验等优势，率先推动了现代意义教科书在中国的发展。据中华民国教育年鉴记载，各国在华传教士于 1877 年 5 月正式成立的学堂教科书委员会，成为中国近代史上第一个教科书专门机构。委员会的狄考文（Calvin Wilson Mateer）提出教学专门体例、对新科学创造新名词、尽量用通俗语言表达、明白朴素和生动有趣等五条原则，使教科书编辑区别于学术著作撰写，改变学术著作代替教科书的做法起到了重要作用。委员会的傅兰雅（John Fryer）于 19 世纪 80 年代编写出版的"格物致知"丛书，包含《地志须知》《地学须知》《地理须知》《化学须知》《气学须知》《天文须知》《算法须知》和《声学须知》等 8 本，是"中国近代第一套按照学术门类分科设编的西学教科书，开拓性地构建了科学的学科门类知识体系，也同时构建了现代教科书的学科知识体系，开启了中国近代史上系统分科编撰西学教科书的时代。"[①]

中国人自己编写教科书的动力也日益增强。据陆费逵回忆，第一部现代意义上的教科书是 1897 年朱树人编、南洋公学出版的三本《蒙学读本》，而民间考证

则有更早的时间出版记录，有藏本发现"云南务本堂""云南官书局"版的《普通学》，如图2-1所示，据其内容中王韬所序"甲午春，宗人子乾以所著之各种格致可为学堂诵读之书，请序于予……"之言，推算此套《普通学》已在光绪甲午年（1894年）春月之前编写完成，成书时间要早于《蒙学读本》，涉及重学、力学、电学、气学、地学、矿学等自然科学，可见在官方成规模的教科书出版之前，民间的、小规模的教科书编辑活动就已经开始了，只是影响较小加之年代久远难以考证。各类学堂自己编辑教科书，这是教科书出版的最初形态，而书坊的发展则是教科书涌现的最主要推手。

图2-1　"云南务本堂""云南官书局"版的《普通学》

"19世纪末至20世纪初，卷入自编教科书潮流的不仅有各地各级学堂，还有商务印书馆、文澜书局、文明书局等民间出版机构，个人编辑者更是难以数计。"① 相对学堂教师自编的教科书，这些出版机构有资金与人力支持，专业化分工更为明确，使用对象更广泛，经济效益和社会效益更加明显。在学堂迅速增加的情况下，晚清政府明显无力控制学校教育的发展方向，所提供的官方教科书不能适应社会发展要求。如光绪三十三年（1907年）学部图书局印制的初等小学《国文教科书》一经使用就受到猛烈批评，停滞三四年后才重新匆忙推出后续各册。时人批评其编辑质量说："局员分编辑、校勘二种，编辑者尚有明教育

---

①　中华民国教育部. 教科书之发刊概况［M］//第一次中国教育年鉴：戊编：教育杂录. 上海：开明书店，1934：116.

之人，校勘者大概词林中人，不知教育为何物，持笔乱改；每有原稿尚佳，一经校勘，反不适用者矣。校勘之后，尚须呈堂官，较校勘者辈分愈老，顽固愈甚，一经动笔，更不知与教育原理如何背谬。然以堂官之威严，何人敢与对抗？彼所改者，无论如何，皆必颁行。科学为彼辈所不解，不敢轻于下笔，故笑柄尚鲜。修身、国文、历史、地理，彼辈自命高明，最喜改窜，帮笑柄最多云云。"①

官弱导致民强，社会名流和民间资本主动介入教科书编辑工作，明显改变了晚清学部官僚化的教科书出版情况，推动了教科书建设的多样化和现代化，为新式教育发展奠定了坚实的基础。1902 年，廉泉、俞复、丁宝书等人集股创办的文明书局大胆创新，出版了由丁宝书执笔、赵鸿雪绘图、杜嗣程书写的中国首套图、文、书结合的蒙学分科教科书，同时成功试制照相铜版技术，使教科书编辑由个人独立完成转向集体合作，由简单的文字表述转向图文书并列，成为教科书编辑专业化的标志性起点。1897 年，夏瑞芳、鲍咸恩、鲍咸昌等人创办的上海商务印书馆出版的第一本教科书《华英初阶》大受市场欢迎，随后推出的"最新教科书"系列迅速畅销。另外，国学保存会、普通学书室、新学会社等一批机构也推出各自编写的教科书，为民国时期教育改革与发展提供了良好条件。

此时民间教科书编写者多是教师或办学者，不仅有扎实的学科功底，而且熟悉教育知识，大多还有出国留学背景，能够将西方先进的教育理念渗透到教科书之中，而不是一味陈述学术思想或"圣贤正理"。如中国共产党早期领导人陈独秀就编撰出版过《小学万国地理新编》，"中国图书公司内部人力资源相当丰富，编译所所长是沈恩孚，在江苏教育界有相当声望，其麾下有一批有能力的中学、师范教师作编辑，如朱树人、徐傅霖、姚明晖、秦同培等。另外还聘张謇为董事长，张謇是清末状元，与清朝权贵交情颇厚，又是江苏教育会长，掌握全省教育大权"②。由从事教育工作而又懂学科知识的人来作编辑编写教科书，加上教科书之间相互竞争，需要以质量求生存，自然会推动编辑质量较以往任何时期都要好。尽管清末是教科书编撰的初步探索时期，但其起点之高、发展速度之快、对教育改革促进之大，是以后很长时期内都无法与之相比的。

---

① 江梦梅. 前清学部编书之状况 [M] // 陈学恂. 中国近代教育史教学参考资料：上册. 北京：人民教育出版社，1986：655.

② 石鸥. 民国中小学教科书研究 [M]. 长沙：湖南教育出版社，2018：56.

二、民国前期教科书编辑的快速推进

一般意义上所说的民国，是指辛亥革命后建立中华民国（1912 年）到中华人民共和国成立（1949 年）这一时间段。政体更替对教育宗旨、制度、内容提出全新的要求，受此影响，教科书编辑也表现出不同的风格和特点。

1. 课程内容变革的挑战

中华民国以民族主义、民权主义和民生主义为基本纲要，将人民福祉作为奋斗目标，这必然需要在教育领域大兴改革。1912 年 1 月 19 日民国政府教育部电各省颁发《普通教育暂行办法通令》并随发《普通教育暂行课程标准》及课程表，虽然时间仓促，条文相对较为粗放，但为各地自行其是的教育提供了明确参照标准，也为后期教育改革奠定了基础。该文件中与教科书直接相关的条文包括禁用清朝教科书，新编教科书应与共和民国宗旨相符合以及教科书选用中的具体措施，"凡各种教科书，务合乎共和民国宗旨。清学部颁行之教科书，一律禁用"，"小学读经科，一律废止"，"凡民间通行之教科书，其中如有尊崇满清朝廷及旧时官制、军制等课，应避讳，由各该书局自行修改，呈送样本于本部及本省民政司、教育总会存查。如学校教员遇有教科书中不合共和宗旨者，可随时删改，亦可指出，呈请民政司或教育会，通知该书局改正"。该文件也对教学内容提出了明确要求，如"小学手工科，应加注重""高等小学以上体操科，应注重兵式""初学算术科，自第三学年起，应兼课珠算"。

直接禁用清学部的官方教科书，删改民间教科书中与共和民国宗旨违背的内容，废止读经科及其教科书，是破除已有教科书陈旧内容，而注重手工科、体操科的兵式及自三学年起开设珠算，则是教科书需要补充与侧重的内容。课程标准规定初等小学校设修身、国文、算术、游戏、体操为必修课，加设图画、手工、唱歌一科或数科；高等小学校设修身、国文、算术、本国历史、地理、博物化学、图画、手工、体操（兼游戏），加设唱歌、外国语、农工商业之一科目，或数科；中学设修身、国文、外国语、历史、地理、数学、博物、理化、图画、手工、法制、经济、音乐、体操。按当时学制，初小四年必修五科、高小四年必修八科、中学四年必修十六科，所需教科书就达 124 种。1912 年 9 月 28 日，民国政府教育部公布的《小学校令》《中学校令》中的课程数量还有小幅增加。不同教学科目、不同年级的课程内容不同，一改以往几本儒家经典一成不变，完全依靠教师讲解，学生死记硬背的情况，这对教科书体例、内在逻辑和内容呈现方式提出了巨大挑战。尽管一批复古派还在鼓吹经学教育，但已经远远被时代甩在历史的车轮之后，在模仿西方的基础上创新成为此时教科书编辑的主要方向。

2. 教育新理念的渗透

教材的专业化与教师专业化高度相关，教材有效推动教学质量提高势必要方便教师能够用好教材。以儒家经典作品讲授为主的传统教育方式，完全不能体现与落实新式学校办学理念和宗旨。通过师范院校或师范专业培养具有新教育观念的教师人才，将共和思想和发展科学技术等时代要求渗透到教科书，加强教科书与儿童学习心理的适合性，成为当时教育变革的主要任务。

强调教育要注重学生的学习。大批海外留学生归国，大量翻译包括教育学在内的西方学术著作，极大地推动了民国期间教育理念的转型。"西方教育理论输入到中国可以分为两个阶段三种理论。两个阶段是指清末民初为第一阶段，主要是从日本输入德国传统教育理论；五四运动前后至1949年为第二阶段，有两种不同的理论同时被引入到中国：一是以美国为主的实用主义教育思想，一是马克思主义教育理论。"① 以赫尔巴特为代表的德国传统教育理论注重知识的传授，将知识作为学生道德意识和行为的基础，其课堂教学组织形式也比较适合当时刚刚采用的班级授课制需要，因而广受欢迎。以知识为中心的教育要求教科书编辑需要充分考虑不同学科如何选择知识，以及如何将这些知识形成体系进而影响学生的认知与观念发展。

相比之下，以杜威为代表的美国实用主义教育思想尽管在舆论上得到广泛宣传，杜威本人也应北京大学、江苏省教育会等单位的邀请到中国11个省讲学两年多时间（1919年5月至1921年7月），还有其弟子郭秉文、蒋梦麟、胡适、陶行知、陈鹤琴等国内知名教育家的推动，但对当时中国教育的实际影响并不特别明显，原因在于实用主义所强调的儿童"经验"很难转化为固定的教学内容，需要依靠教师在具体教育情境中判断学生发展需要，灵活组织教学资源，当时条件下的大部分教师不具备完成这一任务的专业素养。同时，设计教学法和道尔顿

---

① 顾明远. 中国教育的文化基础 [M]. 太原：山西教育出版社，2008：191.

制等教育实验也在各地相继展开，实行一段时间后均销声匿迹，没有产生大的影响。

重视德智体美全面发展。在传统重德、培智的基础上，突出了身体素质和审美观念的教育价值，军国民精神由资产阶级革命家极力宣扬进而传导到教育领域。蔡元培先生是军国民精神教育的重要推动者，他在1901年担任南洋公学总教习时开设了兵式体操课，次年在上海爱国女校和上海爱国学社设置军事训练课。中华民国成立后，他担任教育总长，更是强调"军国民教育为体育""军国民教育毗于意志"，并且在教育宗旨中提出"注重道德教育，以实利教育、军国民教育辅之"。早期的军国民教育还是停留于军操等较为简单的形式，在1919年通过《改革学校体育案》，1923年课程标准正式提出体育课程后，军国民教育正式制度化、课程化，其内容和形式都得到了有效保障。王国维最早明确、系统提出学校教育中的美育思想，他认为"完全之人物，精神与身体必不可不为调和与发达，而精神之中，又分为三部：智力、感情及意志是也。对此三者，而有真善美之理想。真者，智力之理想；美者，感情之理想；善者，意志之理想也。完全之人物，不可不备真善美之三德，欲达此理想，于是教育之事起。教育之事，亦分为三部：智育、德育（即意志）、美育（即情育）是也"①。蔡元培进一步将此思想上升到人生观、世界观层面，主张"以美育代替宗教"，将美育思想全面渗透到教科书编辑之中。

民国初期教育新理念对教科书编辑的影响主要体现在以下方面：

一是开设了地理、历史、体育、音乐等许多新的学科，必然要求配套编写相应的教科书，一大批具有开拓性质的教科书应时而出。如1910年湖南会通学社石印本《湖南乡土地理教科书》由湖南机器印书局印制，环筒页装，共5册。在第一册开始有博雅君子王达为此书作的序，然后是作者自己写的编辑大意。全书共5册，合计正文共91课，约10000字，90幅图。每册少则17课，多则20课。第一册共19课，第1至7课整体上介绍了湖南的地理位置、行政区划、山川等常识，其中重点介绍了湖南境内的河流分布情况，第8至19课内容为长沙府；

---

① 王国维. 教育宗旨［M］//王国维文学美学论著集. 上海：上海三联书店，2018：103.

第二册共 17 课，第 1 至 8 课内容为宝庆府，第 9 至 16 课内容为岳州府，第 17 课内容为南州直隶厅；第三册共 18 课，第 1 至 5 课内容为常德府，第 6 至 11 课内容为温州府，第 12 至 15 课内容为辰州府，第 16 至 18 课内容为凤凰厅；第四册共 17 课，第 1 至 3 课内容为永绥厅，第 4 至 5 课内容为乾州厅，第 6 至 8 课内容为永顺府，第 9 至 11 课内容为沅州府，第 12 至 13 课内容为晃州厅，第 14 至 16 课内容为靖州，第 17 课为交通；第五册共 20 课，第 1 至 6 课内容为衡州府，第 7 至 12 课内容为永州府，第 13 至 15 课内容为郴州，第 16 至 19 课内容为桂阳州，第 20 课为交通。全书不仅有文字内容叙述，而且配上了精美的插图①。

二是在学科教科书中有效融入了新的教育理念。如地理、历史教科书中的爱国主义精神渗透、军国民教育思想和美育思想都得到很好的体现。上海商务印书馆出版的《最新国文教科书》第二册有课文的内容是："好男儿，志气高。哥哥弟弟手相招，来学兵队操。小兵护短枪，大将握长刀。龙旗向日飘，铜鼓冬冬敲。"短短 38 个字，形式上押韵、朗朗上口，适合朗读，内容上涉及军操（体育）、道德（志向）、政治（龙旗）和音乐（铜鼓），另外还是用毛笔书写，能够在识字的同时培养书法的艺术。

三是推动教科书编辑的专业化水平大大提高。需要考虑到不同学科和同一学科不同年级之间的内容关联，也要在排版、装帧、设计、图画等方面考虑学生学习的需要。李廷翰编，戴克敦、姚汉章、陆费逵阅，中华书局 1918 年出版的中华中学地理教科书，大量采用图表等方式将较为抽象的知识具体化、形象化，便于学生理解，也方便教师教学。如讲述地理中的四季内容时，用黄道十二宫图来说明受太阳照射情况所影响的季节变化情况；讲述岁月内容时，用月明晦一次图来说明月球绕地球公转的知识，如图 2-2 所示。这一时期的教科书编辑开始摆脱仅是内容陈列的平铺直叙，开始由学习什么转向如何学习，由知识灌输转向接受与理解，教科书的学生意识明显增强，但由于处于初创时期，受技术限制和编辑时间、团队、理念等种种因素影响，仍只是处于教科书编辑的前科学时期。

---

① 石鸥. 百年中国教科书忆 [M]. 北京：知识产权出版社，2015：225.

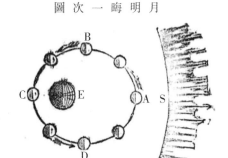

圖宮二十道黃　　　　　圖次一晦明月

中學地理教科書 第一

图2-2　中华中学地理教科书内容

3. 教科书编辑的主要特点与经验

民国初期是一个人才辈出、充满思想交锋的年代，一大批有识之士不仅通过著书立说、发表文章表达其见解，而且希望通过教育将自己的主张影响到年轻一代，而凭一己之力影响一代人最有效的办法就是编写适合学习的教科书，因而造就了这一时期教科书发展的初步繁荣。

教科书编辑体例革故鼎新。在清末民初期间，由于社会动乱，政府对教育的掌控力要远远低于和平时期，加之教科书审查和出版制度不完善或没有得到有效执行，各类版本层出不穷，质量也参差不齐。但整体来说，清末商务印书馆的"最新教科书"系列的编辑体例更适合于教学，因而成为其他出版社模仿的主要对象，中华书局的"新制中华教科书"（1912年底陆续出版）、商务印书馆的"共和国教科书"使用量最多、影响最大，其体例各具特色。"新制中华教科书"的编辑原则包括"所选材料关于时令者悉按阳历编次，以引起儿童直观之感受""各科彼此联络，期收教授统一之功，并养成其正确思想之能力，启发其智德""每学年分编三册，并照学期之长短分配课数，无过多过少之弊""教授书按课说明，解释详备"①，既考虑到儿童学的效果又体现教师教的需要。晚出版3个月的"共和国教科书"除采用"新制中华教科书"的编辑原则外，还提出"各

---

① 中华书局. 新制中华初等小学国文教科书 [J]. 中华教育界, 1913, 2 (9)：编辑旨趣.

科教材俱先选择分配，再行编辑教科书，知识完全，详略得宜"；"各科均按照学生程度，循序渐进，绝无躐等之弊"；"收中附图及五彩画，便与文字相引证，并以引起学生兴趣而启发其审美之观念"；"初等科兼收女子材料，以便男女同校之用"①。在当时的教科书编辑中，能够如此短时期内提出新的体例，恐怕也只有在这样一种特殊的社会历史状况中才可能做到。

社会思潮影响教科书编辑。女子教育、军国民教育、职业教育等社会思潮都在教科书编辑中留下了浓重的笔墨，然而影响最为深远的还是包括推广白话文、统一国语在内的新文化运动，其成果或直接进入教科书，或影响教科书的内容选择和表述方式，为教育的本土化、科学化和大众化奠定了坚实基础。语言不仅是思维的工具，同时也承载着文化和思想。在新文化运动期间，相当一部分社会精英认为要与封建传统决裂，就需要用一种新的语言方式来建构新的文化体系，因而白话文运动成为新文化运动的重要内容和主要手段。这场运动用白话文创造新的文学作品，促使言文一致，将新的思想观念普及到大多数群众之中，迫切需要改变教育现状，首先必须把白话文和国语作为教育语言。"若是将来做成一种教科书，推广到全国，那么我国一千个人中的九百九十三个不识字的半聋、半瞎、半哑、半呆等同胞，仿佛添了一种利器，叫他把天生的五官本能完全发达，那不是一种最大的慈善事业么？"② 白话文和国语不仅推动了语文学科教科书的变革，而且用于其他学科教科书的语言，大大降低了学习的难度，使从前只有读经讲经一门课程到小学开设七八门课程、中学开设十多门课程成为可能。也正因为语言变革作为教育基础的重要价值，在众多的教学科目中，国文教科书受到的关注最为集中，其编写质量明显提高，同时引发的争议也最为激烈。

社会精英参与教科书编辑。改造社会的伟大使命将一批社会精英人物推到了教科书编辑的前台。"新制中华教科书"由范源濂组织编写，编写者包括南洋公学首届师范生陈懋功、侯鸿鉴，曾留学日本并创办近代第一所培养体操专门人才学校的徐傅霖，创办万竹小学并担任校长的李廷翰，留学日本后再到中山大学、北京师范大学任教的黄际等一大批有识之士。"共和国教科书"编辑也多是学贯

① 张元济，杜亚泉，等. 编辑共和国小学教科书的缘起 [J]. 教育杂志，1912，4（1）：附录 1 - 2.

② 张一麟. 我之国语教育观 [J]. 教育杂志. 1919，11（7）：52.

中西、视野开阔并具有丰富的教育或教育管理经验的学者，如化学、物理编辑王季烈是清朝进士，担任过京师译学馆监督，学部专门司司长，樊炳清曾与王国维等人同师学习日语、英语，翻译过《普通动物学》《中学植物学教科书》等多套国外教材。

三、民国中后期教科书编辑状况

民国中后期教科书的编辑是以"壬戌学制"的规定为依据展开。"从 1922 年正式颁布到新中国成立，'壬戌学制'是中国近代教育史上实施时间最长、影响最大的一个学制。它的制定与颁布，堪称中国教育早期现代化进程中的标志性事件；它的贯彻与实施，又反过来积极地推进了中国教育的现代化，奠定了我国二十世纪二三十年代教育质量稳步提高的重要基础，并且成为此后修订课程基本参考蓝本。"① 期间出版的教科书，在内容和形式上都较前一时期更加适合教学，其科学性和专业化程度进一步提高。

1. 通过课程标准规范教科书编辑

新学制对教科书编辑最大的影响是制定了较为详细的各门学科的课程标准，于 1923 年 6 月颁发的《中小学课程标准纲要》，规定了小学、初中和高中的课程科目及具体内容。

小学课程分为国语、算术、卫生、公民等十一科；中学课程采用选课制、学分制，初中必修课程有公民、历史、地理、国语等十一科，高中分为普通科和农、工、商、师范及家事等专门科，有公共必修课和分科专修课，已接近于高等教育阶段的专业教育方式。

各学段、学科课程标准纲要都由知名专家牵头完成。如小学《国语》为吴研因、《算术》为俞子夷②、《公民》为杨贤江，初级中学《国语》为叶绍钧、《算学》为胡明复③、《公民》为周鲠生④，高级中学公共必修课《国语》为胡

① 石鸥. 民国中小学教科书研究［M］. 长沙：湖南教育出版社，2018：144.

② 著有《笔算、珠算混合教学法》《民教班珠算教学研究》《初级珠算教材》一册和《高级珠算教材》四册等珠算作品；主编的《新体算术》（1916 年）、《社会化算术》（1918 年）为我国最早的小学算术课本之一。

③ 攻读数学在国外获得博士学位的第一位中国人。

④ 中国第一部宪法起草的四位顾问之一。

适、《高中几何》为何鲁①、《人生哲学》为黄炎培、《社会问题》为孟宪承，这些人都是影响中国社会发展的重要人物。

课程标准纲要对内容和要求提出了较为明确的要求。吴研因起草的《新学制课程标准纲要：小学国语课程纲要》包括目的、程序、方法、毕业最低限度的标准四大部分，其中"程序"部分分六个学年规定学习内容，"毕业最低限度的标准"提出初级与高级两个层次，语言与文字两个维度，文字又分为读文、作文和写字三方面陈述，教科书的编写要求被暗含在毕业标准之中。如初级和高级的文字要求中，读文水平分别是：

识最普通的文字二千个左右，并能使用注音字母。读语体的儿童文学书八册（以每年二册计，每册五千字）。能读含生字百分之五的语体的儿童书报。试读，答问，准确数在百分之六十以上。

识字累计至三千五百个左右。读儿童文学累计至十二册以上。能用字典看与"儿童世界"或"小朋友"程度相当，生字不过百分之十的语体文，及与日报普通记事程度相当，生字不过百分之十的语体文。标点及答问大意，准确数在百分之六十以上。

以上规定体现了不同学段之间学习的连续性，高级的识字、阅读要求，都是基于初级阶段而"累计"，具有可操作性，识字数量、阅读文本能够为语文教科书的选文及学习要求提供框架，课文中开始单列出要求掌握的生字，并且使用注音字母标写读法。这些看似细微的改变，实际上都为教科书编辑依据课程要求而作出重大改变提供了具体标准。

2. 教科书编写更加靠近教学需要

课程纲要的牵头专家理念不同，表述的方式也具有差别，除一小部分以学生学习活动要求为主外，大多是从如何指导学习的视角展开，初级中学国语课程目的是"使学生有自由发表思想的能力，使学生能看平易的古书，引起学生研究中国文学的兴趣"。高级中学公共必修的科学概念课程目的是"重科学精神及方法，以矫正吾国自来为学弊病。少作论理上言谈，以期合于高中学生程度。多余科学发达史，以补学生科学智识之缺乏。略阐科学上重要概念，以引起学生研究

---

① 第一个获得科学硕士学位的中国人。

趣味"。课程目的要求和陈述方式直接指向于学生学习的方向和要求，推动了教科书编写体例更新和内容组织的心理化发展。

根据课程标准要求，教科书编辑在形式和内容上都有意识地探索如何适合学生学习的方法与举措。中华书局的"新学制教科书"特别注重教学内容的弹性，以满足不同程度学生的学习需要，重视操作能力培养和激发学习兴趣。《新中学教科书·算术》要求"自第一编至第三编，尤为注重自习，教员可斟酌学生程度，择要指示，以省时间"。《新中学教科书·植物》要求"每举一例，必连举数例，以便教者随时随地，采集植物，而达直观教授之目的"。《新中学教科书·矿物学》主张"于形态上有比较的观察，于性质上证分明的实验，更于变化上著化学原理，足增进趣旨，并唤起学者之研究兴味"①。至十九世纪三十年代，课程标准再次修订，商务印书馆、中华书局、开明书店等机构出版的教科书，编辑队伍更为强大，印刷和装帧更为精美，特别是中小学教师参与编辑，进一步加强了教科书作为教学内容和学习内容的双重功用。中华书局的"新课程标准教科书"聘请了当时上海实验小学苏州中学部分国语教师参加，尝试引导学生在做中学，培养学生综合能力和探究能力。

3. 教科书编者直接参与内容创作

教科书选择哪些内容，离不开特定的社会文化成就，但社会文化成就并不一定适合直接进入教科书，这就需要教科书编写者基于特定标准加以选择甚至是原创。王钟麟编纂、商务印书馆出版的《现代教科书初中本国地理》就是编者创作的关于地理内容的讲演体稿件，开篇提出："从前人们对于自身的见解，每多失当，不是说'人类为万物之灵，与天地合德'，便是自居微末，以为是裸虫的一种，他的自生自灭，真如沧海一粟，简直与世界没有什么关系。"接着引入作者要表达的观点，陈述人在自然界和社会组织中的关系问题，以论说的方式陈述知识观点。这种由编写者创作的教科书，不可避免带着较强的个人主观看法，难以全面、客观地呈现学科基础知识与能力，但在当时科学分类与研究并不十分充分的情况下，不能不说是一种创举，对推动学科知识普及和培养专门人才具有重要意义。

---

① 石鸥. 民国中小学教科书研究 [M]. 长沙：湖南教育出版社，2018：162.

国文教科书因为推广白话文及语文知识体系特殊性等缘故，其编辑更具有挑战性和创新性。叶圣陶的《开明国语课本》就是由他本人亲自撰写，"在 1932 年，我花了整整一年时间，编写了一部《开明小学国语课本》，初小 8 册，高小 4 册，一共 12 册，400 来篇课文。这 400 来篇课文，形式和内容都很庞杂，大约有一半可以说是创作，另外一半是有所依据的再创作，总之没有一篇是现成的，是抄来的。"① 除教科书主要编辑自创教学内容外，邀请名家依据教学需要创作也是一种重要的手段。如朱自清应中华书局特约撰写作品《春》，编入 1933 年 7 月版朱文叔编的《初中语文读本》第一册，成为后来绝大多数语文教科书的课文，至今仍保留在部编版语文教科书中。

4. 意识形态强势介入教科书编辑

当国民党在形式上实现国家政权统一的时候，政治影响教育的强力作用就开始显现，一党专制和官方意识形态控制通过制度手段、行政手段甚至经济手段强势介入教科书编辑之中，其中最为直接的是"党化教育"。1926 年 8 月广州国民政府拟订《党化教育之方针、教育方针草案》，1927 年"四一二反革命政变"后，利用"党化教育"的口号实行国民党一党专政，公开通过"实行党化教育"等议案，制定《学校施行党化教育办法草案》由各省市予以实施，部分地方要求中学以训练党员的方法训练学生，用党的纪律压制学生。其意识形态要求直接或间接进入学科课程标准和教科书内容之中。

1929 年、1932 年、1936 年三版语文课程标准中，初级中学国文的"教材大纲"选文标准第一条分别是"包含党的主义及策略，或不违背党义的""合于中国党国之体制及政策者""合于党国之体制及政策者"。1932 年和 1936 年高级中学国文规定了语文材料中应编入"中山先生传记、中山先生遗著、中国国民党历次重要宣言、党国先进言论"等党义文选。历史课程标准同样以三民主义传播为重要目标，如 1932 年初中历史要求"叙述中外各时代文化之变迁；应特别说明现代政治制度及经济状况之由来。以确立学生对于民权主义、民生主义之信念。"高中历史进一步强调民族的重要性，要"陈述本国民族的分合，政治制度的沿革，民生经济的利病，以说明今日中国民族形成的由来与各种政治社会问题发生

---

① 叶圣陶. 叶圣陶教育文集：第 4 卷 [M]. 北京：人民教育出版社，1994：前记 1.

的源流，而阐发三民主义之历史的根源"（1929 年普通科本国史）。"叙述我国民族之拓展，与历代文化政治社会之变迁，以说明我国现状之由来，而阐发三民主义之历史的根据"（1932 年和 1936 年高级中学历史）。

在民国中后期，随着国民党政权的强化，党化教育对教科书的控制越来越严格，《新时代三民主义教科书》等以"三民主义"和"党义"命名的党化教科书相继编辑出版并在国统区广泛使用。在以党治国的政治背景下，党化教科书编辑由中央训练部直接介入，从形式到内容都突出"一个领袖、一个政党、一个主义"，从编辑到教学都是致力于规训"党治下公民"、建构"民族国家"。"党化教科书将'三民主义'设定为一种终极价值，强力引导儿童在心理和行为上明确指向'党'，激发儿童的意义信仰，以期形成政治依附人格，其实质是封建专制的臣民政治心理延伸与发展。"①

与国统区相对的中央苏区、革命根据地和解放区特别重视教育的宣传作用，在极为艰苦的条件下创造了教科书编辑的新经验、新做法，为宣传革命思想、发动人民群众、普及科学知识和开启民智起到了重要作用。"共产党的方针政策是根据地教科书中一直强调的、最为常见的内容。编撰于抗日战争、解放战争时期的根据地教科书，以崭新的话语树立起一个政党的权威，唤起了民族大众的觉醒。课文在哪里，共产党的声音就在哪里传播。"② 配合革命形势需要，直接针对贫苦农民群众，符合学生生活环境特点，用群众熟悉的话语讲故事，是红色教科书编辑的最主要特征。如《高小地理课本》第八课介绍《丰衣足食的陕甘宁》课后习题设计为：为什么一个贫穷的地方能一变而为丰衣足食的边区呢？这是中国共产党和中共中央毛主席正确啊！巧妙地将地理学习与政治宣传有机结合，向学生传授知识的同时以多种方式强化教科书的意识形态底色。

四、近代教科书编辑反思

现代意义上的教科书从无到有，从简单翻译引进到根据教学需要多样化发展，民国时期的教科书编辑积累了丰富的经验，但也由于战乱、经济凋敝和意识

---

① 吴小鸥. 民国时期中小学党化教科书及其启蒙规定性［J］. 中国人民大学教育学刊，2013（4）：145 - 162.

② 石鸥. 晋察冀边区国语课本［M］. 广州：广东教育出版社，2016：2.

形态控制等因素影响，教科书编辑的连续性、整体性并没有得到充分体现。

教科书编辑呈现百花齐放局面，仍缺乏有效评价与经验总结。民国前期的教科书实行选定制，由各出版社根据课程标准要求自行组织人员编写、出版发行，商务印书馆、中华书局、开明书店、正中书局等一批出版单位能够根据时势变化情况迅速组织队伍编写、发行教育改革所需要的教科书，并且在内容、体例和形式上不断创新，融入新的教育理念和教育内容，为新旧教育转换和人才培养提供了有效保障，为后来的国家建设和全民族抗战提供了动力支撑。教科书"固定"以后，这种"繁荣"的局面就成为了历史。地方和个人也积极参与到教科书编辑活动中，出现了一大批有地方特色、具有探索性质的教科书。也正是因为教科书编辑速度快，使用时间大都较短，加上时局混乱，对教科书编辑质量评价及评价结果应用基本是缺失的，一些好的经验、好的做法没有得到有效延续，失败教训也没有得到很好总结作为"后车之鉴"。夏丏尊和叶绍钧（叶圣陶）在1935年至1938年间陆续编写成《国文百八课》，试图"想给与国文科以科学性，一扫从来玄妙笼统的观念"①。然而国文甚至后来的语文教科书，在科学性的道路上并没有大的突破，这与教科书编辑的评价机制问题脱不了干系。

吸引优秀人才参与教科书编辑，仍缺少强有力的协调与整合。将振兴民族的希望放到教育，将教育改革的起点放在教科书，是当时一批有识之士的共同想法。至于要办什么样的教育，培养什么样的人才达于民族振兴之路，不同思想指导之下有不同的主张，教科书的个人色彩比较浓厚。另外，民国时期的教育处于革故鼎新的过渡时期，不同政治观点、教育思想，特别是学制变化都会对教科书编辑产生重要影响。庄俞在对商务印书馆的编辑经验进行总结时说，"学制修改一次，教科书跟着变更一次，往往一部还未出全，又要赶第二部"；"教育研究，日新月异，最初主张日本学说，后来参以欧美学说。或又崇拜美派，又采取法派，参互错综，是否完全适合我国国民，迄今尚无定论"；"政治变迁，或有以一己主张，命令全国，甲以为某种材料不可不纳入教科书，乙以如是，丙又如是。不知教科书有相当之程度，成人教材，何可以语儿童？专门教材，何可以入

---

① 夏丏尊，叶绍钧. 国文百八课 [M]. 北京：生活·读书·新知三联书店，2008：编辑大意.

普通读本?"① 缺少行政部门的系统协调与整合，教科书编辑力量虽然强大，但实际效果或对全国教育的推动作用会大打折扣。当前对民国学术研究包括民国中小学教科书的过度推崇，可能更多是侧重在某一局部领域，而未从教科书的编用整体情况作出全面考察的一种推断。

教科书编辑侧重科学知识的传授，忽视中国传统文化的传承创新。民国社会发展与新文化运动密不可分，新式教科书既是新文化运动的结果，又是推动新文化运动的重要手段。新文化运动以"科学""民主"为核心口号，主张以"科学"价值观来改革中国社会，对传统文化的"扬弃"更大程度在于"弃"，在扫除封建迷信腐朽愚昧思想的同时，连同其大部分精华也一并在抛弃，这就导致教科书编辑一开始是直接翻译使用或模仿西方教科书文本体例，本土化程度参差不齐，加上教师多是受旧式教育影响且专业化整体程度不高，更容易接受适合讲授知识的教科书版本，教科书编辑不可能不受教师使用教科书状况的影响。西方文化引进必然引发与中国固有旧文化之间的剧烈冲突，再加上马克思主义引入中国并且影响不断扩大，教科书很难在这种复杂的社会观念中独树一帜，难以在传统文化传承与创新中超出时代局限。

第三节　当代教科书编辑的多样发展

从旧民主主义革命到新民主主义革命，从社会主义革命到社会主义建设和中国特色社会主义道路的形成、全面建成小康社会，中国共产党领导下的中国社会经历了翻天覆地的变化。当前经济繁荣、人民富裕、人心稳定的良好发展局面，离不开高质量的教育，特别是全民普及的义务教育所发挥的巨大作用。受教育人口大量增加，经济社会发展对教育提出的新要求，都会体现在教科书编辑之中，当代教科书编辑的多样发展，既是对经济社会发展现实的恰当回应，也是应对未

---

① 陈学恂. 中国近代教育史教学参考资料：中册［M］. 北京：人民教育出版社，1987：427.

来竞争的必然举措。

一、教科书编辑的传承与借鉴

中华人民共和国成立初期，百废待兴、经济基础薄弱、统一大局尚未完成，世界阵营分裂为两极对峙，外部经济封锁和军事威胁并存，教育在这种艰难困苦的环境中曲折前行。"新中国变迁时时刻刻发生，教室里的阅读分分秒秒在进行。大而言之，教育变革可以划分为新中国 17 年、'文化大革命'十年和改革开放后三个大的阶段，每个阶段都被各科教科书那或素淡或浓烈的书影所映照。"① 新中国教科书编写与抗日根据地的传统一脉相承，但又具有明显区别。从 1949 年到 1976 年"文化大革命"结束，各门学科的教科书编辑都经历了学习苏联再到自主探索的过程。比如"中学物理教科书的改革经历了从分散到统一，从编译到自编的过程"②，"小学自然常识教科书编写大概经历了先是向苏联学习、编译苏联教材，而后自主探索自编的过程"③，"中学化学课程、教科书大概经历了先是向苏联学习、编译苏联版教材，而后开始自主探索自编教材的一个过程"④。向苏联学习是在中国教育落后、人才严重不足的情况下，受中苏两国关系影响的必然结果，随着国际关系与秩序及国内政治变化，教科书编辑逐渐中国化、本土化，这一过程积累了宝贵经验，也留下了许多缺陷与遗憾。

1. 以解放区教科书为蓝本的修订工作

《中国人民政治协商会议共同纲领》规定我国文化教育工作的总方针为"以提高人民的文化水平，培养国家建设人才，肃清封建的、买办的、法西斯主义的思想，发展为人民服务的思想为主要任务"。同时规定"中华人民共和国的教育方法为理论与实际一致。人民政府应有计划、有步骤地改革旧的教育制度、教育内容和教学法"。旧的教育内容和教学法改革，首要的是教科书内容和编辑方式改革，语文、历史、政治等意识形态色彩明显的教科书，更需要在内容选择中直

---

① 石鸥. 新中国中小学教科书图文史：语文［M］. 广州：广东教育出版社，2015：序 1.
② 石鸥. 新中国中小学教科书图文史：自然常识、物理、化学、生物学［M］. 广州：广东教育出版社，2015：117.
③ 同②3.
④ 同②233.

接体现出社会主义新政权建设的需要，鲜明呈现社会主义意识形态要求；物理、化学、生物等自然科学教科书，虽然内容上没有明显的国家之间的区别，但由于教育制度设计与教育理论选择关系，也在极力靠近或直接编译苏联的教科书内容，仍是受到意识形态影响。

在人力、物力、财力和适合中国国情的教育均为薄弱的情况下，我国成立初期教科书基本是以解放区的课本为底本，稍作修订即出版使用。1949 年 12 月 23 日至 30 日，新成立的教育部在北京召开第一次全国教育工作会议，副部长钱俊瑞在总结报告中指出，全国教育要"以老解放区新教育经验为基础，吸收旧教育有用经验，借助苏联经验，建设新民主主义教育"，"老区教育，现在以巩固与提高为主，解决师资、教材问题"，"加强教科书编审工作的具体计划"①，教材问题及教科书编写成为新中国教育的一个重要工作领域，推动了各学科探索教科书编辑的新内容与新方法。

当时的华北人民政府在编写语文教科书时，为体现与旧政权的区别，将"国语"和"国文"合称为语文，叶圣陶先生的解释是"口头为语，书面为文，故合称为语文"，学科名称变化的同时影响到教科书内容、体例编辑的实质性变革，如要求课文选文注意语文教育与思想教育有机统一，删除所有宣传旧思想、旧政权的文章，代之以歌颂赞扬和宣传新思想、新政权的作品。1950 年的《小学语文课程标准（草案）》还详细规定了教材编写要点，如语文应是语体文，语文教材以阅读为中心，一、二、三年级还要兼有常识科的功能，要与其他科目照应，还指出了语文课本编写的整体注意事项和写话教材、写字教材的注意事项。

2. 教科书编辑全面学习苏联时期的特点

毛泽东同志在《论人民民主专政》中指出："我们必须克服困难，我们必须学会自己不懂的东西……在列宁和斯大林领导之下，他们不但会革命，也会建设。他们已经建设起一个伟大的、光辉的社会主义国家。苏联共产党就是我们的最好的先生，我们必须向他们学习。"② 在与苏联关系密切时期，教育领域的学习同样贯彻到位。1950 年凯洛夫（Каиров）主编的《教育学》翻译出版，其所

---

① 顾黄初. 中国现代语文教育百年事典 [M]. 上海：上海教育出版社，2001：301 - 302.

② 毛泽东. 毛泽东选集：第 4 卷 [M]. 北京：人民出版社，1991：1481.

强调的马克思关于人的全面发展学说、课堂教学的五环节结构、突出基础知识和基本技能掌握等思想成为我国后来几十年教育的基本依据。改课程标准为教学大纲，语文分为汉语和文学两科，直接使用苏联编译来的教科书等具体做法，深刻影响了我国教科书编辑思想和编辑方式。这一时期教科书编辑的特点表现为：

一是大量选用苏联作品，主要包括苏联文学作品和歌颂苏联领袖的文章。当时语文教科书选入了《列宁和炉匠》《列宁在学校里》《见列宁去》《列宁的半身铜像》《论列宁》《列宁的性格》《悼列宁》《列宁的外套》《参观列宁墓》《列宁参加义务劳动》《献给斯大林的寿礼》以及大量的苏联现实主义和革命文学作品，歌颂苏联伟大成就和树立苏联革命领袖伟大形象。二是直接采用苏联教科书版本。这类情况主要集中于数理化生等理科科目中，以东北人民政府编译的教科书为基础，教科书出版声明写道："这一套中学自然科学教科书，包括算术、代数、平面几何、物理、化学、动物、植物、人体解剖生理学等，是根据苏联十年制中学的教科书翻译的。为了适合我国的情况，在校阅时作了必要的修改，所以说是编译。"在后来的教科书自编过程中，苏联教科书的分科方式，如数学分为算术（小学）、代数与平面几何（中学），语文分为语言与文学，生物分为动物、植物和人体解剖生理学，以及教科书注重强化意识形态要求、以系统的知识为主组织教材内容、突出智能训练等方面的做法，都被大量采用，对二十世纪后期我国教科书编辑的影响非常深远。三是用苏联教育学的理论指导教科书编辑工作。新中国成立初期从教育制度到教育思想全方位学习苏联，形成了以知识能力为核心的小学、初中、高中螺旋上升编辑模式。如物理围绕力学、声学、热学、光学等核心知识领域，在各个学段都涉及，但学段越高，知识的内容越深入越全面。突出了教育与生产劳动相结合的思想，注重将生产生活中常用知识作为教材内容，并且要求教学与学生经验相结合。

另外，这一时期还建立了教科书统一编写、统一发行渠道等制度，教科书排版改竖排为横排，使用简化汉字等。

3. 教科书编辑极度失序时期

中华人民共和国成立后的十多年时间，在学习苏联、借鉴传统教科书编写经验的基础上，根据我国社会发展需要，从"全面学习"苏联的做法中，逐步转向学习苏联与总结我国自身经验相结合，各学科教科书都在根据教学目的探索合适的编排体例，并且取得了一定的成效。如 1956 年至 1958 年期间出版使用的语文分科教科书选文明显突出了作品的语言价值，强调语言能力的训练，适当淡化了意识形态宣传色彩；1963 年开始由人民教育出版社编写的新十二年化学课本"总结了 1949 年以来广大教师的化学教学经验和编写中学课本的经验教训，受到了广大师生的好评"①。但在"文化大革命"期间，学校停课，教育思想几乎政治化，先前所建立的教科书体系完全被中断，因各种原因教科书编写者受到冲击，编辑活动也进入极度失序状态。

1966 年 8 月，中共八届十一中全会通过《中国共产党中央委员会关于无产阶级文化大革命的决定》，全文共十六条内容，其中第十条"教学改革"提出：改革旧的教育制度，改革旧的教育方针和方法，是这场无产阶级"文化大革命"的一个极其重要的任务。在这场"文化大革命"中，必须彻底改变资产阶级知识分子统治我们学校的现象。在各类学校中，必须彻底贯彻执行毛泽东同志提出的教育为无产阶级政治服务、教育与生产劳动相结合的方针，使受教育者在德育、智育、体育几方面都得到发展，成为有社会主义觉悟的有文化的劳动者。学制要缩短。课程设置要精简。教材要彻底改革，首先删繁就简。学生以学为主，兼学别样。也就是不但要学文，也要学工、学农、学军，也要随时参加批判资产阶级的"文化革命"的斗争。

其所规定的教育思想、教育方针、学制、课程、教材和学习方式问题，深刻改变了教科书编辑发展的自然进程，"文化大革命"十年期间，教科书编辑失序主要表现为：

政治挂帅成为指导思想。毛主席语录是所有教科书都要选入的内容，一段时间还包括"林副主席"的语录。几乎所有教学内容都与毛泽东思想、与政治话语挂钩。即便是物理课程，"多数地区与天津延安中学一样用新编的《工业基础知识》（或《工农业基础知识》）取代，只有少数一些地区仍编写、出版《物理》，但性质却发生了翻天覆地的变化"②。这些教科书将毛泽东思想融入学科内容，从实际出发提出矛盾，再上升为理性认识，最后落到解决工农业生产实际问

① 石鸥. 新中国中小学教科书图文史：自然常识、物理、化学、生物学［M］. 广州：广东教育出版社，2015：261.

② 同①161.

题，对学生进行辩证唯物主义教育。1970 年出版、湖南省中小学教材编写组编写的《工业基础知识：初中理工部分》以毛泽东照片、毛主席语录作为开篇，每章内容开头都是毛主席语录，部分小节中还以"毛主席教导我们"作为引言。

教科书内容被极度简化。主要分为几种情况，一是用《毛泽东著作选读》《毛主席语录》直接作为教科书。1967 年 2 月 4 日、19 日中共中央《关于小学无产阶级文化大革命的通知（草案）》《关于中学无产阶级文化大革命的意见（供讨论和试行用）》分别规定了中小学学习内容，小学一至四年级学习毛主席语录，兼学识字，学唱革命歌曲，学一些算术和科学常识，中学上课学习毛主席著作，以及复习数学、物理、化学、外语和各种必要的常识。二是已有的课程内容被极度简化，学习时间由政治宣传、生产劳动主导。学制被缩短，中学改为 4 年，课时大量减少，在天津的四年制普通中学教学计划表中，周学时仅 23 学时左右，其中"天天读"（政治学习）占 6 学时，毛泽东思想课（包括机会教育课）占 3 学时，剩余的语文、数学、外语、军体、物理和化学等课程合计 14 学时左右。三是特别侧重于教科内容与现实生产需求直接对应，主要针对工农业生产中的具体现象，以及如何为工农业生产服务。《工业基础知识：初中理工部分》共两册，第一册共三章，分别是工具家具改革的基本知识、几种常用的农业机械、柴油机；第二册共三章，分别是电的基本知识、照明电路、有线广播，两册共 227 页。

"文化大革命"十年期间，教科书编辑的无序状态，直接影响一代人的成长，同时也深刻说明，教科书是一个国家教育发展的基石，必须遵照人才成长的规律来编写，如果一味服从于外在要求，或者说外部因素直接强加进来，所导致的后果是难以承受的。

二、教科书编辑的现代化努力

改革开放后，我国努力消除"文化大革命"的负面影响，恢复高考招生，特别是制定《中华人民共和国教育法》《中华人民共和国义务教育法》等法律法规，全面实施九年义务教育，实行教科书审定制，全面推动教科书工作在合理继承历史经验的基础上推陈出新，不断提高编辑质量，创新编写理念，并适当借鉴国外教科书编写的先进经验，在现代化的道路上奋力前行。

探索了多种多样的教科书编写框架。1978 年，教育部颁发了《全日制十年制中小学教学计划试行草案》，据此所编写的第五套全国通用的十年制中小学教材推动课程教学走向了正常化。教科书一纲多本的编用体制开始形成，以教学大纲为依据，探索出了具有不同风格的教科书内容选择、组织和训练体系。在保障知识系统、导读系统、练习系统等教科书基本要素完备的情况下，及时吸纳最新学科知识，设计符合学生学习特点的具体活动。特别是 2001 年新一轮基础教育课程改革后，主张用知识与能力、过程与方法、情感态度与价值观三维目标作为各科课程目标的基本维度，重视了学习的过程体验与方法掌握，重视了情感态度与价值观的养成，各门科目教科书都在尽量体现学科特点的同时，围绕学生学习需要展开，获得了大量由"教材"向"学材"转换的有益经验。以语文教科书为例，20 世纪 80 年代初至 90 年代末期，尝试以记叙文、说明文、议论文三类文本为主组织单元课文，以阅读为中心统整读、写和说的能力训练，以语言学知识作为语文学习基础。进入 21 世纪后，教科书编辑转向以人文话题为线索，淡化语法知识，侧重学生情感态度与价值观的感染和熏陶。2017 年开始全国使用的义务教育阶段部编版语文教科书综合人文教育和语言训练要求，采用双线结构，倡导整本书阅读。高中语文教科书以学习任务群为核心安排内容、选择知识、训练能力，极大突破了长期以来知识学习的教科书编辑框架。

不断完善与优化教科书编辑流程。教科书编辑有制度的规定，也有实践经验范式的约定，不同出版社、不同科目在编辑流程上稍有区别，整体上来说都有严格的流程。"中小学教科书强调政策导向性、经典性、规范性和可操作性，其编写和审查有着固定而严格的程序，对参与工作的人员有一些特殊的要求。"① 语文教科书编写的流程是先大纲、课标，后教科书；先方案，后选文；先选文，后练习；先主件，后附件。其他科目教科书虽然内容与语文学科有差别，但编写仍是依据课程文件要求确定编写整体理念，依据编写理念选择知识内容和安排具体活动。另外，教科书编辑及使用过程中，都会安排广泛吸引中小学一线教师意见的环节，为教科书使用最大限度地满足教学要求提供了保障。

---

① 刘真福. 中小学教科书编审流程：以语文教科书为例 [J]. 出版科学，2007 (2)：24 – 27.

培养了一大批高素养的教科书编辑。人民教育出版社作为我国教科书编写的主阵地，一直发挥着无可替代的作用，在长期的教科书编辑实践中，培养了一大批高素养的教科书编辑。1983 年，课程教材所成立，与人民教育出版社合署办公，对推动教科书编辑实务与研究结合起到很大促进作用。其下设的《课程·教材·教法》《中国教育科学（中英文）》《中小学教材教学》《中小学数字化教学》等刊物，成为国内教科书研究成果发表的主阵地，为教科书编辑研究提供了重要的专业平台。北京师范大学出版社、语文出版社、广东教育出版社等国内重要出版单位也积极支持教科书编辑工作，为教科书编辑成长创造了良好条件。一批国内学科研究顶尖学者作为各门学科主编，保障了教科书的学术水准。一批国内中小学一线优秀教师参与教科书编写，保障了教科书与教学实践需要的深度融合。整体上形成了高级专家、专业编辑和一线优秀教师三类编辑人才结合、专业和业余互补、教育与学科融合的教科书编辑队伍。

较好地处理了教科书编辑中各种关系。教科书编辑不只是一种简单的知识介绍或资料汇集工作，既涉及人类文化成果的传递，又包含对既有文化的创新传承，需要处理好基础性与发展性、思想政治性与学科专业性、学科逻辑性与习得差异性等多重关系。在教科书编辑的历史中，有过思想政治要求直接照搬到教科书，过于强调学科知识的灌输，直接与生产生活对接等做法，不同程度上妨碍了教育目标的实现，不利于人才的全面发展和创新能力的培养。经过改革开放四十余年的探索，教科书编辑的科学化、专业化程度大大提高，教科书与政治、社会、经验、师生的关系处理得到明显改善，"越来越关注教材的可教可学"，"越来越凸显教材内容的文化意识"，"越来越注意教材的深广维度"，"越来越强调教材的编研合一"，"越来越重视教材的中国特色"，"越来越取向教材的深度综合"，"越来越需要教材的形态平衡"，"越来越发挥教材的国家作用"[①]。教科书以学生核心素养发展为目标，以学生活动的有效性和学习效果的最大化为取向，将国家意识形态要求和文化传承融入学科内容，并且能够及时总结经验，推动教科书编写质量稳步提升。

---

① 刘启迪. 改革开放以来中小学教材编写的反思与展望 [J]. 当代教育科学，2018 (8)：15 – 20.

形成了具有较高水准的教科书思想。教科书研究受到广泛关注，不同研究主体从不同视角看待教科书编辑问题，推动教科书编辑思想日益丰富全面，特别是教科书编辑的研究水准达到前所未有的新高度。在中国知网以"人民教育出版社"为作者单位搜索到的学术论文有近4000条，大多是针对课程、教材及教材使用问题。直接以"教科书"为标题的论文有400多篇，直接以"教材"为标题的论文有近900篇，研究内容包括中外教材（教科书）比较、教材（教科书）评价、教材（教科书）编辑思想等多个方面。

全面回顾了中华人民共和国教科书发展的历程。2010年，人民教育出版社出版《新中国中小学教材建设史1949—2000研究丛书》，包括总论卷、政治卷、小学语文卷、中学语文卷等18本，全面回顾了1949年后人民教育出版社编写中小学教材的历程，总结各学科教材研究、编写、出版工作的成绩、经验、教训，探索教材编写的理论、规律，提供了中华人民共和国成立后50年间中小学教材发展的历史全景。2015年7月，广东教育出版社出版了石鸥教授主编的"新中国中小学教科书图文史"丛书，以新中国60多年中小学教科书为研究对象，"运用历史唯物主义的观点方法，立足于第一手资料，以时间发展为脉络，动态地、系统地、实证地阐明1949年至今教科书编辑出版的时代背景、编审制度、主要机构、编撰群体、内容概要、形式体例等方面发展演变的过程，总结中华人民共和国不同历史阶段教科书发展的特点，形成有关教科书研究的科学态度与价值视野，探求中国当代教科书发展的客观规律，增强创建有中国特色教科书制度的自信心"。

三、教科书编辑与教材强国

教材强国是教育强国的重要内容。什么是教材强国，教材强国的标志是什么，目前虽然还处在探索阶段，但有研究指出，"迈向教材强国的关键是教材建设，教材建设的核心在教材质量，而教材质量全面提升的衡量标尺，是思想性充分彰显，科学性显著增强，民族性特色鲜明，时代性深刻体现，系统性全面协调。这既是迈向教材强国的实践逻辑，也是成为教材强国的主要标志"①。教科书所属科目不同，涉及的内容不同，与国外同类教科书比较的侧重点会有很大差别，但教科书编辑思想、技术、流程会有很多共同点。教材强国一定还意味着教科书编辑在自主创新能力大幅增强，由借鉴学习他国先进经验走向传输经验，能够在国际教科书舞台取得领先地位。

教科书编辑需要在突出意识形态的前提下回归正确的思想导向。建设中国特色社会主义需要培养德智体美劳全面发展的建设者和接班人，建设者是从知识能力素养方面提出的规定，接班人突出的是社会主义思想素质，两者不可偏废。建设者和接班人的培养内容有相通相融的地方，也有各自的方式方法。教科书编辑所选择的内容既不能一味与西方接轨，又不能脱离世界文明发展的整体方向自话自说。教科书编辑需要突出基础性，同时又要培养学生个性，给学生作出正确方向引导的同时预留发展空间。只有处理好社会发展需要与个人发展可能之间的关系，才可避免政治因素过多干扰教科书的编辑工作，甚至以政治替代教科书的思想性特征；既要用中国话语表达中国声音、传递中国思想，又要考虑中西文化与文明交流的共同内容和方式问题，切实形成与其他教科书强国对话的基础。

教科书编辑应在尊重科学规律的基础上回归学习发展的必然路径。科学规律是不以人的意志为转移的，科学本身无价值取向，但科学应用却明显受到意识形态的影响。教科书编辑要选择对未来科学发展和社会生活中具有奠基性质的内容，同时也要体现科学在应用中的方向规范，学科学、爱科学、用科学，是教科书体现科学规律的基本指针，"科学教育的目的，不是教条式地假定科学在认识论上的权威地位，而是建立和维护科学的认识论权威，并且利用这种权威传递信息，促进态度和改变行为"②。学生对科学的认知及在这种认知上的态度和行为改变，一定是要建立在自身的理解图式基础之上，并需要"真实的而非理想化的科学实践"。教科书要引导学生在科学知识学习过程中关注实践，并尽可能参与实践，在创新性人才培养上开辟出中国道路，从而体现出教科书的独特价值。

---

① 余宏亮. 建设教材强国：时代使命、主要标志与基本路径 [J]. 课程·教材·教法，2020（3）：95 – 103.

② 朱晶. 科学教育中的知识、方法与信念：基于科学哲学的考察 [J]. 华东师范大学学报（教育科学版），2020，38（7）：106 – 116.

　　教科书编辑应在体现时代要求的同时充分展示民族特色与风格。在全球化进程中，各个国家之间经济、科技、贸易交流日益成为一个整体，相互依赖程度大大提高，文化交流不断深入，在共同推动人类文明进步与应对自然灾害及重大危机问题等多个方面都凸显出构建人类命运共同体的必要性和紧迫性。教科书编辑需要根据时代面临的共同问题，融入生态环境教育、科学伦理教育、卫生防疫教育等内容，为不同类型国家应对相关问题提供示范，同时也需要在保持民族文化和传统方面、爱国主义教育方面根据中华民族自身文化和认知特点改进。

　　教科书编辑应高度关注技术进步所带来的机遇与挑战。大数据建设方兴未艾，人工智能研究与应用如火如荼，5G 通信技术逐步进入日常生活，量子理论等科学研究不断突破，科学研究与技术进步深刻改变人们的生活方式、思维方式，也很大程度上改变教育的方式。特别是新冠肺炎疫情期间，各级各类学校被迫采用在线教育方式，其所积累的经验与暴露的问题，为改变或优化传统教育提出了新的视角。"后疫情时期，当在线教育模式更多融入线下课程、课堂与教学时，新的混合教育制度需要超越技术视角，重构制度中的规训与监控机制，以更专业的课程与教学设计给学生和学习赋权。未来中小学线上线下融合的混合教学新常态，需要关注三个核心要素：数字资源、流程再造、组织管理，同时学校与校外机构都将走向线上与线下融合，两者在建设和共享优质教育资源等方面将大有合作的空间。"[①] 教科书作为课程资源的核心要素，如何为新的教学设计提供更好的思路，如何在数字资源开发中取得突破性成绩，如何为线上线下融合提供更好的平台，都是值得探索的重要领域，是教科书回应技术进步、利用先进技术更好发挥其在教育改革中关键功能的基本需要，也是实现教材强国目标的必然要求。

---

① 崔允漷，余文森，郭元祥，等. 在线教学的探索与反思（笔谈）［J］. 教育科学，2020（2）：1－24.

第三章

教科书编辑原理

根据泰勒（Ralph Tyler）提出的课程原理，确定目标、选择经验、组织经验和评价目标的循环过程是课程持续深化、有效促进学习的基本步骤或阶段。教科书是课程呈现经验的重要载体，不仅要精选出未来一代需要掌握的人类文化中最重要的基础性内容，而且要将这些内容与学生个体经验结合起来；不仅要表现社会发展对文化传承的需要，而且要提前预判师生的教学可能情况，遵循知识建构的内在规律。

第一节　文化选择原理

与宽泛复杂的文化界定相比，教科书领域表现的文化内涵更为明确具体，基本是限定在能够用语言、图画、声音等符号传播的精神成果这一框架之内，"教育是传播文化的重要手段，学校教育的主要任务就是传递保存在典籍中的物化知识"。[①] 教科书的文化传承是基于特定目的有限度、有选择的传承。

一、教科书编辑本质是文化选择

教育是培养人的活动，教育最根本的作用在于对人的发展的引领。人的遗传密码多种多样，这是与生俱来的事实；人的发展也多种多样，这是后天选择与环境作用的结果。具有多种遗传特性的个人，整体基因与其族群、种群是类似的，

---

① 顾明远. 中国教育的文化基础［M］. 太原：山西教育出版社，2008：37.

肤色、体型、身高甚至体质都有很强的同质性。更为重要的是，相似遗传特质的人只有通过教育才能接受特定群体的文化观念，通过文化观念的塑造，才能在精神气质等内在层面融入特定群体之中，在文化归属的寻求与实现中建构为一个完整的人。因此，人的生理属性只是人成为人的基础，而接受教育进而表现出的文化属性才是人成为人的具体表征。

文化具有丰富内涵，教育仅是文化传承的一种方式。广义上的文化包罗万象，凡是与人的精神相关的内容，都可以挂上文化的标签，文化无处不在却又难以有清晰的界定。庄子通过"道在屎溺"的描述形象指出文化的无所不在性，如果简单说教育就是传承文化，那就是严重泛化了教育的功能和作用。文化的丰富内涵决定了文化传承的多样途径，社会生活环境潜移默化影响，个体经验差异性形成的心理发展图式，文化本身变更及传播媒介方式日新月异，都会深刻影响文化的接受及内化。个体在文化中出生，在文化中成长，在文化选择中自我塑造。正因为文化无所不在，教育不可能独立完成文化的个体内化功能，只能是在文化框架中选择需要学生掌握并且可能掌握的内容，在自身的体系内推动特定文化传承与发展。

教科书是教育传承文化的基本载体和依托。教学是学校教育的核心，也是传承文化最系统、最自觉和主动的方式。相对于教学中的文化内容，校园内的环境布置、文化实践活动等其他文化方式大多是因校而异、因地而异，对学生的影响也是潜在的、随机的，因而学校文化也呈现出多样性和差异性特征。现代学制中教学的系统性、目的性和规定性，要求学校以教科书为主体呈现主流文化并在不断修订的过程中得以完善。读经时代尽管有过课业及其进程的安排，但都与教师个人的取向和偏爱联系在一起，依据课程展开的教学不允许离开教科书而任意主观发挥与阐释，因而对确保教育沿着预定轨道、传承特定文化更具有控制的可能性与现实性。到目前为止，还没有其他一种教学材料可以替代教科书作为文化载体的地位。道尔顿制（Dalton plan）、特朗普制（Trump plan）等教学形式的试验也表明，教师开发课程资源只能是补充或丰富教科书内容，并且不能成为主流样式。

教科书选择的文化体系应具有奠基性质。教科书选择的文化一定是体现具体社会发展要求，以塑造具备社会所需要品格的未来一代。农业时代知识更新速度缓慢，文化传承主要依靠习俗发挥作用，口耳相传、师傅带徒弟等传统单一手段就能够满足生产和生活的需要，社会稳定与既有秩序维护是教育的主要目的，因而其文化主流或官方文化内容均是围绕伦理道德和皇权统治的主线展开，偶尔出现的"民贵君轻"等思想，也仅是从另一角度维护君权或是倡导不同的君权观念，"王侯将相，宁有种乎"的呐喊终是淹没在权力的世袭体系之中，尽管朝代不断更替，但更替了的朝代依旧体现着农业时代的社会秩序特点。进入工业时代后，知识就是力量，知识的更新带来技术进步并推动社会财富急剧增加，人的发现与人权观念发展，使民主与自由从理想逐步成为现实，文化观念和教育内容也随之变化，科学知识分类越来越细导致学科门类不断增加，学校课程及相应的教科书在同步增加。然而，科学再发达、技术再进步、思想再推进，总有相对稳定保持的基础内容，教科书所传递的文化体系虽然要与时俱进，但又具有延续性，要选择各门学科中具有奠基性质的内容。

教科书的文化选择要置于社会文化整体发展的需要中。不同的时代有不同的文化特点，同时还需要有意识引领文化发展的方向。现实的文化与理想的文化、主流文化与边缘文化、显性文化与隐性文化、官方文化与民间文化之间并不必然统一，甚至可能相互冲突、尖锐对立。教科书的文化选择不可能全盘考虑文化的多样化形态，只能在特定价值体系指导下，以培养未来一代成为"什么样的人"这一社会文化发展的整体视角作为选择标准，才能从复杂的材料中理出一条清晰的线索。

先有文化的积累与发展，教科书的文化选择才会成为可能，教科书传承什么样的文化，就可能会塑造出怎样的一代。从这个意义上来说，教科书编辑责任重大，教科书编写者的文化素养和责任意识需要站在时代的前沿。

二、教科书文化选择的理论视角

教科书选择什么样的文化，如何去组织所选择的文化一直是教育研究的关键领域，也是课程与教学理论研究的基本内容。从古典教育思想到现代教育流派，再到后现代教育观念，不同时期的不同视角和取向形成了不同的教育主张，对教科书编辑都极具启示意义。

1. 文化即知识：知识中心的教科书文化选择

英国哲学家、社会学家、教育家斯宾塞（Herbert Spencer）在《什么知识最有价值》一文中较为严密系统地论述知识作为教育中心的观点并且产生深远影响，"什么知识最有价值？一致的答案就是科学。这是考虑到所有各方面得来的结论"。他将教育知识按直接保全自己或是维护生命和健康、间接保全自己、完成父母的职责、了解国家生活及为了各种艺术的完美创作和欣赏等科学的分类依次排序，由此建立课程的知识论基础。"这个课程论是极其激进的，是从功利主义观点出发论述学科的相对价值的。功利主义观点本身不仅同传统的课程理念不相容，而且同学科价值观针锋相对。人本主义课程论，总是把人文学科摆在最高层地位，但在斯氏的课程论中却置于最底层。"① 尽管如此，科学课程还是以雷霆之势打破了西方传统"七艺"博雅课程传统，使物理、化学、生物等学科成为学校基本科目，并且其重视程度伴随科学技术的发展而不断提高。

较之科学中心论更为温和的观点是学问中心论，美国的心理学家布鲁纳是主要代表人物。他认为任何学科领域的知识都有基本的结构，包括"基本观念""关键概念"和研究方法在内的"科学结构"是课程编制的核心，在知识不断增长的背景下，单纯的知识传授并不能应对激增的知识体系，要解决教材容量有限与知识爆炸的矛盾，就应着眼于其内容选择的改变。他设计出"螺旋形课程"，要求对同一题材的内容以新的观点反复多次呈现，提出任何学科知识都可以用智育上正确的方式教给任何年龄段的任何儿童。学问中心课程论不仅影响了理科课程的教科书编制，使不同学段的教科书围绕学科核心结构逐步深化，同时也影响到文科课程的教材结构。2017 年版高中课程标准的教学内容部分，特别重视以学科大概念为核心，推动课程内容结构化，并且要求以主题为引领使课程内容情境化，实现学科核心素养的落实。人民教育出版社在 20 世纪 80 至 90 年代的各个版本语文教科书，初中以简单的记叙文、说明文和议论文组织单元内容，高中则转换到复杂的记叙文、说明文和议论文，围绕着写作训练文本和相关知识排列阅读与写作，就是对语文结构的一种有益探索。部编版语文教科书在义务教育阶段的"双线结构"，高中阶段的学习任务群设置，是从更高层面体现语文"科学结构"的尝试。

2. 文化即人化：人本主义的教科书文化选择

人本主义教育思想可以远溯到教育的原初时代，但由于对人的不同理解，人

---

① 钟启泉. 现代课程论：新版［M］. 上海：上海教育出版社，2003：84.

本主义当中各类观点差异较大，教科书文化选择的主张也各不相同。

标榜为人本主义教育思想的理论主要出现在 20 世纪后期，但人本主义先驱则远远在此之前就对此有过充分的论述。从自称为人本主义教育第一个宣言《论绅士风度与自由学科》之后，人的发现与人的培养作为教育主要观点一直占据重要地位。"健全的精神寓于健全的身体，这是对于幸福人生的一个简短而充分的描绘。"［洛克（John Locke），《教育漫话》开篇语］"在万物中，人类有人类的地位，在人生中，儿童有儿童的地位。必须把人当人看待，把儿童当儿童看待。"［卢梭（Jean-Jacques Rousseau），《爱弥儿》开篇语］这些在现在看来应该是常识的朴素话语却是冲破神权、皇权黑暗的一道曙光，也是人本主义教育思想系统化、课程化的先驱和铺垫。

人本主义教育的根本目的是把人培养为"自由的人"，教育目的是促进"自我实现"或"个人的实现"，除发展智力外，作为人格重要组成部分的情感、情绪和意志同样重要，需要将认知发展和情感发展有机统一。人本主义教育的文化观，很大程度上改变了以知识为中心的教科书内容编制方式，重视音乐、美术、文学等蕴含的审美情操，主张教科书内容组织适合学习的兴趣、心理、经验等个人的因素，致力于通过教科书及教学活动将个人经验上升到观念、原理的抽象化和情感的符号化，反对以知识的分类划分课程从而破坏学生发展的整体性，呼吁将学生作为整体的人在人际交往中获得发展。正因为以上观点，人本主义教育思想批评传统教科书中"迄今为止，情意不过是承受了贫乏的认识、实验、实践。但是，情意不仅可以使旧教材带有生气，而且可以为开拓新教材服务"①。

3. 文化即经验：儿童中心的教科书文化选择

如果说人本主义区别于知识中心论的观点主要在于内容选择上，儿童中心论则是突出了个体经验在教育中的价值。所谓的知识和人化，都是突出灌输外在于儿童的成人经验，着重满足社会发展的需要。儿童中心论中的经验是儿童自身通过活动和探索形成，是用自己的方式去拓展他的外部认知，由此所倡导的教科书文化选择呈现出一种完全不同于以往的景象。

心理学和哲学研究从不同的视角阐述了儿童中心的发展观和教育观。从发展

---

① 钟启泉. 现代课程论：新版［M］. 上海：上海教育出版社，2003：169.

的观点看，教学是儿童发展的重要条件，但教学并不必然促进发展。维果茨基（Lev Vygotsky）认为，要提高儿童的发展水平，必须了解儿童现有的发展水平和经过帮助可能达到的水平，已有水平和可能水平之间的地带就是"最近发展区"，教科书编写和教学都应基于"最近发展区"的情况。"在儿童掌握的知识内容同他们掌握这些知识内容的智力之间，存在着内部联系。儿童的智力发展，归根结底，是受他们所掌握的知识内容决定的。"① 除一般地论述儿童发展情况外，加德纳（Howard Gardner）的多元智能理论将触角伸向于个体智力优势的分类，他将人类智力分为言语－语言、逻辑－数理、视觉－空间、音乐－节奏等九种类型，教学促进学生最佳发展应当考虑个体智能发展潜能，统一的、不加区别的教科书内容不可能适合每个人的具体情况，教科书编辑应考虑学生在理解和发展过程中的差异性。

教育哲学关于经验的抽象思考，为以儿童为中心的教科书文化选择提供了宏观思路。在"教育是经验连续不断的生长"这一核心理念下，杜威的教材观颠覆了之前教科书文化内容选择的思路。他认为，"所谓教材，就是在一个有目的情境的发展过程中所观察的、回忆的、阅读的和谈论的种种事实，以及所提出的种种观念"②。据此将教材分为学校分学科的正规教材和社会交往情境中生成的非正规教材，"有组织的教材，代表着和儿童的经验相类似的许多经验的成熟产物，这些经验包含着同一个世界，也代表着和儿童所有相类似的许多能力和需要"③。但是教材内容所呈现的"同一个世界"并不必然等于学生的实际需要，也不必然成为学生活动的一部分，如果教材中的文化内容不能够被学生接受，就只是"纯粹言词"，只是一种刺激物，不会产生任何意义。教科书应重视学生经验而组织知识，为从个人处境出发上升到重视人类普遍问题而提供启迪和训练。

三、教科书文化选择的当代使命

在经济社会发展全球化日益深入的背景下，文化的传播与创造、文化的冲突与交融、文化的保守与扩张等问题逐步显现，亨廷顿（S. P. Huntington）甚至声

---

① 钟启泉. 现代课程论：新版［M］. 上海：上海教育出版社，2003：331.
② 杜威. 民主主义与教育［M］. 王承绪，译. 北京：人民教育出版社，2001：197.
③ 同②199.

称世界矛盾的根源就是"文明的冲突"。随着互联网迅速普及后,网民数量大增。据第44次《中国互联网络发展状况统计报告》,2019年6月中国网民规模达8.54亿,仅上半年就新增网民2598万人,互联网普及率达到61.2%。新投入使用的5G网络速度更快、传输容量更大、智能化程度更高,将进一步影响文化传播的方式,同时也在不断创造出新的互联网文化圈,为教科书的文化选择、传承及创新带来了前所未有的机遇和挑战。

我国社会主义建设取得了伟大成就,党的十八大提出"两个一百年"奋斗目标,即在中国共产党成立一百年时全面建成小康社会,在新中国成立一百年时建成富强民主文明和谐的社会主义现代化国家,这尤其需要国民有坚实的中华文化底蕴作为基础。2014年3月,教育部印发《完善中华优秀传统文化教育指导纲要》,列出了开展中华优秀传统文化教育的主要内容:中华优秀传统文化是中华民族语言习惯、文化传统、思想观念、情感认同的集中体现,凝聚着中华民族普遍认同和广泛接受的道德规范、思想品格和价值取向,具有极为丰富的思想内涵。加强对青少年学生的中华优秀传统文化教育,要以弘扬爱国主义精神为核心,以家国情怀教育、社会关爱教育和人格修养教育为重点,着力完善青少年学生的道德品质,培育理想人格,提升政治素养。明确要求在课程建设和课程标准修订中强化中华优秀传统文化内容、修订相关教材和组织编写中华优秀传统文化普及读物。

党的二十大报告提出要推进文化自信自强,铸就社会主义文化新辉煌。我们要坚持马克思主义在意识形态领域指导地位的根本制度,坚持为人民服务、为社会主义服务,坚持百花齐放、百家争鸣,坚持创造性转化、创新性发展,以社会主义核心价值观为引领,发展社会主义先进文化,弘扬革命文化,传承中华优秀传统文化,满足人民日益增长的精神文化需求,巩固全党全国各族人民团结奋斗的共同思想基础,不断提升国家文化软实力和中华文化影响力。2017年1月,中共中央办公厅、国务院办公厅发文实施中华优秀传统文化传承发展工程,要求将中华优秀传统文化贯穿国民教育始终,"围绕立德树人根本任务,遵循学生认知规律和教育教学规律,按照一体化、分学段、有序推进的原则,把中华优秀传统文化全方位融入思想道德教育、文化知识教育、艺术体育教育、社会实践教育各环节,贯穿于启蒙教育、基础教育、职业教育、高等教育、继续教育各领域。以幼儿、小学、中学教材为重点，构建中华文化课程和教材体系。编写中华文化幼儿读物，开展'少年传承中华传统美德'系列教育活动，创作系列绘本、童谣、儿歌、动画等。修订中小学道德与法治、语文、历史等课程教材"。

教育承担着文化建设的重要使命，教科书的文化选择关乎立什么样的德、树什么样的人等重大教育方向问题，关乎教育采用什么内容和什么方式的重大路径问题。中华优秀传统文化、革命文化和社会主义先进文化是根本，但同时必须重视当代科学知识的基础性成果掌握，"文化选择在其方向上，有两种不同的视角。一种是追求人类永恒向往的意义与理想价值，探索与追求人生境界的提升；而另一种是基于现实社会生活的实际立场，包括对主流社会价值观的认可和对少数群体价值观的包容"①。不否认有"人类永恒向往的意义与理想价值"，但不能以此代替各民族传统文化的个性和社会现实的文化存在，中国特色社会主义道路需要中国特色社会主义先进文化，但不可完全否认或无视其他类型的文化存在，教科书编辑需要高度警惕形形色色文化主张带来的文化虚无色彩，需要根据国家文化自信建设要求，坚定不移地坚持"以我为主"引领学生不断超越经验的文化环境，在扬弃过程中内化与坚定社会主义核心价值观。

进入 21 世纪以来，基础教育各学科课程标准都突出强调了教科书的文化问题。《普通高中语文课程标准（2017 年版）》将"文化传承与理解"作为语文学科核心素养的四个维度之一，认为"文化传承与理解是指学生在语文学习中，继承和弘扬中华优秀传统文化、革命文化、社会主义先进文化，理解与借鉴不同民族和地区的文化，拓展文化视野，增强文化自觉，提升中国特色社会主义文化自信，热爱祖国语言文字，热爱中华文化，防止文化上的民族虚无主义"。《普通高中历史课程标准（2017 年版）》将"家国情怀"作为历史学科核心素养的五个维度之一，认为"家国情怀是学习和探究历史应具有的人文追求，体现了对国家富强、人民幸福的情感，以及对国家的高度认同感、归属感、责任感和使命感。学习和探究历史应具有价值关怀，要充满人文情怀并关注现实问题，以服务于国家强盛、民族自强和人类社会的进步为使命"。理科类课程除强调本学科的

---

① 侯前伟. 教科书内容的"文化选择"：内涵、评价依据与标准建构 [J]. 基础教育，2019（5）：65－75.

基础知识和能力培养要求外，大都根据学科特点提出了文化价值观的要求，如地理的"人地协调观"、化学的"科学态度与社会责任"都被列为学科核心素养的构成要素。

2021年2月，教育部制定并印发《中华优秀传统文化进中小学课程教材指南》，提出开展中小学中华优秀传统文化教育，对于永续中华民族的根与魂，坚守中华民族的共同理想信念，筑牢民族文化自信、价值自信的根基，维护国家文化安全，增强国家文化软实力，培养青少年做堂堂正正的中国人具有重要意义。要求中华优秀传统文化在中小学课程教材中的育人立意更加精准鲜明，布局安排更加系统完整，内容更加科学合理，呈现方式更加丰富生动。课程教材在厚植中华文化底蕴、涵养家国情怀、增强社会关爱、提升人格修养、铸牢中华民族共同体意识等方面的育人功能显著增强，学生文化自信更加坚定。提出了中华优秀传统文化进教材的基本原则：①坚持正确价值导向，强化经典意识。②遵循学生认知规律，贴近学生实际。③结合学科特点，注重有机融入。④坚持整体设计，科学合理布局。确定了核心思想理念、中华人文精神和中华传统美德作为主题内容，明确核心思想理念是讲仁爱、重民本、守诚信、崇正义、尚和合、求大同，中华人文精神包括求同存异、和而不同的处世方法，文以载道、以文化人的教化思想和形神兼备、中和泰和的生活理念，中华传统美德包括天下兴亡、匹夫有责的担当意识，精忠报国、振兴中华的爱国情怀，崇德向善、见贤思齐的社会风尚和孝悌忠信、礼义廉耻的荣辱观念。以经典篇目、人文典故、基本常识、科技成就、艺术与特色技能及其他文化遗产的载体方式表现，并且对不同学段的表现方式和重点内容提出明确要求。

教科书是落实课程标准理念的主要载体，教科书编辑的重要依据是课程标准的规定。义务教育阶段的道德与法治、语文和历史三科教科书，从2016年开始全国使用，高中阶段的思想政治、语文和历史三科教科书也于2019年在部分省（市）试点，近年已扩展到全国使用。在人口基数大、地域文化多样的情况下，教科书编辑如何体现文化发展的时代使命，以统一的内容规范差别明显的学生，始终是一个在路上的课题。

四、教科书文化选择的视角融合

教科书不是百科全书，其容量需要与课程计划安排配套；教科书内容不等同于教学内容，其编排需要体现教学实际的需要；教科书的要求也不会直接成为学生的经验，其目标理念只有落实为学生的有效学习才成为可能。文化发展的要求、教学的需要和学生学习已有基础都会对教科书的文化选择提出具体要求，而在其容量有限的情况下，特别需要加强文化内容的整合，最大限度地满足不同主体的需要。

1. 教科书文化选择的倾向性

文化内容本身带有自身的倾向，任何一种文化都承载着特定历史条件下的具体思想观念和价值观念。哪些文化范畴进入教科书、以什么方式进入教科书，都会经由具体标准的筛选，这种筛选在不同时代有不同的依据。意识形态建构需要、科学技术发展态势、社会重大突出事件都可能会影响到教科书内容选择的倾向性。一般来说，政治、历史和语文等教科书受意识形态影响最明显，化学、物理、生物等教科书与科学技术发展联系更密切，而音乐、美术、体育等教科书与社会生活需求直接相关。

曾多次引发亚洲国家不满的日本历史教科书，"针对侵华史虽有部分内容某种程度的客观记述，但在对一些基本史实的态度和指导思想上还存在许多问题。试图在教科书记述中通过'置换'内容来谋求'遮掩'史实的暗流始终存在"①。然而，也有教科书对日本侵华战争的审视持公正、反思的立场，同情作为受害者的中国人，反对日本侵华战争的描述甚至很难与中国社会主流观念区别开来，但类似内容很少出现在日本主流教科书中，日本社会对战争的反思与批判始终因为政治因素影响而没有持续展开，导致教科书中相关文化内容选择一直背离事实、背离正义、背离正确的历史观。

特定文化内容进入教科书后，编辑组织方式不同，对教学的引导作用也存在明显区别。早期形态教科书侧重于内容是什么，即突出所要呈现的知识（不论是科学形态还是价值形态，都被看作必须掌握的、不容置疑的）。随着教科书用于教与学的意识不断明晰化，教科书选择的文化内容系统化为专题、单元等模块，特定模块服务于特定教学目标，在较大程度上限定了学生文化理解的框架。同一

---

① 柯劲松. 战后日本的历史观：七十年间教科书中的侵华战争记述之变迁 [J]. 南京师范大学学报（社会科学版），2017（6）：66－75.

文化内容被模块化后，编写者的倾向和意图就能够得到更加明显的表现。如历史教科书中的史料、语文教科书中的课文、化学物理等教科书中的事实和概念原理，都是服务于特定文化理念的材料，而不仅是材料本身所包含的文化倾向。

2. 教科书文化选择的规定性

基于教科书的内容对学生发展的奠基作用，任何社会、任何国家都会对教科书有不同程度的管控，即教科书对文化选择的倾向是有限度的倾向，是在规定范围之内的倾向。

意识形态需要决定着教科书文化选择的方向。意识形态是占统治地位的思想观念的总和，与特定的社会形态和文化状况紧密相关。整体来说，西方资本主义意识形态与中国特色社会主义核心价值观是影响受教育群体最为广泛的两类观念。在资本主义体系中，经济发达国家与发展中国家、新兴民族国家与历史底蕴较为深厚的国家，其意识形态同样存在差别。教科书的文化选择，无一例外地会渗透这种意识形态的差异性。以语文课程为例，各国的本国语教科书都将历史上的传统经典作品作为主要学习内容，目的是传承传统价值观。英国语文课程大纲要求"向学生介绍前几个世纪英国文学遗产中的主要作品"，第三、四阶段学生要阅读"莎士比亚的两部戏剧""1900 年以前出版的两部主要作家写的小说"以及"1900 年前出版的由四位主要诗人写的高质量作品"①。

社会发展程度成为教科书文化选择的基础。有什么样的文化才会有什么样的教科书，但有什么样的文化并不必然有与文化相对应的教科书。中国的教科书编写从传统转向现代的过程中，算术、几何、物理、化学等现代自然科学知识几乎都是从国外翻译过来的，教科书编写很大比例是翻译国外教科书，伴随着中国科技水平不断进步，教科书的原创性、针对性逐步加强。脱胎于"读经讲经"的语文课程，语体方面由文言转向白话，编排方面由整本书转向单篇作品，完全有赖于白话文创作不断发展和国语统一运动有效实施。当前各科教科书中渗透社会主义核心价值观，前提是已经形成了一套成熟的社会主义核心价值观体系。作为教科书外围的社会环境规约着教科书传递什么样的文化需要。

---

① 柳士镇，洪宗礼. 中外母语课程标准译编 [M]. 南京：江苏教育出版社，2000：260 – 261.

学生发展阶段制约教科书文化选择的深度。布鲁纳所主张的任何知识都可教给任何年龄段的任何儿童，前提是"在智育上正确的方式"，这种"正确方式"首先需要考虑学生身心发展的特点。小学数学教科书不可能安排概率论的学科知识，但可以呈现概率在生活中的现象作为内容，引导学生奠定概率思想。复杂的化学、物理原理在不同学段教科书中，也需要有由简单到复杂、由具体到抽象的循环深化过程。学生发展阶段只是对于儿童发展的一般陈述，"从终身发展的观点看，个体发展过程中呈现出来的差异是由于受到多方面影响，包括生物学的、心理的、社会文化的因素，而且是这些因素交织在一起造就了每一个人独具特色的生命历程"[①]。教科书文化选择在深度上应当呈现出适当的弹性，要能够基本顾及同一发展阶段学生的差异性需求。

课程政策要求规定教科书文化选择的框架。除特殊时期外，作为法定教材的教科书编写、出版和使用都会受到严格控制，其中课程计划、课程标准等政策性文件对教科书的影响最为明显。课程计划通过规定课程开设学段、学期、学时限制教科书内容的深度和数量，课程标准通过课程目标、课程内容和评价等环节直接提供教科书文化内容的框架。当前我国各学科的课程标准都有"教材编写建议"，只是不同学科对教科书编写要求存在一定差异，如《义务教育地理课程标准（2011年版）》指出地理教材包括地理教科书、教师教学用书和地理图册等，《普通高中英语课程标准（2013年版）》明确英语教材是指英语教学中使用的教科书以及与之配套使用的练习册、活动册、故事书、自学手册、录音带、录像带、挂图、卡片、教学实物、计算机软件等，2017年版修订表述为"英语教学材料包括教科书以及教师用书、练习册、活动手册、读物、音视频材料、挂图、卡片、教学实物、软件等。通常说的教材是指英语教学材料中的教科书"。语文、科学等课程标准中没有界定教材的范围，大都结合学科教学的特点对教材内容的选择、组合和呈现方式提出了明确要求，成为教科书文化选择的直接依据。

3. 教科书文化选择的自主性

教科书作为一种特殊的书籍，编写过程受到的限制要远远多于其他出版物，但并不是说教科书编辑就仅是一种简单的技术操作；相反，教科书的文化选择更

---

① 雷雳. 发展心理学 [M]. 2 版. 北京：中国人民大学出版社，2013：10.

需要创造性保障预设理念能够落实到具体教学过程，将教科书中的文化内容内化为学生的素养。

首先，教科书的文化选择是文化再创造的过程。"编辑的中介过程即社会化出版环节的加入使作品'值'有了变化，'值'的变化大小影响社会文化传播范围的大小，'值'越大，社会文化传播范围越大，'值'越小，作品的社会影响越小。如果没有编辑过程，就不会有作品社会化的可能，这便是编辑中介所起到的文化再创造作用。"① 一般作品的编辑工作在于扩大文化传播的范围及其社会影响，教科书的对象是恒定的，所有受教育的适龄儿童都必须无条件学习其内容，不存在扩大传播范围的问题，教科书编辑的文化再创造在于将无序的、分散的、隐性的文化内容整理为系统的、整体的、显性的育人资源，这一从文化素材到教科书内容的过程，就是教育思想、课程标准要求融入文化选择的过程，是教科书编辑创造的典型表现。

其次，教科书的文化选择包含着对学生理解的预设。一般的书籍编辑，并不会去预设、规范读者的理解方式。鲁迅先生在评价《红楼梦》时曾经指出，经学家看见《易》，道学家看见淫，才子看见缠绵，革命家看见排满，流言家看见宫闱秘事。但教科书中的《红楼梦》无论是节选其章节还是整本书导读，作为读者的学生绝不会分出才子、革命家、流言家的类型，虽然在解读过程中会有程度的差别、理解的不同，但绝不会被导入"淫""缠绵""排满""宫闱秘事"。2004 年出版的人教版《普通高中课程标准实验教科书 语文 必修3》的名著导读中有这些分析：

如果不了解传统的礼法社会对人的个性与自由的束缚，不了解"男尊女卑"的观念对女性的压制，不了解科举制度对整个知识阶层的精神戕害，我们也许会简单地把贾宝玉看成一个"问题少年"；也难以理解他与林黛玉的"木石前盟"，为什么比他与薛宝钗得到封建家长认可的"金玉良缘"更值得同情与肯定。最重要的是，《红楼梦》通过宝黛的爱情，表现了一种对更为合理的人生的追求。

不难看出，教科书编辑对《红楼梦》的解读只是众多红学观点中的一种，尽管这是与主流观念相一致的观点，但教科书选择了这种解读，就会成为对学生

---

① 吴平，芦珊珊. 编辑学原理 [M]. 武汉：武汉大学出版社，2011：11.

最有影响的表述。教科书如此解读《红楼梦》，目的就是要学生在导读内容的学习中，朝着编辑预设的方向拓展延伸。

教科书的文化选择通过组织形式得以体现。在课程标准的整体指导下，教科书选择的文化内容若以不同的方式组合，或相应的注释、导读、练习等辅助系统方式不同，对学生学习的影响也可能截然不同。辅助系统设计充分体现了教科书文化选择的自主性。人教版《普通高中课程标准实验教科书 物理 必修1》中，设计讨论圆周运动物体的加速度问题，让学生明白什么是事实依据，为什么不能由特殊结果推导出一般性的结论。这种设计相对单纯的加速度知识排列，更加突出物理中的逻辑思维培养，将科学文化有机渗透到教科书内容的组织中。

第二节 教学组织原理

教科书是教学的核心。服务教学需要，依据教学特点组织编排，是教科书编辑科学化的应有之义。"'教'突出教授方法、次序、容量，'科'强调知识分类、体系、编排，'书'明确编撰体例、规范、版权。'教科书'作为概念工具与思想资源，以其字义决定内质的逻辑关联，为现代教育设定了明确边界、框架、规范，也为中国社会奠定了全新的'文化基层建构'，成为现代中国启蒙的关键词。"[①]教科书作为分科教学的规范和体例，虽然其教育内容、方式和手段已经发生极大变化，但服务教学的本质始终不能改变。

一、教科书的要素选择依据

从单调的知识排列或以课文包含知识的单一方式到形成包括导读系统、正文系统、插图系统、练习系统在内的较为完备的结构体系，教科书的要素在不断丰富并且结构化程度稳步提升。如何更好落实课程理念、有效表现课程内容和恰如

① 吴小鸥. "教科书"考释［J］. 华东师范大学学报（教育科学版），2020（5）：117－126.

其分指导教师教学，是教科书选择构成要素的主要标准。

1. 根据课程理念组织教科书要素

每一次课程改革都会带来教科书的改版，教科书的属性决定了其与课程政策的依存关系，同时课程政策中的改革理念也需要通过教科书的更新得以落实。教科书使用制度及理念不同，课程政策对教科书性质和地位的规定，都会影响教科书本身的编辑情况及教科书在教学中的功能发挥。但整体来说只是程度上的差异，从教科书作为课程的代名词到学科核心素养培育，从"教教材"到"用教材教"，从考试大纲到学业质量标准，教科书在课程中的教学属性始终保持不变，如何更好地促进教学、推动教学实现课程预定目标才是教科书要素变化的根本指导思想。

增加教科书构成要素内容。为适应教育发展新的需求或落实教育科学新理论，不同学科的课程总会在一定时期内提出新的理念，其在教科书中渗透必然要通过增加构成要素来实现。《义务教育语文课程标准（2011 年版）》新增"识字与写字""综合性学习"模块，与"阅读""写作"和"口语交际"并列作为课程的基本框架，2001 年审查通过的义务教育课程标准语文实验教科书各册各单元的构成要素即时体现出新的课程框架要求，单元内容包括"阅读""写作·口语交际·综合性学习"①，课后习题增设"读一读，写一写"等环节，目的是实现学生语文素养综合发展，突出书写、审美等语文元素的训练。"以容量深广的大单元加练习式的小单元，以综合性练习代替狭隘的单项练习，从而将语言与文学、阅读与交流（含写作、口语交际）、选文与训练三个维度交织为一体。这是各国母语教材结构形式上的一种较为普遍的发展趋势。"② 教材结构变化必然要改变教科书原构成要素，特别是体现课程要求增加新的要素。各科教科书都可通过创新增加适合本学科学习需要的要素。

改变教科书要素呈现方式。传统教科书以纸张印刷表现内容的方式有其明显的局限性，基本只能呈现静态的知识内容，只能以文字和图画作为主要手段。相

---

① 不同单元三者的排序不同，表示训练重点不同，但整体来讲，是将写作、口语交际和综合性学习放在一起展开。

② 潘勇. 透视外国母语教材的基本特点［M］//洪宗礼，柳士镇，倪文锦. 母语教材研究：9. 南京：江苏教育出版社，2007：312.

比而言，数字教科书容量几乎可以无限扩大，能够全方面、多侧面、立体式提供教学资源，还可以营造逼近真实的学习情境。教科书编辑在依据特定课程目标选择具体课程内容的前提下，既可以不改变构成要素，在表述语气、内容排版、内容呈现顺序上更加接近于学习的需要，也可以通过增加电子链接，运用数字化手段将教科书从纸质文本延伸到网络空间。表 3-1 为日本光村版小学国语教科书目录，其内容与我国以阅读带动语言整体训练的语文教科书要素存在较大的差别，突出了语言主要能力的训练取向，值得借鉴和参考。

表 3-1　日本光村版小学国语教科书目录

二年级下册目录	四年级下册目录
序言：要经常集中注意力，试着持之以恒	序言：展望四年级的生涯，要经常集中注意力，试着持之以恒
1. 进行朗读吧（阅读）	1. 相互交流读后感（阅读）
书信	小狐狸阿权
词汇：主语与谓语	词汇：惯用短语
词汇：汉字的读音	
2. 分类总结，把语言转化为文字吧（写作）	2. 掌握段落之间的关系，思考解释说明的方法（阅读）
成为小作家吧	用特写与全景画面的书写
词汇：用片假名来书写词汇	专栏：不同词汇导致照片印象的改变（写作）
	制作俱乐部活动传单吧
	亲近短歌、俳句吧
3. 仔细阅读解释说明的方法吧（阅读）	3. 书写埋藏在心底的感想文（阅读）
机关卡片的制作方法	法国梧桐
玩具的制作方法（写作）	连接文章之间的词语
	原野之歌（阅读）
	成为原野的朋友（写作）
4. 考虑文章结构进行发表（说·听）	4. 以兴趣为中心进行介绍（阅读）
有这个东西就好啦	追踪鳗鱼之谜
词汇：同义词　反义词	听写笔记的作用（说·听）

（续表）

二年级下册目录	四年级下册目录
	熟语的意思
5. 自己与文章人物对比来进行朗读（阅读）	5. 查阅书本，书写报告文章（阅读）
我是姐姐	我的研究报告（写作）
手心向太阳（阅读）	词汇：容易出错的汉字
表示样态的词语	
所见，所感（写作）	
三张护身符	
6. 把知道的连在一起读出来（阅读）	6. 体会读后感进行朗诵（阅读）
捉迷藏	初雪降临的日子
大家一起决定吧（说·听）	写给十年后的自己（写作）
词汇：关于伙伴的词语和汉字	季节物语——秋（30）冬（74）
7. 边想边读（阅读）	汉字广场　④63　⑤87　⑥123
苏和的白马	
词汇：享受单词吧	
8. 通过文字把事情和心情传达给对方（写作）	
开心的二年级	
季节物语——秋（26）冬（70）	
汉字广场　④69　⑤91	
附录	附录
重要的总结	重要的总结
读这本书吧	读这本书吧
十二生肖的起源	亲近百人一首
三张护身符	学习碰到的单词
本书要学习的汉字	到目前为止掌握的汉字
	这本书学到的汉字

删除陈旧的教科书要素。教科书的选择构成要素总是意味着实现特定的教学意图，在使用过程中，那些不符合教学意图的内容、不能直接落实课程理念的要

素会被删除，以保证教科书构成体系的内部自洽性，同时也使教科书容量不至于无限扩大。如为体现语文课程的人文性与时代性，远离学生生活经验或与时代要求不符合的课文就会被剔出，而加入新的课文，尽管从训练的角度来看，增删的内容都能作为语文能力培养的样本或范例。1949 年后的十多年间，我国的中学数学教材分为算术、代数、几何、三角等多种相互独立的教科书，20 世纪 80 年代后合为代数与几何两科，21 世纪来整合为数学混合编写，增强了数学知识的整体性，突出思维培养和数学方法掌握，必然大量删除原来分科中过细的、过于偏重于数学具体能力的内容。《普通高中数学课程标准（实验）》明确提出："为了适应信息时代发展的需要，高中数学课程应增加算法的内容，把最基本的数据处理、统计知识等作为新的数学基础知识和基本技能；同时，应删减繁琐的计算、人为技巧化的难题和过分强调细枝末节的内容，克服'双基异化'的倾向。"科学技术发展和知识更新，要求教科书以新的方式表现新的内容，必然删除相对陈旧的构成要素。

2. 体现课程内容教学化处理需要

"课程内容是指各门学科中特定的事实、观点、原理和问题，以及处理它们的方式。""在选择和组织课程内容时，除了要考虑到与目标的相关性之外，还要考虑到内容的科学性和有效性，它们对学生和社会的实际意义，它们能否为学生所接受，以及是否与学校教育的基本任务相一致等问题。"① 不同学科的课程内容存在较大差别，物理、化学、生物等科学课程的知识体系相对固定并有较为明显的边界，政治课程直接反映社会主流价值观和国家政治观念，历史课程涉及特定历史观制约下的历史材料选择，总的来说，课程内容是特定学科价值规范下的事实选择，要成为教师教学的明确依据，需要教科书依据教学规律呈现学科中的"事实、观点、原理和问题"。

同一材料以不同方式组合具有不同教学价值。教科书构成要素合理关联才能更好地体现出课程内容，单一的要素无法实现复杂的教科书编辑意图。正确理解教科书需要有整体观念，如讨论语文教科书的鲁迅作品是否还有必要存在就是一

---

① 施良方. 课程理论：课程的基础、原理与问题 [M]. 北京：教育科学出版社，1996：106.

个伪命题，鲁迅作品与教科书中的鲁迅作品有显著区别，后者受单元目标、课文导读、课后习题等一系列除文本本身以外的要素制约。《阿长与〈山海经〉》是鲁迅作品《朝花夕拾》第二卷的一篇文章，在这个作品集中，它就是《阿长与〈山海经〉》，读者怎么读，没有任何强制性规范；而部编版教科书中的《阿长与〈山海经〉》阅读，需要根据预习要求感受文中"阿长怎么有这么大魅力"，根据"思考探究"掌握文章的详略手法探究、阿长人物性格分析、写作意图推测、思考探究叙述视角、关键语句理解、略带夸张的写法等内容，还要根据"积累拓展"要求课外翻阅绘图版《山海经》。

教科书中的材料包含着多种训练目的。教科书内容不仅是知识文本的呈现，还包括如何学习、学习什么的要求，其构成方式变化会直接影响教师对教材的理解和学生学习的方向。同样是针对"影响化学反应速率的因素"的化学课程内容，不同版本教科书的实验设置有着较大的差别，人教版的"双氧水分解"实验以反应温度和催化剂作为主要知识点，苏教版的"盐酸与碳酸钠、碳酸氢钠反应"和"双氧水分解"实验以物质本身的性质、反应温度、催化剂和反应物浓度作为主要知识点，鲁科版的"多种物质反应"实验以物质本身的性质、反应物接触面积、反应物浓度、催化剂和反应温度作为主要知识点。"能够验证、支撑同一个知识的实验可以有多种选择，由于编写者在编写教科书时的设计理念、考虑因素、想要达到的预期效果、目的不同，不同版本教科书中支撑同一知识的实验设置就有很大不同。"[①] 教科书内容不仅要考虑自身意图，还要对学生学习情况和教师专业素质有正确的预判，选择特定的内容目的是训练学生具体的能力并推动发展的可持续性。

提供衔接课内外学习需要的通道。教科书提供的知识内容高于生活经验，是对生活现象和自然规律高度概括与抽象后的符号化表现，教科书话语明显区别于学生日常生活话语。教科书内容有效纳入学生经验，既需要补充与延伸课外知识，又需要与直接经验建立有效的联结，不断完善课内外学习衔接的通道，将学生日常自然形成的心理图式与学校课程有意识训练的心理图式在同化和顺应之间

---

① 杨兵，王喜贵. 中美高中化学教科书支撑同一知识的实验设计和内容呈现比较：以"影响化学反应速率的因素"为例 [J]. 化学教育（中英文），2018（5）：22 - 26.

渐近达于平衡。一是可以将教科书选择的知识与生活经验结合起来，促进学生对知识的理解与应用，如适当提供能够就地取材或解释生活现象的科学实验，布置与知识学习相关的地方文化资源开发利用的课外活动等。二是提供能够有效延伸到课外的内容，以弥补教科书容量有限、统编统用导致的适用性缺陷。虽然教科书编辑在这方面作出了多方面的探索，但是对于如何进一步精选延伸内容、提供更为明确的方法指导仍有很大的提升空间。

3. 满足教师组织教学活动的需要

教科书是教学的基本依据，教科书的内容只有转化为教学内容，才可能更为有效落实为学生的内在素养。从教育目标到课程内容，再到教材内容和教学内容，最后落实为学生的学科素养，这是一种理想的路线，必然会随着对课程、教材和教学理解的个个差别而变化，特别是课程内容与教材内容相对固定，只能为无差别的学习者而设计，无法完全满足现实学习情况千差万别的弹性需求。

"所谓教科书的教学性是指教科书作为教与学的特殊文本，具有其特有的便于教和便于学的特性，这一特性是保证教科书成其为教科书的根本。如果教科书的教学性无法保证，那么教科书自身面临解构的危机。"① 可教性、易学性、增效性、合宜性等被认为是教科书教学性的主要表现。教科书既作为教的材料，又作为学的对象，其教学性即意味着教学内容组织方式符合教与学的需求，应着重于教学活动的安排，对特定知识怎么教有着明确的规划。但至今绝大部分教科书都以呈现和掌握教学内容为主，相对忽视教学的过程安排，并且对学习所要达到的深度缺少最低标准的限度，课外拓展表述也缺乏明确的依据，特别需要教科书在编辑过程中克服此类问题。

英语教科书基本以活动方式安排学生的知识学习、能力训练和文化素养培育，较好体现了语言类课程目标达成的要求。人教版高中英语以单元呈现内容，每单元大致分为听和读（Listening and Speaking, Reading and Thinking）、掌握有用的结构（Discovering Useful Structures）、听和说（Listening and Talking）、基于写作的阅读（Reading for Writing）、学习评估（Assessing Your Progress）和观赏

---

① 李新，石鸥. 教学性作为教科书的根本属性及实践路径 [J]. 课程·教材·教法，2016（8）：25－29.

时段（Video Time）等具体栏目，每个栏目以活动方式安排学习内容，学生要做什么，老师要做什么都比较清晰。以第一册第一单元中的活动方案为例，栏目内容首先提供要选择的生物、篮球、物理等社团名称或学生自创社团，然后要求描述拟创建的社团名称、口号、目标、活动设计及需求和活动时间、地点等信息，接着是设计一个吸引眼球的标志及包括社团名称、标语和标志在内的海报，最后是准备学校集会上招新的介绍语。如此详细的提示，让学生知道相应的活动要做什么，虽然能够做到什么程度可能因学生不同而不同，但这种教科书设计的方向是值得肯定的。相比而言，语文、历史等其他学科教科书还主要是沿袭内容呈现的做法，如义务教育阶段语文教科书的框架大致是单元目标、预习提示、课文、思考探究、积累拓展、读读写写，也包含了学生的活动，只是活动以什么方式进行、何时进行，活动的过程有什么要求，基本没有涉及，对教师的教学组织提出了很高的要求与挑战。

二、教科书的教学活动安排

从构成要素分析，教科书出版后其形态处于相对静止状态，直到修订或再版。"根据教学所具备的种种教育条件，如何采取最适于学生活动组织的形式乃是课程开发与教学设计的最重要课题。"① 静止状态并不意味着教科书对教学的影响是单一的；相反，稳定性更要求编辑过程中要通过丰富的设计引导开展多样的教学活动，从而有效推动教科书内容转化为学生发展的素养。

1. 教学活动安排的学科性

教学活动安排的学科性是指教科书所呈现的教学活动要围绕学科的基本要求展开。不同的学科有不同的特性，在发展学科核心素养的课程理念下，具体学科的核心素养培育对教学活动有着不同的要求。语文学科素养需要在听说读写活动中获得，语文教科书中的教学活动应是针对语言文字的理解和运用而设计；数学学科素养养成是"在数学学习和应用的过程中逐步形成和发展"，人教版《普通高中教科书 数学》安排了大量的学习活动供学生理解与应用具体的数学知识，如第六章"平面向量及其应用"单元提示"我们将通过实际背景引入向量的概

---

① 钟启泉. 教学活动理论的考察 [J]. 教育研究，2005（5）：36-43.

念，类比数的运算来学习向量的运算及其性质，建立向量的运算体系，在此基础上，用向量的语言、方法表述和解决现实生活、数学和物理中的一些问题"。下面各小节，穿插大量的思考、探究、练习、综合运用设计，还包括较长篇幅的"阅读与思考"安排，较好体现了教学活动的数学学科特性。物理和化学教科书的实验操作、生物和地理教科书的实践探索引导，都是与学科学习的整体要求结合在一起的。

2. 教学活动安排的整合性

教学活动安排的整合性是指教科书在体现学科特点的同时，兼顾纵向的学科素养内在联系及与其他学科和生活的横向关联。学生学习基于个人经验图式而发生，解决社会和生活中具体问题也需要不同学科知识共同发生作用，分科的教科书很容易局限于学科而忽视学生的经验特性与问题解决的综合需要。2001年《全日制义务教育课程标准（实验稿）》实施后，各个版本的语文教科书增设综合性学习单元，并且所有单元序列都有较为明确的逻辑联系，体现出听说读写等语文能力训练的内部协调，语文学习与生活的协调。有些教科书虽然没有单独的综合性学习单元，但在内容安排中有意识地与相近学科和生活紧密联系，推动学生最大限度动手实践并将已有经验纳入新知识的学习过程之中，如人教版《普通高中教科书　数学》明确将平面向量内容与物理学习结合，将概率内容与孟德尔遗传规律结合。然而，不同学段、版本和出版社之间的教科书编辑并没有固定的体例，各类教科书之间教学活动的衔接性和互相兼顾情况仍然不是特别理想，在各个地区除统编三科外的其他科目仍是选用制的背景下，教科书设计的教学活动在整体育人作用方面仍存在很多问题。

3. 教学活动安排的开放性

教学活动安排的开放性是指教科书的活动设计尽可能面向学习基础、兴趣和条件不同的学生，促进学生之间的相互合作，引发学生探究的好奇心并能自主完成。我国幅员辽阔，学生的成长环境和氛围区别较大，尽管实行一纲多本，不同学科课程可供选择的教科书数量较多，但具体到每一套教科书使用情况来看，涉及的学生数量仍然相当庞大，难以满足发展的个性化需求，特别是人教版教科书占比极大，其适用性更加具有挑战。教科书的教学活动安排应使教师有选择和补充的空间，要为教学活动提供包括事实性知识和程序性知识在内的充足知识基础，否则就需要教师既是学科专家又是教学能手，而事实上教师在很大程度上只是一种职业，不可能达到如此高的境界，因而缺乏有效知识支撑的活动很容易流于形式。人教版《义务教育课程标准教科书 语文 七年级上册》第二单元的"综合性学习·写作·口语交际"主题是"漫游语文世界"，共安排三个活动：

一、根据各人的兴趣爱好，分成不同的小组（也可单独一人），在家庭里、校园里、社会上，学习、运用语文。

（提示内容略）

二、在下列题目中任选一题，全班或分组展开讨论。

1. 怎样在其他课程中学习语文？

2. 你从街头语文中学到了什么？

3. 怎样看待"默默无蚊（闻）的奉献""钱（前）途无量"一类改动成语的广告？

三、在下列题目中任选一题，写一篇作文。

1. "生活处处有语文"给我的启示。

2. 我从＿＿＿＿＿＿中学到了语文。

（横线上可以是"报刊""影视""游戏""聊天"等词）

3. 关于街头用字的建议。

4. 小议荧屏错别字。

这种设计看上去是充分落实语文教学与生活紧密联系的理念，但实际操作起来会面临知识储备严重不足的问题。完成"街头语文中学到了什么"活动，首先需要对"街头语文"有较为充分的了解，其前提是学生经常有机会接触"街头"并且观察了其中的语文现象、获得了一定的感悟。其次，学生展开深入讨论必须具备与"街头语文"相应的知识作为铺垫，"街头语文"中最常见的有广告、店名、海报和宣传标语，有打印、手写、电子屏等呈现方式，有命名、宣传等表达技巧和文化内容等多重语文内容挖掘。材料的丰富程度直接关系到活动的深入程度，并且材料的内涵开发取决于教师指导程度，教师能否有效组织任务开展可能会因人而异、因地而异，甚至在某些地方无法展开。最后设计的活动类型要多种多样。针对知识理解与运用的可以适当多一些，需要课外进行的，对场地、器材等条件要求高以及时间跨度较长和完成难度大的活动要适当少一些。总之，教科书的设计应该能够成为大多数学生实践活动的明确依据。

4．教学活动安排的层次性

教学活动安排的层次性是指教科书的活动设计需要体现不同程度学生发展需要。要求学生无差别地掌握教科书中呈现的内容是不现实的，活动过于简单或过于复杂，都可能使设计意图落空。如何体现活动的层次性，是教科书编辑面临的难题。教科书编辑中有过多种尝试，如习题中设置选做题，课外拓展材料不强制要求学习等，但实际教学过程中，多数教师感觉教材的层次性意图并不明显，在"教教材"的过程中进一步弱化了本不明确的教材设计思路。

教科书教学活动的安排首先要保障最低目标的实现。在入学起始阶段，学生的学科知识情况基本相同，几乎是处在同一个起点上，但随着年级增加，学习科目增加，任务加重而分化越来越明显，其重要原因是学生基础的差别越来越大，导致部分学生后续学习难以为继。教科书应该根据课程标准要求设计出具体学习活动，甚至在课程标准要求不明确的情况下，要代替课程标准呈现各学科应当掌握的基础素养。教科书要为学有余力的学生提供更大的发展空间，增加可选学习活动的类型、容量。如语文教科书中的常用汉字、数学教科书中的加减乘除应是所有学生都必须掌握的内容，而课外阅读、数学思维发展到一个怎样的程度，则可留给师生去选择。

三、教科书的内容呈现方式

当前学生使用的教科书，基本是纸质图书，主要用图文方式呈现，以书面语言表述为主，辅以插图、表格等非语言符号。"教科书内容从语言构成上大体可分为非文字类和文字类。其中，非文字类对应于非连续性文本，文字类对应于连续性文本。""正是由于各个学科的性质和课程目标不同，各学科教科书语篇承载的文类特征也存在异同。各学科教科书的语篇相互配合，共同完成学生综合学科素养的培养任务。"①

1．叙述或叙事

叙述或叙事是广泛运用的语言表达方式，两者在许多研究中基本可以互用。

---

① 张燕华. 教科书语言学［M］. 广州：广东教育出版社，2019：164.

现代汉语字典将"叙述"解释为"把事情的前后经过记录下来或说出来"。用于理论方面，可表示为将研究成果用一定的方法再现出来。作为一种研究对象，叙事在文学中得到广泛的应用，"古希腊的柏拉图就已经区分出所谓'纯叙事'与'完美模仿'两种对立的叙事方式，前者是诗人'以自己的名义讲话，而不想使我们相信讲话的不是他'。后者正好相反，'他（诗人）竭力造成不是他在讲话的错觉'。20 世纪英美角度学派把二者分别称为'讲述'（telling）与'展示'（showing），前者即是所谓作者叙述视角，后者即是所谓人物叙述视角"①。

与文学作品相比，教科书的叙述内容、方式和视角更为特殊。各科教科书围绕知识及获取知识的活动设计展开，从理论上讲，教科书叙述的内容有些是完全客观的，有些是主观阐释的，还有一些是开放性和批判讨论的，可以分为客观介绍、主观阐释和开放讨论三种类型。教科书要客观介绍哪些内容，解释哪些内容以及选择什么样的主题作为开放讨论，取决于编辑对学科结构的理解和学生学习的预判情况，教科书中的很多争议都来自对同一内容叙事方式的不同取向。

2016 年出版的部编版《义务教育教科书 中国历史 七年级下册》和 2019年出版的部编版《普通高中教科书 历史 必修 中外历史纲要（上）》都讲到"南宋的偏安"这一历史内容，义教是"南宋初年，金军几次大举南下，南宋军民奋起抵抗。岳飞等抗金将领率军北伐，从金军手中收复许多失地。岳飞统率的'岳家军'在郾城大败金军主力，并乘胜追击，迫使金军后撤。在有望收复中原之时，宋高宗和权臣秦桧害怕抗金力量壮大，危及他们的统治，便向金求和，下令岳飞班师，并以'莫须有'的罪名杀害了岳飞"。高中是"南宋初年，宋军在与金军对抗中素质明显提高，形成几支较有战斗力的部队，尤以岳飞指挥的'岳家军'战绩卓著。然而，宋高宗和宰相秦桧却视岳飞等为心腹之患，主动向金朝求和……岳飞也被南宋朝廷逮捕杀害"。

两段历史叙事的主题几乎没有差别，但主旨、语气、对人物的称呼有一定差别，对学生理解会产生不太相同的引导方向。义教历史教科书叙事更为详细，特别突出了岳飞主动北伐，并且有郾城之战的细节描写，对"有望收复中原"战

---

① 罗钢. 叙述视角的转换及其语言信号 [J]. 北京师范大学学报（社会科学版），1995（1）：27 – 35.

争结果主观性判断；高中历史教科书叙事相对简略，更多在宋军的整体战斗力中突出岳飞；求和原因都相同，但语气有区分，前者是针对整体害怕"抗金力量壮大"，将杀害岳飞的凶手指向"宋高宗和权臣秦桧"，后者针对个人"视岳飞等为心腹之患"，把"南宋朝廷"作为主谋；对人物称呼有细微不同，义教教科书称"权臣秦桧"，高中历史教科书称"宰相秦桧"。同样是部编版教材，初中段和高中段对同样历史事实的叙事出现这种差别，值得教科书编辑加以反思。

"我们的历史教科书只重视用最简洁的语言涵盖更多的历史信息，却忽视了学生的接受能力，单一的叙述方式难以创设历史情境并把学生带入其中。综上可知，高中历史教科书在叙述方式上的不足之处是缺乏文学性、生动性而导致的可读性较差的问题。"① 这种批评的声音可能不仅仅适用于历史教科书的叙事表达，不能将科学语言与生活语言有效衔接，没有注意区分教科书话语的隐藏意识形态仍是当前教科书叙事中广泛存在的情况。

3. 话语与修辞

话语是教科书体现课程内容要求的基本表现手段。话语无处不在，不同社会、不同群体都有着不同的话语模式，甚至可以说教育在某种程度上就是推动特定话语权威化并得到延续传承的过程。在语言学里，话语是"隐匿在人们意识之下，却又暗中支配各个群体不同言语、思想、行为方式的潜在逻辑"②。而在结构主义思想者看来，"话语意味着一个社会团体依据某些成规将其意义传播于社会之中，以此确立其社会地位，并为其他团体所认识的过程"③。话语包含内容和形式两个方面，是两者的统一体。学生成长，应该是基于教科书话语、教师的教学话语和学生话语及社会话语之间的不断互动。教科书话语应当超越"成人思维、脱离学生生活、纯粹学术表达"等刻板方式，探索引导学生进入教科书的文化语境和思维体系的话语方式，从而超越经验和生活层面的自然或无意识习得影响，是突破仅基于认知与行为改变教育思路的一种基本方式。

修辞是尽可能使语言表达更为准确、鲜明、生动的方法，是教科书内容呈现

---

① 姜桐. 对历史教科书叙述方式的思考 [J]. 现代交际，2018（23）：223–224.

② 胡学常. 文学话语与权力话语：汉赋与两汉政治 [M]. 杭州：浙江人民出版社，2000：31.

③ 王治河. 福柯 [M]. 长沙：湖南教育出版社，1999：159.

方式尽量贴近学生学习心理的一种应然举措。美国经济学家迪尔德丽·N. 麦克洛斯基（Deirdre N. McCloskey）将经济学修辞概括为事实、逻辑、隐喻和故事四个方面，教科书的修辞情况也大致相同。教科书中的事实和逻辑是侧重于内容的准确性和思维的训练，隐喻和故事更关注内容表达的方式。当前很少有对教科书修辞的研究，修辞的理论与实践被限定在一个狭窄的概念范围之内，不能仅仅将修辞看作是比喻、拟人等修辞手法，或在教科书前面写上"亲爱的同学们"就当成拉近了与学生的距离。有学者针对物理教材指出，"修辞对于物理教材的编写既有积极作用也有局限性，主要体现在：修辞可加强叙述语言品质，但难改变对象语言面貌；可以使物理现象逼真，也可以使物理现象失真；能促进科学概念理解，也可能导致科学概念误解；可促进科学人文融合，展示物理科学本质。物理教材编写要注意修辞运用适度合理，兼重科学性与艺术性、工具与价值理性统一，兼重本体与派生功能"①。类似成果不仅少，而且在教科书编制实际中缺少实验与实践。

3. 插图与表格

图像系统是"以具有直观形象特点的图示、照片、绘画等形式储存和传递信息"②，与文字材料配合用于说明内容的图像系统被称为插图。表格是一种可视化交流模式，是一种组织整理数据的手段。一般认为，教科书的插图是文字表意的辅助性工具，其作用或者是使教科书内容直观化以引起学生的兴趣，或者是补充、提炼教科书内容使之系统化帮助学生更好地理解、记忆，或者是弥补教科书内容与学生经验之间的差距帮助学生建构新的认知图式。越来越多的研究者将插图与表格作为教科书内容的一种重要表达方式，思考当前教科书插图中存在的问题及改进建议。人民教育出版社的常超总结了插图不符合生活经验、历史背景及客观事实等科学性问题，不能准确反映文本内容、图文不相关或不同步等相关性问题，脱离学生实际、城乡兼顾不够等适宜性问题，植入或夹带广告、性别比例失调等价值导向问题。人民教育出版社的邹丽晖在对人教版 2010 年第 3 版高中物理教科书必修系列和选修系列共 7 册教科书中 1077 幅插图分析后提出，要

---

① 张恩德. 关于修辞与物理教材编写的思考 [J]. 教育理论与实践, 2014 (17): 27 - 29.

② 曾天山. 教材论 [M]. 南昌：江西教育出版社, 1997: 19.

"加强插图整体设计，明确不同类型插图功能，适当提高实物照片图比例""提高教科书内容有效性，增强图文契合程度，追求严谨，精益求精""把握时代特征，更新陈旧插图""全面落实学科核心素养，重视开发插图隐性教育意义""巧妙布局插图，增强教科书美感"① 等具体建议。教材插图应符合立德树人要求，积极弘扬社会主义核心价值观，彰显中国审美趣味。

教科书编辑受认识不足、实践缺失、技术原因及编写体制影响，一直坚持以文字表述作为主体，没有完全发挥插图在呈现内容时应有的功能。教科书中的插图使用，首先要止确定位插图的功能。插图不只是文字内容的附属物，而是与文字一同来实现编辑意图的一种重要手段，就两者关系而言，插图不只是为了说明或理解文字而选用创作，而是共同服务于有效表现课程内容，只是教科书中的文字内容要远远多于插图内容。"人类思维中始终存在抽象和具象的纠结和博弈，在人类的表达、传播符号设计上，一直存在两类符号——文字和图像。文字具有抽象性，图像具有具象性，文字能体现思维的深度和逻辑性，而图像则显得直观、表象，二者各有优长。但从人类传播历史来看，存在一个趋势：随着媒介技术的升级以及媒介工具的普及，图像符号越来越受宠。"② 这种受宠的互联网背景被称为读图时代，教科书的功能实现首先要满足阅读活动，这要求不能脱离时代特点而固守其一贯的文字主体风格，要重视插图主动引领读图时代走向才能更好发挥出教育的价值。其次要区分学段和学科的特点。不同学段的学生有不同认知方式，低学段学生可更多利用图像具象性，高学段可充分体现文字的逻辑性，不同学段的插图运用要体现出学生思维发展的渐进特征。同时，不同学科中的插图，或与不同文字内容配合的插图也要明确其作用。有的插图是为了增强设计美感；有的插图本身就是学习内容，如地理、历史教科书中的地图，物理、化学教科书中的实验图；有的插图是为了帮助学生将文字内容形象化。最后，要加强插图的技术储备。在建立插图图片库的同时，要加强插图原创能力，提高插图设计者的学科素养，科学准确、清晰规范才能切实解决图文编辑分离导致的各种

① 邹丽晖. 高中物理教科书插图修订策略研究 [J]. 课程·教材·教法，2019（9）：94-99.

② 张涛甫，鲍震. 读图时代的文字阅读：困境与出路 [J]. 现代出版，2020（5）：24-28.

问题。

表格是一种可视化交流模式，是一种组织整理数据的手段。相比于对插图的关注，教科书中的表格很少受到关注。事实上，表格在各门学科的教科书中都被使用，除其数据功能外，还可用于归纳梳理知识、对比整理观点，在课文正文和习题设计中都有安排。与插图不同的是，表格的作用更多是补充或简化文字内容，其前提是帮助学生深入理解掌握学科内容。部编版《义务教育教科书　中国历史　七年级上册》"东汉的兴衰"的课后活动1就是要求学生根据表格回答问题：

下表列出了东汉后期10个皇帝的年龄及寿命。

皇帝	和帝	殇帝	安帝	顺帝	冲帝	质帝	桓帝	灵帝	少帝	献帝
即位年龄	10	1	13	11	2	8	15	12	17	9
寿命（岁）	27	2	32	30	3	9	36	34	18	54

算一算：这些东汉皇帝即位的年龄平均是多少岁？他们的平均寿命是多少岁？

课后活动对应的内容是本课第二部分内容，用以对"东汉中后期以后，继位的皇帝大多年幼，无法主政，大权就由皇帝的母亲太后主持"所导致"外戚宦官交替专权"提供事实依据。表格提供的数据能够为初中生理解历史事件提供支撑性详细数据资料，但整个活动设计并没有要求与课文相应内容直接联系，"算一算"也没有列出皇帝在位时间的栏目，是本课设计的缺陷。表格的目的旨在说明东汉中后期皇帝大多年幼，与正文文字内容对应，但平均寿命短、在位时间超过15年的有6位等信息，并没有在活动中得到有效利用。

加强表格资源的开发，既是教科书将知识系统化的一个重要工具，也是引导教学实际中有效梳理教学内容的重要手段，需要编辑针对具体内容在实践中不断探索、完善并创新其表现方式。

第三节　心理建构原理

有效整合社会需求与学生发展特点是教育的基本取向。教科书是最重要的教育内容载体，代表社会对学生发展的预期，在多大程度上符合学生发展的实际是影响教育效果的重要维度。"我国传统教材的不足是较少考虑学生的身心特点，不但学生难以理解，而且没有考虑教师如何教的问题。"① 教科书选择哪些内容、如何呈现选择的内容，要受制于体现国家意志的课程目标要求，也要依据学生心理发展的规律，体现知识的心理建构原理。

一、教科书编辑目的是知识内化

知识内涵拓展及其复杂程度认识不断深入导致知识特别是教育中的知识成为争议的焦点。吉本斯（M. Gibbons）等学者将知识生产从兴趣主导、基于单一学科转向在"应用情境"中进行的具有"跨学科""异质性""问责性"和"多维度质量控制"特征的新方式②。另外，在交通便利、个人选择越来越自由、获取资讯方式便捷、家庭环境差异日渐扩大的社会背景下，教科书选择知识的难度明显加大，需要选择的知识领域明显增加，所选择的知识对学生发展价值的方向预期更具有不确定性。如何从一般的知识内化规律转向实现以教师教学为中介的、更具情境性的个体内化规律，是教科书编辑面临的时代性挑战。

学科中的核心知识选择与提炼。在分科的课程教学体系中，教科书依托的学科知识体系，主要是在学科范围内选择与提炼核心知识。引导学生内化知识的前提是教科书必须提供充足且必需的有价值的核心知识，这些知识应当具备基础性、迁移性和可教性。基础性是相对后续学习与发展而言特别关键的不可替代的内容，标志着其在整个教科书知识体系中的地位，每门学科教科书都有知识基

---

① 石鸥. 民国中小学教科书研究［M］. 长沙：湖南教育出版社，2018：412.
② 李澄锋，陈洪捷. 知识生产方式的转型与同行评议的危机［J］. 高等教育研究，2020（12）：22–29.

础，如识字量不够就难以展开阅读，不能深入理解和运用数学原理就发展不了数学思维，不建立地理空间观念会严重影响地理学习。迁移性是指知识具有较高的抽象程度，在运用过程中体现出其价值，与思维的训练密切相关。如人教版《义务教育课程标准实验教科书 语文 九年级上册》第 5 课"敬业与乐业"的"研讨与练习二"要求：作者在谈到"有业之必要"时，举了孔子和百丈禅师的两个事例；在谈到"凡职业都是有趣味的"时，列出了四个原因。参照这两种写法，根据自己的理解，试着为"有业之必要"列举出几条理由，或为"凡职业都是有趣味的"提供几个事例。这一活动包括两个层次，第一层次是提示文章写法，属于写作知识的范畴，但并没有明确提供知识。第二层次是在理解知识的基础上围绕课文观点作拓展，表面上是知识的迁移，但在没有明示迁移什么知识、如何迁移知识的前提下，重心还是放在内容的理解上。教科书编辑类似做法，是课堂教学"教课文"或"教教材"的重要原因。可教性是从知识显现的层面而言的，意味着所选择的知识能够通过记忆、理解、运用等活动加以掌握，体验性的、情感性的、过程性的知识会因人而异、因时而异，不宜作为教科书的核心内容，更适合于教师在教学过程中组织实施。

基于问题解决情境的知识组织。马琳等人从知识掌握的方式提出"了解"（knowledge about）和"知晓"（knowledge of）的分类，认为"了解"等同于陈述性知识，支配着传统的教育实践，是教科书、考试等学校教育的基本内容，而"知晓"不仅包括显性知识，还涉及没有直接表述而需要推断的隐性知识，是比程序性知识更为广泛的概念。"课程所需要的更多基本知识（如科学原理和因果机制等）通常会以传统的教学方法来传授。这就导致了对促进迁移来说十分有用的深度知识无法与具体的问题建立联系，而只能作为相关原理与机制的知识。而在知识建构中，学生只有在问题中进行学习才能导致深度结构知晓的产生。"[①]教科书编辑实践中已经逐步突破传统知识论的框架，在设计有价值的问题、提供问题情境和问题解决思路等多个方面都展开了创造性的探索，但到底以什么线索来组织问题，形成完整的知识体系，这些知识体系的学习对学生发展有怎样的显性和潜在的作用仍不清晰。教科书对于解决问题所提供或暗含的"需要推断的隐

---

① 索耶. 剑桥学习科学手册［M］. 北京：教育科学出版社，2010：102.

性知识"大多是依赖于教师的教学智慧或学生的学习悟性，导致学段越高运用知识解决问题的情境越复杂，学生学习困难就越明显。

搭建推动知识意义形成的阶梯。与机械学习相对的有意义学习观认为，学习是将以符号表征的新知识与已有观念建立实质的、非人为联系的过程，教科书编辑应该改变仅是呈现理想的知识形态方式，帮助学习者运用先行组织者策略、采用同化固定点和同化模式、优化知识结构等手段加深对知识意义的把握。在倡导学科核心素养发展的课程背景下，学科知识只是作为素养结构的组成要素之一，不同学科课程对知识在教科书中的地位重视程度不一，学生学什么和知识在学习中的价值仍然比较模糊，这会严重影响教学有效性目标的实现。如《普通高中语文课程标准（2017 年版）》中的教材编写建议提出"教材编写要以培养语文学科核心素养为纲，以语文实践活动为主线，落实 18 个学习任务群的要求"，通篇没有提及语文知识的要求。《普通高中数学课程标准（2017 年版)》的教材编写建议情况有较大区别，主张"教材各个章节的设计要体现三个关注：关注同一主线内容的逻辑关系，关注不同主线内容之间的逻辑关系，关注不同数学知识所蕴含的通性通法、数学思想"。《普通高中物理课程标准（2017 年版)》的教材编写建议提供了选择的空间，"教材内容的编排可有多种形式，如以知识内容为线索的呈现形式，强调知识的逻辑、内容的前后铺垫；以主题为线索的呈现形式，强调内容的综合；以活动为线索的呈现形式，强调内容与过程的融合"。

二、教科书心理建构的课程视角

教科书是课程内容的重要表现载体，或被看作教学内容的主要来源，课程与教学论研究都会讨论教科书的内容选择和组织问题，但无一例外地会关注心理建构的需求。有研究从学科—活动、人—社会和技术—理解三个维度析出学科中心课程思潮、活动中心课程思潮、儿童中心课程思潮、社会中心课程思潮、技术本位课程思潮和理解本位课程思潮，相应的教科书内容的心理建构取向有着非常明显的差别。

学科中心课程思潮包括要素主义、永恒主义和结构主义等主要流派。要素主义和永恒主义课程观认为学科课程的目的在于通过传递共同的文化遗产引导学生掌握共同不变的文化要素，包括教科书在内的课程内容是用于训练学生的智力、规范学生的价值取向，更侧重于知识本身功用的发挥。结构主义课程观主张以结构作为课程和教科书编制的核心。皮亚杰提出："认识的建立，或者更广泛地说，认识论诸种关系的建立，包括的不是外界事物的一个简单摹本，也不是内部预先形成的主体结构的开展，而是在主体世界和客观世界之间相互作用而不断形成的一整套结构。"基于这种对结构的理解，学科的基本结构成为教科书编制的核心线索，其包括由关键概念和代表性观念构成的学科实质结构，以及由学科研究方法构成的句法结构两部分，探索形成了螺旋式组织的课程内容编制策略，"一是把学科的普遍的和强有力的观念态度作为课程的中心；二是将教材分解为不同水平使之与不同学生的接受能力结合起来"①。螺旋式组织改变了单纯的知识训练心智观，试图在成人和儿童需要之间寻求平衡，将知识本身的结构和学生接受情况结合起来。

儿童中心课程思潮和活动中心课程思潮一脉相承，在教科书心理建构主张方面有很多相似点。其重要理论源头是来自杜威进步主义教育观的推动。杜威主张教育是经验连续不断的生长，促进经验生长的重要方式是活动，力推基于直接经验的教科书的心理化。杜威从社会活动教育性和教育最初起源时的活动性出发分析，得出教材应是"代表着和儿童的经验相类似的许多经验的成熟产物，这些经验包含着同一世界，也代表着和儿童所有相类似的许多能力和需要。这种教材并不代表完美无缺或一贯正确的智慧；但是，它是可以自由支配以增进新经验的最好的教材"②。教材需要组织到学生的活动中去，而不只是写在书本上的内容，活动主导与学科之间要形成合理平衡，随着年级升高逐步由游戏过渡到系统的学科体系。

选择被认为是最重要的知识，要求学生掌握并作为训练学生心智的重要手段，或将知识根据自身逻辑体系结构化再与学生发展阶段相适应，或以学生活动、学生的经验基础为中心选择与组织内容，是各类课程思潮中实现教科书心理建构的主要主张与具体做法。心理学发展虽然不会直接针对教科书的心理建构，但具有重要启示价值，如维果茨基提出的学生现有发展水平和可能发展水平之间

---

① 李臣之，郭晓明，和学新，等. 西方课程思潮研究 [M]. 北京：人民教育出版社，2012：43.

② 杜威. 民主主义与教育 [M]. 王承绪，译. 北京：人民教育出版社，2001：199.

差异所形成的最近发展区，既应是教学的重点，又应作为教科书编写的着力之处。行为主义理论、认知理论、人本主义理论、多元智能理论等心理学研究成果都可作为教科书编辑中体现心理建构要求的重要依据。但教科书编辑一是要体现课程目标和理念，二是要将心理学所提供的理论在课程学习过程中能够有效应用，人们对课程的认识总是在变化之中，心理学的理论主张在教科书实践中并不能理想地体现学习的要求。"经过不断的探索，目前关于教材学科逻辑和心理逻辑的共识是，要注重二者的统一，而不是作出非此即彼或者简单折中的选择。但是，如何将二者统一起来，这仍然是一个难题。"①

三、教科书心理建构的实践探索

理论上的一般性探索能为教科书心理逻辑或教科书心理化提供基本指针，但要解决问题仍然要落实到具体课程形态，在以分科为主的课程结构中，应当与学科的知识结构特点和学科素养培育要求紧密结合。

1. 语文教科书的心理建构探索

我国语文教科书以"文选型"传统为基础，在对课程目标认识深化的过程中不断变革完善，从单篇选文组合到以主题组织单元，由纯粹选文发展到由助学系统、课文系统和练习系统的综合体系，经历了以社会思想传授为主到注重联系学生经验的动态过程，对语文课程的认识也由工具性、思想性和政治性的争论归纳到"工具性与人文性的统一"。这一系列变化与语文课程的认识方式密切相关，同时伴随语文教科书心理化的种种努力。

从课程文件对教科书心理建构或心理化的表述来看，基本是语焉不详或者干脆不加规定。新学制以后的课程文件一开始对教科书如何编写缺乏认识，也没有作为其内容组成部分。在 1929 年，课程标准才开始提出教科书编写主张，其中小学部分作为"教学方法要点"放在"读书"项目（与说话、写字和总则并列）中，初中部分单列"教材大纲"，下分为阅读、习作两部分，要求精读教材，要求选文是"合于学生身心发育程序的"。1963 年的教学大纲针对课文用"选材标

---

① 漆涛. 教材学科逻辑和心理逻辑的二元对立与超越：基于杜威教材心理化的概念分析 [J]. 全球教育展望，2015（5）：24－35.

准"来规范教科书编写，强调了课文的思想和艺术形式，同时提出"课文的深浅难易，必须符合学生的年龄特征，既不宜过深过难，超过学生的接受能力，也不宜过浅过易，落后于学生的智力发展。入选的课文，应该是经过一定的努力，教师教得好，学生学得了的"。1980 年的教学大纲拓展了教材内容的范围，除课文外，还纳入注释、思考和练习等语文知识要素，强调按读写训练加以组织。1988 年以后的教学大纲用教材基本篇目或以附录形式代替对教材的规定。2001年，《义务教育语文课程标准（实验稿）》恢复了"教材编写建议"，要求"教材应符合学生的身心发展特点，适应学生的认知水平，密切联系学生的经验世界和想象世界，有助于激发学生的学习兴趣和创新精神"。2003 年颁发的《普通高中语文课程标准（实验）》主张"教科书要适应高中学生身心发展的特点"，2017年颁发的《普通高中语文课程标准（2017 年版）》将教科书改为教材，要求"教材要适应高中学生的认知特点和身心发展的需要"，增加了"适应认知特点"的表述。

　　语文教科书根据课程文件要求编写，并不必然否定与包括心理化在内的科学化探索，需要加强的方面包括：一是有效应用心理学的相关研究成果。教科书编辑需要紧密关注眼动研究、阅读心理、写作心理、语言发展机制等方面的最新成果，合理运用到教科书内容组织和表达过程之中。二是实证教科书心理化处理的具体效果。不能将课程标准的要求作为不证自明的"公理"，体现课程标准要求与照搬课程标准观点并不是一回事，课程标准的认识也在不断变化，哪些不要变、哪些要变，也需要在教科书的使用中得到检验。如语文学科核心能力的层级应当呈现一个怎样的结构，以哪些知识作为支撑，是否有这些知识，语文教科书呈现的知识对能力培养是否有效，这些具体的工作目前都很少展开，并没有得到应有的重视。

2. 数学教科书的心理建构探索

　　数学教科书编制以现代数学学科发展成果和教科书编写经验为基础而发展。新学制开始后小学称之为算术、中学称之为算学，1941 年以后中学改为数学，1978 年以后中小学统称为数学。"民国时期，中国的数学教育模式基本上与西方国家类似，教材以自编课本为主、翻译课本为辅。20 世纪 20 年代，混合算学开始流行，但 30 年代以后，又恢复了分科数学。"① 1949 年后，数学教材内容经过多次大的调整，编写了多套教科书，在心理化方面作出了很大努力。

在数学教科书编制过程中，不同时期对选择哪些知识、培养什么能力的认识是不同的，同样对这些知识和能力的获取方式以及教科书如何体现学习需要也有着不同的做法。直线式、圆周式和螺旋式组织是数学教科书采用的几种主要组织方式，目前，《普通高中数学课程标准（2017 年版）》倡导"应遵循学生认知规律，创设合适的问题情境，设计有效的数学学习活动，展示数学概念、结论、应用的形成发展过程"。主张"关注同一主线内容的逻辑关系，关注不同主线内容之间的逻辑关系，关注不同数学知识所蕴含的通性通法、数学思想。数学内容的展开应循序渐进、螺旋上升，使教材成为一个有机的整体"。其所提到的三个"关注"和"螺旋上升"都是指向数学内容本身的学科逻辑，与心理建构相关的表述基本是原则性的、抽象化的。

数学学科和数学教育研究有很长的历史，不同国家的数学教科书心理建构有一定的借鉴性，应在学习国外经验和本土化两个方向着力。如荷兰学者范希尔夫妇（Pierre Van Hiele 和 Dina Van Hiele）提出的视觉、分析、非形式化的演绎、形式的演绎和严密性五种几何思维发展，在国外数学教科书编制中得到广泛运用，"范希尔理论在编制几何课程上的作用已经得到了各国学术界的普遍认可，相比之下，我国目前仍缺乏这方面的理论和实验"②。过于从理解的要求出发要学生掌握什么内容，而忽略学生能够掌握什么或以什么方法来掌握要求掌握的内容，必然导致数学教科书忽略学习心理的特点，也加重了教师教学负担，影响数学学习实际效果。

3. 物理教科书心理建构的探索

物理课程建立在物理学学科基础之上，但物理学与物理课程又有着明显区别。《普通高中物理课程标准（2017 年版）》提出，物理学是自然科学领域的一门基础学科，研究自然界物质的基本结构、相互作用和运动规律；物理学基于观察与实验、建构物理模型、应用数学等工具，通过科学推理和论证，形成系统的

---

① 李求来，昌国良. 中学数学教学论 [M]. 长沙：湖南师范大学出版社，2006：31.

② 鲍建生，周超. 数学学习的心理基础与过程 [M]. 上海：上海教育出版社，2009：12.

研究方法和理论体系。义务教育物理课程倡导综合反映人类在探索物质、相互作用和运动规律等过程中的成果,要求注重实验、作为科学素养基础和与生产、生活实际及时代特点相联系。高中物理课程提出要在义务教育的基础上,帮助学生从物理学的视角认识自然、理解自然,建构关于自然界的物理图景;引导学生经历科学探究过程,体会科学研究方法,养成科学思维习惯,增强创新意识和实践能力;引领学生认识科学的本质以及科学·技术·社会·环境(STSE)的关系,形成科学态度、科学世界观和正确的价值观,为做有社会责任感的公民奠定基础。认识自然(客观)及科学中的关系(主观),经历物理科学的探究(过程),要求教科书编制改变学科逻辑体系的单一线索,在呈现知识的同时,引导学生探究知识出现的方式、方法等过程性内容。

在教学实践中,物理可能是最令学生感到困难的科目。据统计,2017 年浙江高考全省为 29.13 万考生,其中选考物理的只有 8 万人;上海实行新高考改革第一年选择物理科目的考生也仅占总人数的 30%。物理知识储备严重不足、组织程度低、表征不完善及学习策略与监控等元认知问题是导致学习困难的主要原因①。针对这些问题,课程标准主张教科书采用前言、目录、索引、标志符号、使用说明等技术性支架和运用小结、词语界定、教学步骤、教学提示等各类独具特色的栏目作为教学性支架,引导师生以教科书为依托并走出教科书学习物理课程。物理教科书在不断修订改版的过程中,探索出了心理化的有效路径,在许多方面增加了可教性,以"科学表征"情况为例,"在表征数量上,科学本质的表征维度覆盖度逐渐变广,且各表征维度出现频次呈增长趋势;在表征特点上,科学本质涉及内容的明确性逐渐增强,呈现出从隐性到隐性显性相结合的发展趋势"。"但同时也必须看到,教材中关于科学本质的表征发展之路依旧充满挑战。如'2010 年版'教科书在聚焦于少量研究较成熟的维度时,表现出了表征准确性的提高,但在研究不够充分的部分维度,'2019 年版'教科书扩大科学本质的覆盖维度后出现了准确性降低的结果。"②

① 孟昭辉,云云. 物理学习困难的认知因素分析 [J]. 课程·教材·教法,2003 (8):54-56.

② 张雪,张静,姚建欣. 物理教科书中科学本质表征变迁研究 [J]. 全球教育展望,2020 (7):106-118.

物理等自然科学课程以严密的学科知识体系作为依托，但选择哪些内容进入教科书，既应与学科发展的需要相联系，又要考虑到学生学习该科目的认知特点，其心理化应当对学科核心概念和基本结构形成较为科学合理的认识，在此基础上探索适合学生学习的组织方式并有效运用到后续教科书修订之中。"物理教育工作者需要更多地投向自我、反思自我，找寻物理教育自身的规律，进行立足自我的不断改造，这样编写的物理教科书才有灵魂，才能形成一种连续的谱系。"①

---

① 赵长林，周英杰. 新中国物理教科书60年之演进［J］. 湖南师范大学教育科学学报，2011（2）：15－18.

第四章

教科书编辑政策

不同国家、不同教育体制下的教科书编辑、出版和使用情况尽管有较大区别，但无一例外受到教育决定者、政府部门和出版集团等其他力量的共同影响。教科书编辑作为教科书出版的先决条件，受政策的影响最为直接。

第一节　教科书编辑政策的历史演变

教科书是现代学制的产物，在科学化的过程中逐步得到完善。教科书编辑相关政策是对教科书现状的回应和发展方向的规范，在不同时代背景下有不同特点，随着教科书市场扩大和国家对教育调控与方向引领而不断变化，同时由于政策本身的可行性和执行力度的关系，其对教科书所产生的影响存在一定的差异。

一、清朝末年的教科书编辑政策

清朝末年的教科书编辑，主要力量来自教会学校与民间组织，官方教科书由学部掌握。《学校教科书委员会的报告》［韦廉臣（Alexander Williamson）］① 比较详细地记录了 1877 年成立于上海的基督教学校教科书委员会对教科书出版的决议意见，报告同意筹备编写初级和高级两套中文教材，提出要文理简洁、暂不

---

① 陈学恂. 中国近代教育史教学参考资料：下册［M］. 北京：人民教育出版社，1987：86 - 90.

翻译为北京方言，确定要编写的书目包括：

1. 初级和高级的教义问答手册，以直观教学课的形式，各分三册。

2. 算术、几何、代数、测量学、物理学、天文学等。

3. 地质学、矿物学、化学、植物学、动物学、解剖学和生理学等。

4. 自然地理、政治地理、宗教地理和自然史等。

5. 古代史纲要、现代史纲要、中国史、英国史、美国史等。

6. 西方工业。

7. 语言、方法、逻辑、心理哲学、伦理科学和政治经济学等。

8. 声乐、器乐和绘画等。

9. 一套学校地图和一套植物与动物图表，用于教室张贴。

10. 教学艺术，以及任何以后可能被认可的其他科目。

随后的公函对教科书编辑工作也提出了明确要求：教科书应是原作，而不能是翻译过来的作品，可选择该科目中适合的、认为是最好的外国著作，结合中国的文字、民族格言以及风俗习惯进行改编，力图产生强大影响；教科书不仅是用于学生学，也要用于教师教；进行宗教思想灌输，"抓住一切机会引导读者注意上帝、罪孽和灵魂拯救的全部事实"；统一术语；版权归作者，委员会保留一定数量的各版书籍。

基督教学校教科书委员会的编写要求对我国早期教科书编辑起到了很大的促进作用，一是确定了分科编写的先例，二是提出了教科书编写的依据，三是规定了教科书编辑中的术语统一要求，推动了教科书的规范化发展。规定版权和利益的分配方式，充分调动了编写者的积极性。当然，传教士编写教材的目的在于传教，其宗教思想侵略的意图也在文件中表露无遗。

处于风雨飘摇中的晚清政府，试图通过教育改革来挽救行将就木的政治体系。1905 年设立学部掌控全国教育包括审定中小学堂用书，1906 年附带设立编译图书局，负责编译（纂）全国中小学堂用书，成为当时全国最大的教材出版机构，下设总务、编书、译书和庶务四课，课下面再设若干股。其教科书出版以"忠君""尊孔"为指导思想，学部奏折称：

凡今日条奏之所已及者，实力行之，条奏之所未及者随时议之，并令编书各员守定宗旨，迅即编纂中小学堂教科书，进呈之后一律颁发。至各省所编教科书，亦必认定宗旨呈由臣部核定，然后许其通行，庶几一道同风而邦基永固矣。

由此开我国教科书官方审定之先例，目的在于"一道同风""邦基永固"。为确保教科书的政治正确和规范教学内容，学部的教科书审查程序也较为严格细致，对译书的审查过程如图 4—1 所示。

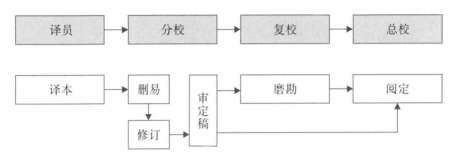

图 4—1　晚清学部对译书的审查过程

这套制度自认为相当严格，审查人员包括分校、复校、总校三级体系，最后由学部把握，明确审查具体职责为分校"以明白详尽，不失书真面；若于本国文义礼教有不相宜者，则删易之；其于编成之书，亦须认真校正，不求立异，不尚苟且"，复校对分校修订的稿件"详加磨勘"，总校"丞参局长任之，校毕呈堂阅定"。甚至规定了审查用笔的类型，分校使用墨笔，复校用蓝笔，堂阅仍用墨笔，审查人员都要在稿件盖上印章，以对审查工作负责，出现问题时能够追查到人。

晚清的政治生态决定其对教育的管控无法有效实施，对书籍的审查制度也自然会形同虚设，所审查通过的教科书在质量上远远落后于民间出版的其他种类，被社会广泛批评。江梦梅在《前清学部编书状况》一文中指出："吾国官场办事，毫无心肝，毫无条理。学部编书局非无人材，然在外间尚可编出适用之书，在部则决无其事。一则应酬甚繁，安能全力办公。堂官又不知甘苦，平日任其稽延，一旦迫近，尽力催促，但求不误宪政之筹备。何为教育，何为教科书，皆非彼所注意也。二则局员分编辑、校勘二种，编辑者尚有明教育之人，校勘者大概词林中人，不知教育为何物，持笔乱改，每有原稿尚佳，一经校勘，反不适用者矣。校勘之后，尚须呈堂官，堂官较校勘者辈分愈老，顽固愈甚，一经动笔，更不知与教育原理如何背谬。然以堂官之威严，何人敢与对抗?"①

由此看来，在教科书编辑政策的执行过程中，政策设计本身很重要，但更为关键的是需要有专业人士的教育素养作为保障，仅通过行政命令和权力体系所传导的做法难以切实遵循教育规律，甚至可能由此影响教科书质量。

二、民国时期的教科书编辑政策

经过早期带有实验性质的教科书编写，特别是民间书店积极参与出版发行所积累的经验，客观上推动了民国时期的教科书编辑政策的适用性、专业化程度不断提高，这反过来也为教科书质量提供了较为坚实的保障。民国时期的教育与晚清的封建统治彻底划清界限，禁用学部的教科书，废止读经科，以"共和民国宗旨"审查民间教科书。中华民国教育部的第一个法令是 1912 年的《普通教育暂行办法》，共 14 条，其中六至八条规定了教科书事项:

六、凡各种教科书，务合乎共和民国宗旨。清学部颁行之教科书，一律禁用。

七、凡民间通行之教科书，其中如有尊崇满清朝廷及旧时官制、军制等课，应避讳，由各该书局自行修改，呈送样本于本部及本省民政司、教育总会存查。如学校教员遇有教科书中不合共和宗旨者，可随时删改，亦可指出，呈请民政司或教育会，通知该书局改正。

八、小学读经科一律废止。

随后于 1912 年 9 月 13 日发布的《审定教科用图书规程》对小学校、高等小学校、中学校和师范学校的教科书审定作出了粗略规定，主要内容包括教科书审查制度为审定制，教科书编写的依据是"小学教育令、中学教育令、师范教育令"。因时间匆忙或因技术问题，该规程并未提及教科书审查标准。

袁世凯执政时期颁布的《大总统特定教育纲要》（1915 年 1 月颁布，1916 年 9 月废止）规定，"兴学由造就师范、编辑教科书入手，应由教育部通行各省按照各地方所需教员之数分期造就，并由部编辑小学、中学教科书以确定全国教育

---

① 江梦梅. 前清学部编书状况［M］// 张静庐. 中国近代出版史料. 上海: 上海书店出版社，2011: 211.

之基础"。"教科书系达教育目的之要具，如与教育宗旨不相呼应，即不能达到目的。应就现在部设之编审处，按照学生迅速编辑中小学教科书。其教科书内容，备与国家教育宗旨相合。其参考各书，为学校所需而坊间所不备者，亦应一并编辑以为改良教育之准备。"将师范教育和教科书建设作为新式教育的基础，确实符合当时的实情，同时将教科书编审权力收归教育部，突出了国家教育宗旨的引导作用，但由于缺乏稳定的政权为前提，政策实施仅一年半就被废除。

纲要关于教科书政策的表述有三条，分别是"中小学教科书一定期限内编写颁发，国定制与审定制并行""中小学校均加读经一科，按照经书及学校讲读，由教育部编入课程，并妥拟讲读之法，通咨京外转饬施行""中小学校国文教科书除编定者外，应读《国语》《国策》，并选读《尚书》，以期养成政治知识"①。后两条均是为袁世凯复辟作铺垫，随着其称帝闹剧结束而不了了之，但国定制与审定制并行的教科书审查制度因此明确，并在较长时间内得到延续。

"1922 年学制和《中小学课程标准纲要》标志着我国近代以来的学制与课程体系建设的基本完成。由此，我国的学制和课程发生了重大的转变，实现了从借鉴日本到取法欧美的重大转型。"② 与新学制和新课程相应的教科书需求明显，为教科书编辑快速发展提供了最为直接的动力，加上时局混乱，政府控制能力不足，也没有心思在教科书问题上花费过多精力，导致教科书管理相对较为松散，民间各大书局的自发行为反而更具有影响力。

1927 年南京国民政府建立后，教科书建设逐步规范化。1929 年《教科书审查规程》后面所附的《审查教科图书共同标准》首次明确了教科书的质量要求，为教科书编辑和审查提供了较为具体的依据，有"教材之精神"三条、"教材之实质"三条、"教材之组织"十条、"文字"三条、"形式"五条，"文字"和"形式"内容如下：

（丁）关于文字者：十七、适合程度；十八、流畅通达；十九、方言、俚语摒弃不用。（戊）关于形式者：二十、字体大小适宜；二十一、纸质无碍目力；二十二、校对准确；二十三、印刷鲜明；二十四、装订坚固美观。

---

① 舒新城. 近代中国教育史料 [M]. 北京：中国人民大学出版社，2012：217 - 220.
② 石鸥. 民国中小学教科书研究 [M]. 长沙：湖南教育出版社，2018：145.

从 1937 年开始，出于日本全面侵华战争的严峻形势和国民党深化教育、思想控制的需要，教科书的国定制开始全面推行。1938 年，中华民国教育部在《战时各级教育实施方案》中提出"教育部应成立各级学校、各科教材编定委员会，先草订或修正各级学校各科课程标准，再依课程标准订定各科教材科目，以为选择教材及编辑教科书之标准"。"小学教科书及中学、师范用公民、国文、历史、地理教科书，应由国家编辑、颁发应用。"① 第一次提出将课程标准和教材科目作为教科书编辑的标准，并为国定制教科书制度实施作好了准备。同年公布的《教科用书编辑委员会草程》第四条规定具体任务为：一、拟订及审核教科用书及有关读物之编辑方针；二、小学及民众学校教科用书之编辑事项；拟订本委员会各项章则事项。另外，还要求与编辑委员会下设的若干人一道，将教科书编审工作制度化、官方化，旨在直接落实"党化教育"的意图。

三、改革开放前的教科书编辑政策

中华人民共和国成立后，百废待兴，要举办不同于旧社会的社会主义新教育，自然要有新的教科书作为基础，解放区在教科书编辑方面虽然积累了一定的经验，但仍带有较为浓厚的战时宣传色彩，与中华人民共和国的政治宗旨和发展方向并非完全一致。"教科书更核心的统一在于是否能够全面贯彻新民主主义的教育方针，用中共中央宣传部 1949 年 7 月 6 日印发、编审委员会草拟的《中小学教科用书审读意见书》一句直接而精到的话说，即是'极需要批判旧的，产生新的'。"②

新中国教科书编辑政策在实践探索过程中逐步形成并动态调整。1949 年 11 月 1 日，教科书编审委员会与出版委员会、新华书店编辑部合并组成出版总署，下设编审局，教科书出版由编审局与教育部协商完成。"学校用教科书之供应，在本年度内，为编审、翻译二局的中心工作。中学教科书以编撰为主，由编审局

---

① 中国第二历史档案馆. 中国民国史档案资料汇编：第五辑第二编·教育：一［M］. 南京：江苏古籍出版社，1997：28－29.

② 李云龙. 国家意志与教材实现：新中国成立初期教科书编审路径及其启示［J］. 课程·教材·教法，2019（12）：82－88.

会同教育部担任。"① 由于教科书与一般图书编审有着很大区别，两个部门之间的协调必然存在较大障碍，1950 年 12 月 1 日国家新组建人民教育出版社，负责教科书的编辑、审定和出版综合职能，自此奠定教科书编辑出版的新局面，为专业化、专门化及统一管理奠定了基础。

1953 年 5 月，中共中央政治局会议讨论教育工作，毛泽东主持会议，要求教育部宁可把别的摊子缩小，也要多调人编写教材。会后成立了以中共中央宣传部常务副部长兼秘书长胡乔木为主任的语文教学问题委员会，指导全国语文教育工作；1954 年由人民教育出版社拟订《中学历史教科书编写工作中几个原则问题的报告》，报中央历史教学问题委员会批准，并据此编写历史教材。1954 年 6 月第 4 次社务会议通过并经教育部批准的《关于人民教育出版社当前任务、编辑方针、组织机构及组织领导的决定》②，指出中华人民共和国成立以来教材建设中存在的劳动教育、社会主义思想体现、科学性等方面的问题，陈述了编辑的总方针和自然、社会类教科书的具体方针。教科书编辑的总方针和具体方针分别是：

第一，贯彻社会主义思想，采用系统的基本科学知识，注意吸取先进的科学成果。第二，以马克思列宁主义的立场、观点解释各种问题，即以辩证唯物主义和历史唯物论的观点来阐明自然现象和社会生活规律。第三，贯彻理论与实际结合的原则、教育与生产劳动结合的原则，把科学原理、法则、定律与我国工农业建设、革命斗争结合起来。第四，符合教学原则，适合各科教学目的与学生年龄特征。第五，吸收苏联经验。

1. 数学及自然科学教科书应吸取苏联先进成果，以苏联最新出版的教科书为蓝本，结合中国实际情况，予以适当改编。这就是说，对苏联教材的整个基本科学内容不作大的变动，只对其中不适合中国实际情况的具体内容加以适当的更改和补充。2. 语文、历史、地理等教科书必须自编，苏联在这方面的编辑原则、方法和经验，应尽量吸取。但世界自然地理、世界经济地理及世界史等，也可以用苏联课本为蓝本，加以适当改编。

除此之外，还从政治、教育、所任学科、语言逻辑方面对编辑工作的素养提

---

① 袁亮. 中华人民共和国出版史料 [M]. 北京：中国书籍出版社，1995：103.
② 戴伯韬. 戴伯韬教育文选 [M]. 北京：人民教育出版社，1985：264.

出了明确要求，强调教科书编辑要加强政治理论学习和教育理论学习，要研究国家教育理论、方针、政策与各级、各类学校的性质与培养目的，学习优秀教师的教学经验，并运用到编辑工作之中，特别强调吸收苏联的教育理论、教学大纲、教科书和各科教学法的经验。

建立了较为明确的编辑制度。一是明确编写流程，责任编辑负责编写和修改，编辑室主任审阅，上级审查；二是外聘专家参加教科书编写工作，并吸收优秀教师对教科书编写的意见；三是规定教材内容的编写原则，同一科目不同学段教科书以直线前进为主，部分采取螺旋式上升方式，学科之间要互相联系。

规定了严格的审查制度。具体流程为编辑室内部讨论、审查和修改，确定初稿；专家审查形成二稿；优秀教师和专家讨论修改或复审后形成定稿；教育部批准后形成批准稿。另外，照片、地图等插图也要进行相应审查。出版的技术审查要求排印正确、形式美观、质量坚实耐用。

作为国定教材指定单位并兼有行政职能的人民教育出版社的编辑方针，成为我国教科书编辑的重要依据，为后期推出一系列具有较高质量的教科书提供了保障。该方针明确具体，反映了新中国政权建设对教科书编写的需要，也体现了较强的专业水平，强调教科书编辑的政治素养与专业素养并重，并且广泛吸收专家和优秀一线教师意见，能够突破专业编辑机构在编辑人数、专业领域等方面的局限。突出学习苏联教育思想、教科书编写经验，特别是自然科学教科书以苏联版本为蓝本，能够在较短时期内编写基本适合中国国情的教科书，迅速满足教育发展的需要。

1958 年 8 月，中共中央、国务院《关于教育事业管理权力下放问题的规定》指出："各地根据因地制宜、因校制宜的原则，可以对教育部和中央主管部门颁发的各级、各类学校指导教学计划、教学大纲和通用教材、教科书，领导学校进行补充修订，也可以自编教材和教科书。"由此我国中小学教材政策开始明确"地方化"与统编相结合的方针。"文化大革命"前后由于政治因素强力影响，思想政治教育成为各门学科的主要任务，教科书编辑基本处于停滞状态。如 1964 年 6 月通知要求 1964 至 1965 学年度的高中、中师和中专学校的政治课，要有两个年级学习《毛泽东著作选读（乙种本）》，一个年级学习现行教材《辩证唯物主义常识》；1966 年 5 月"文化大革命"全面爆发后，人教社被迫停止工作，所有编辑、出版的教材被停止使用。

四、改革开放后的教科书编辑政策

改革开放后，我国的政治、经济发展情况面貌一新，停滞近十年的教育开始走上正常轨道。特别是恢复高考，重新激发了全国人民的教育热情，义务教育普及、高等教育扩招，都给教科书建设带来新的机遇与挑战。

1980 年，基于五年义务教育尚未普及、新文盲继续产生这一背景，《中共中央、国务院关于普及小学教育若干问题的决定》提出"在八十年代，全国应基本实现普及小学教育的历史任务，有条件的地区还可以进而普及初中教育"的目标，重点关注了教师待遇及资格问题，虽然没有对教科书提出要求，但普及教育必然需要有高质量的教科书作为保障。教科书问题被迅速提上议事日程，1986 年通过的《中华人民共和国义务教育法》涉及教科书的条文就有多条，2018 年进行了修订，其中第三十八条"教科书根据国家教育方针和课程标准编写，内容力求精简，精选必备的基础知识、基本技能，经济实用，保证质量"规定了教科书的质量要求，"国家机关工作人员和教科书审查人员，不得参与或者变相参与教科书的编写工作"明确了编审分离制度；第三十九条"国家实行教科书审定制度。教科书的审定办法由国务院教育行政部门规定"确立了教科书审定制度和审定办法制定主体；第四十条"教科书价格由省、自治区、直辖市人民政府价格行政部门会同同级出版主管部门按照微利原则确定"明确了教科书定价制度；第四十一条"国家鼓励教科书循环使用"、第四十三条第三款"各级人民政府对家庭经济困难的适龄儿童、少年免费提供教科书并补助寄宿生生活费"提出了教科书的使用与提供要求；第五十六条第三款"国家机关工作人员和教科书审查人员参与或者变相参与教科书编写的，由县级以上人民政府或者其教育行政部门根据职责权限责令限期改正，依法给予行政处分；有违法所得的，没收违法所得"规定了违法处理方式。以上规定使教科书编辑工作有法可依，也为教科书编辑制度完善打下了坚实基础。

1987 年 10 月 10 日，国家教育委员会印发《全国中小学教材审定委员会工作章程》，1996 年修订重发。该章程目的是在教学基本要求统一的基础上推动教材的多样化，规范对象是中小学各学科教学大纲、省级教育行政部门和重点高校审查推荐的教材以及人民教育出版社、中央级科研单位和全国性学术团体编写的教材。根据国家课程设置情况设立各学科审查委员会。规定"中小学教材实行编审责任制。教材的编写单位或编者及审查、审定人，要在审查或审定的教材上署名"。附件提出了中小学教材送审办法，具体流程如图4-2所示：

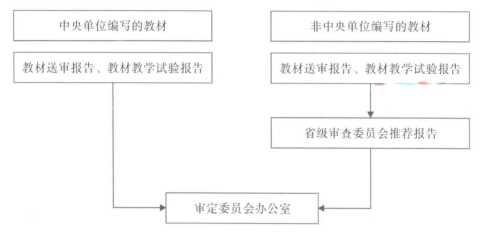

图4-2 中小学教材送审办法具体流程（1987年版）

根据《全国中小学教材审定委员会工作章程》要求制定的《教科书审定标准》较为详细地列出了教材编辑的质量要求。首先，内容要体现基础教育的性质、任务和学科的教学目标，符合教学计划、教学大纲所规定的各项要求，具有思想性、科学性，符合我国国情，体现时代精神，从学生所熟悉的环境和事物出发做到理论与实际相联系。其次，教材体系要符合儿童、青少年身心发展规律，使学生的认知规律和学科的知识结合起来建立本学科的教学结构，有利于实现各学科的教学目标，注重学科内容和学科之间的联系。再次，教材的文字和插图要规范。规定"①语言文字要规范、简练，内容要生动活泼，富有启发性和趣味性，要注意不同年龄阶段学生的语言特点。不要使用方言土语。②照片、地图、插图和图表要与教材内容紧密配合，地图按照国家有关规定送审。③引文、摘录要准确。④名称、名词、术语均应采取国际统一名称或国家统一规定的名称。外国人名、地名采用通用译名。简化字要按国家正式公布的字表使用。⑤计量单位采用国际单位制和国家统一规定的计量单位"。此外，还对音像教材与教学挂图、教材中的练习和作业提出明确要求。

1996年修订的《全国中小学教材审定委员会工作章程》将"审定标准"

"审定办法"的相关内容融合成一个整体文件。章程修订稿通过罗列范围的方式界定了教材的框架，教材包括教科书、教学参考书、教学挂图、图册、音像教材、计算机辅助教学软件等，工作对象缩小为审定"国家教育委员会颁发的中小学课程计划中所规定的必修课教材"，"国家教育委员会根据教学改革的需要决定审查的教学用书、教学辅助资料等"。教材送审要求也有较大变化，一是送审主体的资格变化，经中央或省级教育行政部门批准后编写的、经过一轮以上教学试验的中学或小学全套教材才可送审，单科教材、未经批准编写的教材不能列入审定名单，并且送审时需要"定型成品"。审查程序的具体流程如图4-3所示：

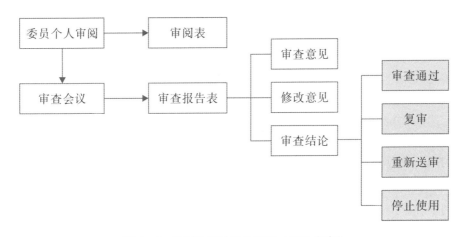

图4-3 教材送审的具体流程（1996年版）

进一步严肃了编审的纪律，如编审分开，实施编、审负责制，编写、出版和审查各负其责。

对教材及其编辑的质量要求也有较大变化，分审定（审查）原则、教材内容、教材体系、教材的文字插图、教材的作业和练习及教学软件、音像教材与教学挂图六条列出具体要求，在1987年标准的基础上适当补充了符合社会特点的内容。对教材的文字、插图新增"标题、字母、符号、体例必须规范、统一"的要求。

教材审定和审查政策规范了教科书编辑的内容、程序，保障了教科书编写质量稳步提高，同时也推动了教科书编写队伍素养的发展。"多年来，委员们通过认真的审查工作，帮助教材编写队伍从思想上、业务上提高自身素质。这一方面体现在审查委员会通过多种方式直接或间接地对编写队伍的稳定、健全给予恰当的帮助，促进了编写队伍的组织建设；另一方面，也是最主要的，审查委员会通过对各家教材的认真审查，热情帮助编写人员明确编写指导思想，提高教材编写水平。"①

1995 年通过《中华人民共和国教育法》，与教材直接相关的条文是第六十五条，"各级人民政府对教科书及教学用图书资料的出版发行，对教学仪器、设备的生产和供应，对用于学校教育教学和科学研究的图书资料、教育仪器、设备的进口，按照国家有关规定实行优先、优惠政策"。

第二节　当前教科书编辑的政策规定

党和政府高度重视教科书工作，教科书研究方法日益丰富、研究队伍迅速扩大、研究成果不断涌现，教育实践对教科书编写提出更高要求，这些因素形成合力推动教科书编辑进入一个全新的阶段。在这种背景之下，国家的教科书编写制度设计与政策发布更加频繁。

一、教科书编辑理念的政策要求

进入新世纪特别是党的十八大以来，教育发展问题被纳入党和政府工作民生领域重要内容，教育投入逐年增长，教育改革持续深入，这对教科书编辑提出了新的理念要求。

1. 提出立德树人理念

党的十八大报告的第七点提出"在改善民生和创新管理中加强社会建设"，包括"努力办好人民满意的教育""推动实现更高质量的就业""千方百计增加居民收入""统筹推进城乡社会保障体系建设""提高人民健康水平"和"加强和创新社会管理"六大方面，有关教育发展的表述排在第一项。报告指出"教

---

① 江明，顾黄初，钱梦龙. 严格把关　积极扶持　促进教材建设健康发展：中小学各科教材审查的回顾 [J]. 课程·教材·教法，1998 (4)：37 – 40.

育是民族振兴和社会进步的基石。要坚持教育优先发展，全面贯彻党的教育方针，坚持教育为社会主义现代化建设服务、为人民服务，把立德树人作为教育的根本任务，培养德智体美劳全面发展的社会主义建设者和接班人。全面实施素质教育，深化教育领域综合改革，着力提高教育质量，培养学生社会责任感、创新精神、实践能力"①。报告阐述了教育对于民族振兴和社会进步的价值，重申了教育优先发展的战略方针，首次明确教育的根本任务是立德树人，并提出不同层次和不同类型的教育发展重点及教师队伍建设要求。

2013 年 11 月 12 日，《中共中央关于全面深化改革若干重大问题的决定》中"推进社会事业改革创新"部分提出了"深化教育领域综合改革"的具体要求，强调教育改革要"全面贯彻党的教育方针，坚持立德树人，加强社会主义核心价值体系教育，完善中华优秀传统文化教育，形成爱学习、爱劳动、爱祖国活动的有效形式和长效机制，增强学生社会责任感、创新精神、实践能力"②，提出了考试招生制度和管办评分离的教育管理改革要求。

习近平在中国共产党第十九次全国代表大会报告中的"提高保障和改善民生水平，加强和创新社会治理"部分指出，要全面贯彻党的教育方针，落实立德树人根本任务，发展素质教育，推进教育公平，培养德智体美劳全面发展的社会主义建设者和接班人。党的二十大报告中"实施科教兴国战略，强化现代化建设人才支撑"部分再次强调，育人的根本在于立德。全面贯彻党的教育方针，落实立德树人根本任务，培养德智体美劳全面发展的社会主义建设者和接班人。

党中央高度关心教育问题，将其作为大会报告的重要内容，其中有关"立德树人"的表述，从"把立德树人作为教育的根本任务"到"坚持立德树人"，再到"落实立德树人根本任务"，根据教育发展情况不断深化立德树人要求，既是对中国特色社会主义教育思想一以贯之的传承，又是基于当前中国社会发展阶段任务提出的教育发展根本指南，是对以往教育中存在的唯分数、唯知识和技能，

---

① 胡锦涛. 坚定不移沿着中国特色社会主义道路前进，为全面建成小康社会而奋斗：在中国共产党第十八次全国代表大会上的报告 [R/OL]. (2012 - 11 - 20) [2021 - 03 - 25] http://news. china. com. cn/politics/2012 - 11/20/content_27165856. htm.

② 中共中央关于全面深化改革若干重大问题的决定 (2013 年 11 月 12 日中国共产党第十八届中央委员会第三次全体会议通过).

忽视人的全面发展而提出的方向性要求，其中的"德"一定是社会主义核心价值体系的具体表现，需要中华优秀传统文化的充分涵养，"人"即是社会主义建设者和接班人。立德树人要求必然是教科书编写的基本原则和方针。

2. 强调核心素养培育

核心素养是对学生在接受教育以后所能够具备的适应未来社会生活与个人发展需要的预期，是落实立德树人要求，深入回答"培养什么样的人"问题的关键。核心素养培育主要有两个方面的要求，一是在接受一段时期教育后的学生所养成的整体品格和能力，一是内化蕴含在不同学科中的品格和能力培养要求，前者称为学生发展核心素养，后者是学科核心素养。

北京师范大学林崇德领衔的课题组提出，中国学生发展核心素养以培养"全面发展的人"为核心，分为文化基础、自主发展、社会参与3个方面，综合表现为人文底蕴、科学精神、学会学习、健康生活、责任担当、实践创新等六大素养，具体细化为国家认同等18个基本要点。各素养之间相互联系、相互补充、相互促进，在不同情境中整体发挥作用。

基于中国学生发展核心素养整体框架要求，《普通高中课程标准（2017年版）》根据学科特点，分别提出了学科核心素养并渗透到课程目标、内容、实施、评价的全过程，对教科书编写提出了明确指导性意见。《普通高中语文课程标准（2017年版）》指出，语文学科核心素养是学生在积极的语言实践活动中积累与构建起来，并在真实的语言运用情境中表现出来的语言能力及其品质；是学生在语文学习中获得的语言知识与语言能力，思维方法与思维品质，情感、态度与价值观的综合体现。主要包括"语言建构与运用""思维发展与提升""审美鉴赏与创造""文化传承与理解"四个方面。建议"教材编写要以培养语文学科核心素养为纲"。《普通高中数学课程标准（2017年版）》指出，数学学科核心素养是数学课程目标的集中体现，是具有数学基本特征的思维品质、关键能力以及情感、态度与价值观的综合体现，是在数学学习和应用的过程中逐步形成和发展起来的。数学学科核心素养包括数学抽象、逻辑推理、数学建模、直观想象、数学运算和数据分析六大方面。建议"教材编写要以数学学科核心素养发展为宗旨"。其他学科都围绕学科特点明确了学科核心素养的内涵及教材编写建议，可以说，核心素养理念推动了教科书编辑内容选择的大变革。

3. 改革考试招生制度

根据中共中央全面深化改革要求和 2014 年政府工作报告提出的"深化省级政府教育统筹改革、高等院校综合改革和考试招生制度改革"目标，2014 年 9 月 3 日国务院印发《关于深化考试招生制度改革的实施意见》（国发〔2014〕35 号）文件，对深化招生制度改革作出全面部署。

实施进程从 2014 年开始启动，2017 年全面推进，2020 年基本建立中国特色现代教育考试招生制度，形成分类考试、综合评价、多元录取的考试招生模式，健全促进公平、科学选才、监督有力的体制机制，构建衔接沟通各级各类教育、认可多种学习成果的终身学习"立交桥"。直接影响教科书编辑的内容包括"改革考试内容和形式""改革考试科目设置"等方面。

将高中学业水平考试作为学生毕业和升学的重要依据，势必重视各门学科教科书中基础性知识和技能的安排，有助于矫正教科书"偏重繁难"问题。特别是课程标准和学业质量标准对学生在个体学科应当达到的程度提出明确说明后，教科书选择有了更加明确的依据，即根据不同年级课程性质安排布置学习内容及要求。另外，考试科目设置变化有利于增强高考与高中学习的关联性，在教育功利性不能完全破除的情况下，考什么就教什么的现象在一定时期内仍将存在，但当高考取消考试大纲而转向学科核心素养考查时，教科书对高考和学生学习的直接作用将更加明显。高考综合改革试点中语文、数学和外语 3 个科目统一考试，保持"科目不变""分值不变"两个不变，并且不分文理科，能够最大限度地体现基础教育阶段基本学科的重要性，思想政治、历史、地理、物理、化学和生物等学科的学业水平考试由考生根据报考高校要求和自身特长、需要自主选择，有利于学生个性发挥，并保障这些学科教材内容的基础性。

教科书作为教与学的重要中介，必然要落实考试招生制度改革的要求，通过内容和呈现方式的变化体现新的教学要求。考试招生制度改革，伴随而来的是教科书的重新修订或编写。在立德树人理念、培育核心素养要求和考试招生制度改革等教育大环境之下，目前义务教育阶段的道德与法治、语文和历史三科全国统一使用教育部组织编写的部编教材，高中阶段的思想政治、语文和历史也于 2019 年开始在北京、天津、辽宁、上海、山东、海南等 6 个省级行政区域内率先使用，并于 2022 年推广到全国使用。

二、教科书编辑活动的政策引领

当前，教科书编写被视为国家事权，首要任务是贯彻国家意志，体现国家观念，教科书内容不能凭编辑的个人喜好来编写，只能是在相关政策限定下的有限创新。

1. 教科书承载课程改革要求的功能日益明显

2001 年，教育部印发的《基础教育课程改革纲要（试行)》的通知（教基〔2001〕17 号）是新世纪吹响的第一次课程改革号角，针对"课程过于注重知识传授的倾向""课程结构过于强调学科本位、科目过多和缺乏整合的现状""课程内容'难、繁、偏、旧'和过于注重书本知识的现状""课程实施过程过于强调接受学习、死记硬背、机械训练的现状""课程评价过分强调甄别与选拔功能""课程过于集中的状况"等问题，从课程结构、课程标准、教学过程、教材开发与管理、课程评价、课程管理等方面提出了课程改革要求。其中教材开发与管理部分直接针对教材改革方向、教材内容选择与组织提出"教材改革应有利于引导学生利用已有的知识与经验，主动探索知识的发生与发展，同时也应有利于教师创造性地进行教学。教材内容的选择应符合课程标准的要求，体现学生身心发展特点，反映社会、政治、经济、科技的发展需求；教材内容的组织应多样、生动，有利于学生探究，并提出观察、实验、操作、调查、讨论的建议"。

同时，课程结构变化、课程标准修订、课程评价与管理方式改革都会对教科书编写内容提出新的要求。比如要求小学阶段以综合课程为主、初中阶段是分科与综合相结合、高中阶段以分科为主，这使得不同学段相应的学科教科书在综合性和学科性方面各有侧重，初中开始出现选修科目的教科书，高中阶段则设置丰富多样的选修课程，编写多种选修教科书。结果是教科书的门类越来越多样化，针对性越来越明确。以语文为例，以往高中阶段六个学期，每学期一本语文教科书，而此次课程改革之后，分为必修和选修课程，相应的教科书包括必修教科书和选修教科书，人教版据此要求编写的新课程实验教科书必修系列为 5 册，选修系列包括《中国现代诗歌散文欣赏》《中国小说欣赏》《中外戏剧名作欣赏》《中外传记作品选读》《中国文化经典研读》等多种类型。初中阶段虽然仍是每学期一本教科书，但新增了"识字与写字""综合性学习"等模块。

2. 教科书是落实学科课程目标的最重要载体

新世纪的课程指导文件由"教学大纲"变更为"课程标准",原来的小学和初中合称为义务教育阶段一并发布,高中独立制定与发布。20 年的时间内,义务教育各科课程标准颁布了 2001 年版、2011 年版和 2022 年版,高中各科课程标准包括 2003 年版、2017 年版及 2020 年修订版。课程标准是课程改革要求的具体体现,课程目标和内容变化直接导致教科书重新编写或作出重大修订,并且课程标准直接对包括教科书在内的教材提出明确要求,成为判断教科书审查是否能够通过的重要依据。

课程目标影响甚至改变教科书编写意图。2001 年版义务教育阶段各科课程目标为九年一贯制设计,在总目标下分年级确定学段目标,语文分为 1~2 年级、3~4 年级、5~6 年级和 7~9 年级四个学段,数学分为 1~3 年级、4~6 年级和 7~9 年级三个学段。在 2011 年版的表述中又发生了较大的变化,如语文不再提出"依据知识与能力、过程与方法、情感态度与价值观三个维度设计课程目标"等。课程目标变化很大程度上影响教科书的整体布局和意图,依据 2001 年课程标准编写的人教版语文教科书,特别突出学科的人文性,淡化了语文知识特别是语法知识的内容,以人文话题为线索组织单元内容,而 2016 年开始出版使用的部编版语文教科书运用人文与语文知识双线结构,既是对已有版本教科书使用经验的总结,也是体现课程标准要求的行为。

课程目标决定教科书内容选择。教科书内容是达成课程目标的重要材料,课程目标变化,教科书内容选择自然会发生变化。在号称知识就是力量的时代,知识具有无上崇高的价值,课程目标以传授知识为主,教科书通常都是按照知识体系的框架选择内容;在突出能力培养目标主导下,训练的地位大大提升,教科书运用知识解决问题的设计相应增加;倡导核心素养时期,知识本身的地位在相对下降,获取知识的方法和创新知识的能力日益得到重视,学会学习、深度学习、自主学习被广泛关注,课程目标更多侧重于学习的发生与过程,教科书内容本身的选择与教科书内容作为终身学习的基础,两者作用可以相提并论。

课程目标推动教科书结构创新。新的内容需要新的结构表达,同样内容采用不同组织方式在实现课程目标时会具有不同的效果。我国的教科书基本是以知识为主线，不同学段之间螺旋上升，不断细化深入，经过多年实践形成以螺旋结构为主的内容组织体系。随着课程目标的综合性、多维度和人本化改变，教科书原有的单一结构已难以体现目标实现要求，不同学科根据育人特点和学习需要创新发展，探索出更加适合课程目标的新方式。教科书除正文、习题等显性结构组织外，隐性结构更为恰当地体现出教科书的逻辑意义、心理意义和教育意义，如数学"教科书的逻辑意义代表着数学知识之间的内在联系，即数学知识的逻辑结构；教科书的心理意义代表着数学教科书与学生的心理联系，蕴含着数学教科书的学习结构的内蕴；教科书的教育意义则代表着教科书中的人文精神和数学思想方法，即教科书的育人价值"①。语文教科书为突出工具性与人文性统一要求，采用"人文主题和语文素养"双线结构。

3. 教科书传承优秀文化的使命受到高度重视

实现立德树人目标，要通过优秀的文化感染人、熏陶人，使优秀文化成为未来一代成长的精神养料。各学科课程标准的教材编写建议都对与学科相关的文化内容提出明确要求。2017 年版高中课程标准修改基本原则是"坚持党的领导，坚持社会主义办学方向，充分体现马克思主义的指导地位和基本立场，充分反映习近平新时代中国特色社会主义思想，有机融入坚持和发展中国特色社会主义、培育和践行社会主义核心价值观的基本内容和要求，继承和弘扬中华优秀传统文化、革命文化，发展社会主义先进文化"，明确了优秀文化传承的主要原则。各学科课程标准结合学科内容明确了教材编写中的优秀文化传承要求，如高中化学教材要"充分发挥化学课程的育人功能，促进学生形成正确的世界观、人生观和价值观"，"帮助学生了解化学科学发展前沿，体会化学对科技发展和社会进步的重要作用；增强文化自信，提升人文素养"。高中物理教材要"弘扬中华优秀传统文化，增强民族自信心和凝聚力，注重吸收世界各国的物理教材的先进元素，关注多元文化，注重体现对人的尊重、对不同文化的理解等相关内容"。《普通高中语文课程标准（2017 年版）》直接规定教科书应设立"当代文化参与""中华传统文化经典研习""中国革命传统作品研习""科学与文化论著研

---

① 吴立宝，沈婕，王富英. 数学教科书隐性三维结构分析［J］. 教育理论与实践，2017（35）：33-36.

习""中华传统文化专题研讨""中国革命传统作品专题研讨""跨文化专题研讨"等 7 个学习任务群，占课程内容的三分之一以上。

三、教科书编辑专业化的政策规定

近年来，国家有关部门建立了专门的教材指导与管理机构，并颁布一系列的教材编辑与出版相关文件，规范了教科书的编写和使用流程，推动教科书编辑专业化水平不断提高。

1. 设立高级别教材管理和研究机构

在以往的管理体制中，教材由教育部和国家新闻出版署及宣传部等相关部门审查管理，没有专门机构直接管理教材，因为牵涉多个部门必然会影响到管理的效率。为加强教材管理，进一步健全教材管理制度，2017 年国务院发文成立国家教材委员会，主要职责是指导和统筹全国教材工作，贯彻党和国家关于教材工作的重大方针政策，研究审议教材建设规划和年度工作计划，研究解决教材建设中的重大问题，指导、组织、协调各地区各部门有关教材工作，审查国家课程设置和课程标准制定，审查意识形态属性较强的国家规划教材。首届委员会由国务院副总理担任主任，教育部部长、中央宣传部副部长担任副主任，教育部副部长任秘书长，外交部、国家发展改革委、科技部等国家部委或相关研究机构副职担任部门委员，知名高校原任或现任校长或书记、出版社总编辑等担任专家委员。委员会行政级别之高，涉及部门之广、领域之宽，是历史上从未有过的，体现了国家对教材建设工作前所未有的重视。

国家教材委员会办公室设在教育部，由教育部教材局承担办公室工作。教材局主要工作范围是承担国家教材委员会办公室工作，拟订全国教材建设规划和年度工作计划，负责组织专家研制课程设置方案和课程标准，制定、完善教材建设基本制度规范，指导管理教材建设，加强教材管理信息化建设。

2018 年 3 月，中共中央印发的《深化党和国家机构改革方案》提出"为加强党中央对教育工作的集中统一领导，全面贯彻党的教育方针，加强教育领域党的建设，做好学校思想政治工作，落实立德树人根本任务，深化教育改革，加快教育现代化，办人民满意的教育，组建中央教育工作领导小组，作为党中央决策议事机构"。该小组主要职责是研究提出并组织实施在教育领域坚持党的领导、加强党的建设方针政策，研究部署教育领域思想政治、意识形态工作，审议国家发展战略、中长期规划、教育重大政策和体制改革方案，协调解决教育工作重大问题等。中央教育工作领导小组秘书组设在教育部。

一批高水平研究基地正式成立运行。启动国家教材建设重点研究基地工作，2019 年首批立项 11 个建设基地，包括中小学（含中职）道德与法治（思想政治）、语文、历史教材研究基地（各 1 个，共 3 个），高校思想政治理论课教材研究基地（马克思主义基本原理概论、毛泽东思想和中国特色社会主义理论体系概论、思想道德修养与法律基础各 1 个，共 3 个），高校经济学、新闻学教材基地（各 1 个，共 2 个），民族教育、职业教育教材建设和管理政策研究基地（各 1 个，共 2 个），大中小学德育一体化教材研究基地（1 个）。大中小学德育一体化教材研究基地由北京师范大学教材研究院负责，中小学（含中职）道德与法治（思想政治）教材研究基地由人民教育出版社负责，中小学（含中职）语文教材研究基地由北京师范大学负责，中小学（含中职）历史教材研究基地由华中师范大学负责。先行启动的教材研究基地，旨在解决教材建设中急需的学科专业与思想政治教育重大问题，开创了教材研究从国家层面统筹依托科研力量的先河。

一批高水平师范大学组建教材研究机构。2015 年 11 月，教育部基础教育课程教材发展中心和首都师范大学共同发起成立中国基础教育教科书研究与评价中心；2018 年 6 月，首都师范大学成立中国基础教育教材研究院；2018 年 6 月，北京师范大学教材研究院成立，致力于以"四全"为目标定位："全方位"履行多样化职能，"全学段"面向终身教育，"全国性"展示开放平台，"全球化"接轨国际教育。北师大教材研究院计划从五个方面着力：一是"聚合"，着力形成所有学段教材开发的合力，打造有特色的教材品牌；二是"溯源"，着力开展教材资源的整理研究工作，建设高水准的教材收藏中心；三是"制高"，着力引领教材理论及发展趋势研究，定期举办高峰论坛；四是"嬗变"，着力利用大数据和现代信息技术，开发与教材相关的衍生教育产品；五是"开放"，着力加强国际交流合作，发出中国声音和话语，扩大中国教材的国际影响。

2. 修订教材编写审定管理办法

2001 年 6 月 7 日，教育部令第 11 号发布《中小学教材编写审定管理暂行办法》，首次从人员、经费等方面规定了教材编写的资格和条件，要求"有符合本办法规定条件的编写人员",“有相应的编写经费,能保证正常的编写工作",并“有其他必要的编写条件"方可组织教材编写,参加人员要“坚持党的基本路线,有正确的政治观点,热爱教育事业,具有良好的职业道德和责任心,能团结协作。能正确理解党的教育方针,了解中小学教育的现状和教育改革发展的趋势,有较好的教育理论基础,熟悉现代教育理论、课程计划和学科课程标准。主要编写人员具有相应学科的高级专业技术职务,有较深的学科造诣和丰富的教学实践经验,有改革创新精神;对本学科的现状及改革发展趋势有深入的分析和研究。了解中小学学生身心发展特点,熟悉教材编写的一般规律和编写业务,文字表达能力强。有足够的时间和精力完成教材的编写和试验工作。为严格编审分离制度,禁止教育行政部门和国家公务员以任何形式参与教材的编写工作;全国和省级教材审定机构审定委员和审查委员,被聘期间不得担任教材编写人员"。

教材编写人员的条件要求是对教材编辑品质素养的刚性规定,五条内容主要涉及三大方面,一是政治思想品质要好,首先是对党的方针政策要熟悉并能坚定不移贯彻执行,这点将深刻影响教材编写的方向选择问题,与党的基本路线保持高度一致就是要确保教材的政治取向正确。同时,教材编辑需要高度的责任感,需要以对未来一代人负责的态度,确保教材的质量过硬,任何错误或问题甚至细小的失误都会对受教育者的发展造成负面影响,甚至引发社会舆情。二是教材编辑的业务素养要高,包括对教育理论和教育政策的把握,对学科内容和教学实践的深入理解,对中小学生发展特点的钻研,以及教材编写本身的规律性认识都要有很强的专业性。三是教材编写者的时间和精力要足,能够全身心投入教材编辑工作。

《国家教材建设重点研究基地管理办法》对教材研究人员素养提出了具体要求:发挥高端平台的聚集效应,团结一大批国内教材研究的中坚力量。明确队伍建设发展规划,完善激励机制,建设老中青相结合、理论研究专家与实践专家相结合、专职与兼职相结合的专家队伍。有计划招收相关研究方向硕博士研究生、博士后研究人员、访问学者等,培养课程教材建设专业人才。

3. 制订中小学国家课程教材审定审查工作细则

2018年6月,教育部“行政许可"项目中公布《中小学国家课程教材审定审查工作细则》。《中华人民共和国行政许可法》第二条规定行政许可是指行政机关根据公民、法人或者其他组织的申请，经依法审查，准予其从事特定活动的行为。教材审查工作进入"行政许可"目录，意味着其法律属性得到充分体现，其规范程度大大加强。由编写审定到审定审查，由办法到细则，教材的政策性规定越来越具体、专业，针对性不断提高。

《中小学国家课程教材审定审查工作细则》从思想导向、与课程标准的切合度、内容的选择和呈现、对教和学的引导、教材的编辑规范、其他审查要求等几个方面提出教科书编写要求。

在思想导向方面，要求重点对教材的政治立场、价值导向等进行把关。①根据学科性质、任务和学生年龄特点，系统融入社会主义核心价值观教育，落实爱国主义、集体主义、社会主义教育，加强中华优秀传统文化、革命文化和社会主义先进文化教育，加强国家统一、民族团结、国家安全、法治意识、生态文明等教育，体现道路自信、理论自信、制度自信、文化自信。②传承人类文明精华，体现时代精神，反映思想文化建设、经济社会发展和科技进步新成果。③促进学生全面而有个性的发展，致力于培养具有文化底蕴、国际视野，担当民族复兴大任的时代新人。

与课程标准的切合度方面，重点对教材体现课程标准的理念、落实课程标准的要求进行把关。①总体设计符合课程标准的基本理念，体现学科核心素养和课程目标，落实课程内容和学业质量要求。②有效落实课程标准对教材编写的要求。③覆盖广度、难易程度符合课程标准的具体规定。

在内容的选择和呈现方面，重点对学科知识的科学性与呈现方式的适宜性进行把关。①所选素材具有丰富性和典型性，体现课程标准的教学目标，有利于教师创设教学情境，便于教师设计和学生学习，能结合社会实际及学生生活经验。②呈现方式遵循学生的认知发展规律和身心发展特点，符合学科特点。内容编排和情境设计有利于激发学生兴趣，培养探索与创新精神。③内容设计具有整体性和逻辑性，风格统一。内容安排详略得当，结构合理，相互照应，没有不必要的重复与交叉。注意学科内部的单元之间、册次之间、学段之间的衔接，以及学科之间的联系。④栏目设计合理，形式活泼。学习活动（如实验、讨论、社会实践等）目的明确、要求合理、设计多样。练习数量和难度适当，有助于提高学生理解、运用和拓展能力。⑤语言文字表达规范准确、生动流畅，可读性强。⑥图表选择恰当，图文配合得当。⑦无科学性和常识性错误；无任何歧视性内容；无任何商业宣传；不得有各类教学辅助资料的网址、二维码等信息。⑧除了审查教材的内部结构、跨学段衔接外，还注意审查相关学科横向配合。

对教和学的引导方面。①教材具有吸引力，能激发学生学习兴趣和求知欲。②创设切合教学目标的学习情境，帮助学生理解学习内容，启发学生思考，培养学生解决真实情境中复杂问题的能力。③为学生提供动脑动手的学习机会，设计多样的实践性活动和作业，如个人与小组、口头与书面、图像与实物、课内与课外、线上与线下等，支持学生进行探究性学习。④引导和支持教师选择合适的教学策略，启发教师设计易于学生主动参与的学习活动。⑤引导和支持教师合理选择、开发和利用教学资源。⑥引导和支持教师选择恰当的方式对学习过程和结果进行评价、总结。

教材的编辑规范方面。①版面设计美观大方、疏密得当。②插图质量高，图像清晰。③标点符号、汉语拼音、数字和计量单位使用规范。各种符号标识符合国家通用标准。④送审之前有编校质量审读报告，文字差错率不超过万分之零点二五。

其他审查要求。①对意识形态属性较强的修订教材应进行对比审查，重点审查教材新增和删减内容。②在学科专家委员会审查的基础上，意识形态属性较强的学科须对重大思想政治内容进行重点把关。③按照国家有关规定，涉及历史、地理地图以及需要进行重大选题备案的内容，应按程序送国家相关部门进行专题审查。

国家课程教材的审查工作，体现了国家对教材的最低标准要求，是保障教材质量的重要依据，教科书作为教材的核心要素，其重要性在教材中的地位自是不言而喻的，要彻底落实细则要求，仍有诸多困难需要突破，如学习情境创设如何体现出不同发展水平的学校需要，如何针对不同学习程度的学生学习特点，练习数量和难度适当的判断依据是什么，学科横向配合与学科自身体系之间的矛盾如何协调等问题的探索仍需要花大力气解决。

第三节　教科书编辑的出版政策视角

教科书是一种特殊的出版物，教科书编辑不仅要遵守图书出版的一般法律规定，还需要严格按照相关政策规定和出版操作规程进行。教科书的特殊性决定了教科书编辑的多重法律属性。

一、教科书编辑的版权

在传统出版时代，教科书版权相对简单，侵权现象并不常见，随着传播媒体多样、快捷和便利，版权问题日渐复杂，特别是教辅资料极为依赖教科书，极易出现侵权。

1. 教科书版权是一种特殊版权

版权亦称著作权。根据 2020 年修订的《中华人民共和国著作权法》规定，中国公民、法人或者其他非法人组织的作品，不论是否发表，都依法享有著作权。著作权法保护的作品包括文字作品，口述作品，音乐、戏剧、曲艺、舞蹈、杂技艺术作品，美术、建筑作品，摄影作品，视听作品，工程设计图、产品设计图、地图、示意图等图形作品和模型作品，计算机软件，符合作品特征的其他智力成果。其中第二十三条特别规定：为实施义务教育和国家教育规划而编写出版教科书，可以不经著作权人许可，在教科书中汇编已经发表的作品片段或者短小的文字作品、音乐作品或者单幅的美术作品、摄影作品、图形作品，但应当按照规定向著作权人支付报酬，指明作者姓名或者名称、作品名称，并且不得侵犯著作权人依照本法享有的其他权利。

法律规定中的"教科书"与相关政策文件中的"教科书"并非同一概念，可以明确的是，教科书是教材中的一种类型，与教学辅助资料、挂图、音像作品等共同成为学生学习的基本材料。"现行著作权法虽建立了教科书法定许可使用制度，但对于教科书到底指什么并没有明确界定。加之，教学实践中教科书与教学材料、课本等概念相互混淆使用，以至于很多人将习题集、阅读材料等教辅材料也作为教科书对待，这就无形之中扩大了教科书的外延，也增加了对著作权人的额外限制，对著作权人而言并不公平。""现行著作权法对教科书的关注重点仍然放在传统的纸质教科书上，没有重点考虑电子教科书的法定许可使用。"①

教科书编辑除了要使用受著作权法保护的已有作品外，还会自己通过导读、练习等设计形成自己的版权。受商业利益驱动，一些出版单位、营利机构将教科书当作公共产品，无视甚至侵犯教科书编辑的著作权益，不利于保护教科书编写的积极性，也不利于突出教科书作为特殊公共产品的属性。各出版社法律意识逐步加强，开始在版权页面宣示其著作权。如 2009 年版的人教社《义务教育课程标准实验教科书》扉页注明：著作权所有，请勿擅用本书制作各类出版物，违者必究。部编版教科书的提示内容变化为：版权所有·未经许可不得采用任何方式擅自复制或使用本产品任何部分·违者必究。后者用词更为繁多，语气更为严厉，范围更为明确，由"请勿擅用"的请求语气到"未经许可不得采用任何方式擅自复制或使用本产品任何部分"的禁止语气，将"用"明确为"复制或使用"，并且明确"任何方式""任何部分"。教科书出版社的声明毕竟不能代替法律的规定，到底教科书的版权有哪些内容和特殊属性，版权是归谁所有，是出版社、教科书编写人员还是国家所有，或者是依据合同的方式约定？目前法律并没有明确的规定。"我国现有教科书 8 套半，其中使用较广的（占 70%）是由人民教育出版社出版的、编写历史比较长的两个版本。这 8 套半中，据调查，版权一般都归属于出版单位。"② 迄今为止，这一问题在法律上仍没有明确规定。需要在法律上规定教科书版权中国家、出版社和教科书编辑之间的关系，充分调动各方积极性方能确保教科书编辑权益。

2. 教科书编辑的版权保护

早在 2003 年，国家版权局在回复黑龙江省版权局《关于与教材配套的习题集类教辅图书是否构成侵犯教材著作权问题的请示》（黑权字〔2003〕5 号）意见时就提出：一、根据著作权法第十四条，构成汇编作品的教科书，在其内容的

---

① 陈波，马治国. 著作权法定许可中"教科书"的概念辨析 [J]. 南京社会科学，2012（12）：86－89.

② 孙素青. 亚洲一些国家教科书出版及著作权归属 [J]. 出版发行研究，1997（2）：21.

选择或编排上是具有独创性的，应受到著作权法保护。二、如果某教科书在内容的选择或编排上具有独创性，他人按照该教科书的课程内容和编排顺序结构编写配套教辅读物，应视为对该教科书在著作权意义上的使用；在未经必要许可的情况下，这种使用即构成对该教科书著作权的侵害。三、除上述保护教科书类汇编作品的一般原则外，对于按照九年制义务教育和国家教育规划编写的与教科书配套的教辅读物，则应具体问题具体分析。在这种情况下，只要教辅读物中没有再现教科书的内容，即不侵害教科书的著作权。

由于法律本身规定还不十分明确、著作权意识淡薄及商业利益驱动等因素影响，教科书著作权的侵权行为越来越多，也迫使出版社增强了著作权意识，司法案例从法律实施的层面宣示了教科书版权的具体保护内容。北京市西城区人民法院民五庭某法官总结说，引用名人名作进行评析的"阅读欣赏型"教辅、体例和结构仿照教材的"同步学习型"教辅、对教材进行解析的"注释型"教辅、对外文或者古文进行翻译的"翻译型"教辅，以及对历年考题进行汇编的"习题集类"教辅等最容易产生侵权纠纷。教辅图书未经许可使用教科书中的相关内容问题已经非常普遍。"法官提醒出版机构，无论是编写出版教学考试用书还是教辅图书，使用他人作品应当事先取得授权。即便构成法定许可的情形，编写者无需事先获得著作权人的同意，但是仍需要支付报酬，并不得侵犯著作权人享有的其他权利。"①

目前，教科书编辑的著作权保护主要是以教科书出版社为主体的行为，教科书版权页有的是标记为研究单位、有的是标记为教育行政部门，主编和编写人员或者是另外一页列出或在"说明""后记"等其他篇幅中列出；有的是编写单位部门与总主编、本册主编、编写人员都列在版权页；从原创性程度看，有的是编写，有的是编著。不管是采用何种方式，教科书编辑的劳动成果包括其著作基本是在撰写之前就会通过合同方式约定部分或全部转让给出版社，由出版社代理教科书编辑行使其著作权，这种做法能在一定程度上确保教科书编辑安心于编写工作，但同时可能导致兼职编辑缺乏责任心和主体意识、劳动成果与所获报酬不对

① 注意！五类教辅书最容易侵权 [EB/OL]. (2019 – 04 – 27) [2021 – 03 – 25] https://www.sohu.com/a/310049004_255783.

等。加强教科书编辑的著作权保护应成为教科书著作权规定的重要内容。

3. 教科书编辑的酬金支付

2013 年 12 月 1 日起施行的《教科书法定许可使用作品支付报酬办法》对教科书使用已发表的文学、艺术和科学作品作出了明确规定，如作品报酬金额、支付方式、支付时间；进一步界定了教科书使用中一些定义，认为"九年制义务教育教科书和国家教育规划教科书，是指为实施义务教育、高中阶段教育、职业教育、高等教育、民族教育、特殊教育，保证基本的教学标准，或者为达到国家对某一领域、某一方面教育教学的要求，根据国务院教育行政部门或者省级人民政府教育行政部门制定的课程方案、专业教学指导方案而编写出版的教科书"。作品片段或者短小的文字作品是指九年制义务教育教科书中使用的单篇不超过 2000 字的文字作品，或者国家教育规划（不含九年制义务教育）教科书中使用的单篇不超过 3000 字的文字作品；短小的音乐作品是指九年制义务教育和国家教育规划教科书中使用的单篇不超过 5 页面或时长不超过 5 分钟的单声部音乐作品，或者乘以相应倍数的多声部音乐作品。

向法定许可使用作品支付报酬，是对著作权保护的一项重要措施，但教科书编辑作为一项特殊的创作成果，编写者的酬金如何体现并没有明确的法规要求，多是由出版社与编写者签订合同约定，在出版实践中，这种合同基本是规定式条款，编写者只有接受与不接受两种选择。原因之一是教科书编辑高度依赖出版机构。教科书编写是集体力量的结晶，个人很难完成教科书编写审定所要达到的要求。二是编写的著作权归属无明确规定，"著作权归谁所有，是著作权归属的核心问题。作者要取得著作权，除了要在封面上署名外，还要在版权页上署名。因此，作者在版权页上署名，成了作者取得著作权的依据"①。目前部编版三科教科书中出现了总主编、本册主编、编写人员、责任编辑、美术编辑的名字，是一个很大进步，但其具体酬金支付改革仍面临着诸多需要完善之处。

二、教科书编辑的环节

教科书编辑是一种特殊的编辑活动，与期刊、其他图书具有共同的属性，同

---

① 牛慧兰. 谈图书版权页的著作权问题 [J]. 中国出版，1999（7）：3 – 5.

时又有自身的特殊性。

一般图书的编辑目的是更好地出版与发行，其环节包括选题、组稿、加工、校对、装帧设计和宣传营销等内容。选题是编辑活动的起始环节，也是关键环节。好的选题需要针对市场需求并符合文化发展导向，具有严肃性、科学性和创造性等基本要求。"选题策划的真正内在动力是潜在市场、利润以及可以为企业带来新的发展机会的需求。"① 教科书的选题是"命题作文"，科目是固定的，要承载的内容有课程文件规定，编写人员由国务院教育行政部门或具有相应资质和条件的单位挑选。如果要说教科书也有选题策划的话，那就是体现在编辑体例和特色方面，针对如何呈现课程文件规定的内容、如何有利于学生的学习与教师的教做出创造性的设计。

一般图书的组稿由编辑与作者完成，编辑要对作者的个人情况、政治态度、专业知识、写作能力和语言风格等方面有着较为全面的了解，在某些情况下还可能通过出版经纪人来组稿，由经纪人来承担传统编辑所应承担的工作。教科书组稿主要由主编根据教科书编写政策要求选择适合的编写人员参加，构成类型要包括本学科和相关学科专家、教研员和一线中小学教师，要求参编人员在学科研究、教学研究或教学经验方面具备较高造诣。在教科书出版机构中，人民教育出版社以本单位的编辑作为编写主力，而其他出版社出版的教科书组稿基本是以外单位人员为主。

一般图书出版实行责任编辑初审、编辑室主任复审、社领导终审的三审制。教科书审稿包括自审、自查和法定机构审核三个环节。自审是保障教科书编写质量的重要环节。教科书编写由团队完成，虽然在编写前已经有明确的指导思想、编写原则和大纲，但由于参编人员本身的理解差异、经验背景和思维方式等原因，教学内容选择与组织过程中会打上比较明显的个人烙印，而呈现给师生使用的教科书整体上应该统一思路和表达方式，需要在成稿后对教科书自审以形成一致的风格。

如人教版数学教科书在保持实验版特色的基础上，突出强调：落实普及性、基础性和发展性，强调教材的普适性；兼顾数学的严谨性和学生的认知特点，使

---

① 吴平，芦珊珊. 编辑学原理 [M]. 武汉：武汉大学出版社，2011：100.

教材利教利学；加强背景与联系，突出学习方法的指导；加强思想性，体现数学的文化价值；改进呈现方式，激发学生学习兴趣；同步研制配套教学资源，提供立体化教材等方面的工作。正是有了明确的指导思想，修订方向明确，教科书编辑才有章可循，能够提高问题解决的针对性和实效性，如将"实数"提到"平面直角坐标系"与"不等式与不等式组"之前，"三角形"移后，与"全等三角形""轴对称"集中安排，"一次函数"移后等内容调整和变化，更好体现了教科书面向所有学生整体发展的需要，尽量去除了编辑个人喜爱所导致的局限性。

三、教科书编辑的责任

传统图书出版中的编辑一般分为文字编辑与美术编辑，在作品生产中分别承担不同的任务，编辑实行专业技术职务制度，从高到低分别为编审、副编审、编辑、助理编辑，一般也有职务区分，包括总编辑、编辑室主任和编辑。从工作内容来区分，又可分为策划编辑和责任编辑。策划编辑需要做好编辑出版前期准备、代表出版社寻找合适的作者、考虑图书宣传方案与实施、扩大图书影响等，责任编辑控制选题生产的全过程，落实组稿、稿件编辑加工及装帧设计、印刷复制、市场营销等关系图书质量的具体要求①。粗略来说，策划编辑重心在图书出版的外围工作，责任编辑工作重心是图书形成过程。

《图书出版管理规定》第二十四条规定图书出版实行编辑责任制度，以保障出版物内容符合国家法律规定和图书出版质量。编辑的主要责任有两大方面，一是确保意识形态的正确性，杜绝法律、法规所禁止的内容，传播和积累有益于提高民族素质、有益于经济发展和社会进步的科学技术与文化知识，弘扬中华民族优秀文化，促进国际文化交流。二是确保图书质量，保护消费者合法权益。图书质量标准包括内容、编校、设计和印制四项，如编校质量要求差错率不超过万分之一，整体设计和封面、印制要符合国家有关技术标准。教科书的意识形态要求与质量要远远严于一般图书标准，其标准大都在国家相关法规的基础上由出版单位从严掌握。

与内容创作和编辑出版分离的一般图书相比，教科书编辑与编写者呈现出交

---

① 吴平，芦珊珊. 编辑学原理 [M]. 武汉：武汉大学出版社，2011：66-67.

叉关系，并且编写过程就是教科书内容确定的过程。虽然教科书编写的主编、编写人员大都不是出版专业编辑，但编写人员对内容负有主要责任，对教科书的框架、体例、选文、活动设计等有决定权，对教科书使用后可能产生的影响应有明确评估和预判，专业编辑的责任更多在于形式方面的审查并承担编校、设计和印制的质量保障。"目前大多数出版社采取的教材编写模式仍是以主编为核心的主编负责制，在此制度下主编具有绝对的权威和权力，对教材的质量进行整体把控：包括确定教材的编写大纲和内容框架，遴选编写成员，确定编写进度，并对编写内容进行整体把控。""在主编负责制度下的教材编写过程中，教材责任编辑应有强大的责任心和使命感，将自身工作融合到教材策划、组织和落实的各个环节中，服务于主编的左右，担负起参编申报资料的整理者和调研者、主编会上的接待员与说明者、主编会议后的整理者、编写会的协助者和专业人员、编写会后的追踪随访者、定稿会议的监控者、稿件质量的把控者、装帧设计的统一者等多重角色工作。"①

无论如何强调保障拥有最广泛读者的教科书质量的编辑的责任也不会为过，但现实情况是教科书编辑责任仍缺乏明确规范，教科书编辑与编写人员的关系有待进一步理清，至少教科书编辑署名人数太少，与其所承担的巨大责任极不匹配等问题亟须解决。

---

① 高瑾. 谈主编负责制度下责任编辑对教材质量的掌控［J］. 科技与出版，2013（9）：63－65.

第五章

教科书编辑方式

每一次课程标准的制定或修改都会引发教学内容和教学方式的大变革，特别是国家教育重大方针变化后，课程标准将迅速融入相关精神，同时也对教科书编辑提出新的要求。教科书如何在课程文件变化和教师教学的相对稳定性需求之间达成一种适度平衡，教科书能在何种程度上体现课程内容的要求，并怎样转化为教学实际行为，都与教科书编辑方式存在较大关系。教科书编辑方式是编写者依据课程目标、选择和组织课程经验，将课程文件要求具体化的主要手段。

第一节　教科书编辑方式的主要类型

所有教育预期和活动，只有落实为推动学生身心发展才具有现实价值。需要学生得到怎样的发展，能够使学生得到哪些方面的发展，是学科教科书首先要考虑的问题。教科书连接着课程文件与学生可能的发展状态，过于偏向哪一方都会导致偏差，影响教科书的功效发挥。

一、知能取向的编辑方式

千百年来的教育经验表明，知识是最适合用于教育的材料，因其具有确定性、可传递性、基础性等特质而成为教科书的主体，运用知识的活动被看作训练能力的主要方式，选择知识传授和组织能力训练的教科书编辑方式，已经形成了良好的传统。

1. 知识的类型与教科书编写

什么是知识，什么知识最有价值，什么知识能够进入教科书，一直是教科书编写需要探讨的基本问题。与汉语"知识"对应的英语"knowledge"在词典中也有多种意思：①熟悉，知晓；个人的信息范围；②（对学科、语言等的）理解，了解；学识，学问，知识；③［哲］认识，知（识）。① 在这种理解中，"knowledge"不仅包含着学科的知识，也包含了个人所了解的信息，还涉及掌握知识与了解信息的具体方式。在汉语词汇中，"知"有知道的意思，表示结果性的内容，"识"包含认识、见识、识别等组合，基本都是表示动作，"知"与"识"两者结合时，在通常的语境中就变成了一个名词，是信息和科学认知成果的总称。然而，在教育领域中不区分知识内涵与类型的现象相当严重，以至于将个人色彩较重的价值取向知识与普适性的规律性知识等同起来，导致将教科书提供的内容看作是确定不移、毋庸置疑的对象，或是忽视教科书的权威性，主张教师自主开发运用课程资源而使教科书内容成为教学点缀，极不利于贯彻课程的基本意图。

根据知识解决问题的功能，心理学提出描述性知识、程序性知识②的分类。描述性知识，也称陈述性知识，是指反映事物形态、内容及变化发展原因，说明事物"是什么""为什么""怎么样"，一般是可用言语清晰陈述的知识。程序性知识，也称为操作性知识或过程性知识，说明"做什么""怎么做"等实践操作方式，指示、帮助学习者来具体操作。描述性知识对应于传统领域中的知识概念，于教科书而言，主要针对的是教科书所关联的知识体系，如数学教科书中数的概念、几何公理、概率统计等具体知识。程序性知识直接针对如何学习，是内化描述性知识、运用描述性知识解决具体问题的重要帮手，教科书提供的程序性知识的合适与否，对师生能否用好教科书非常关键。

另外，根据知识反映对象的层次，可分为感性知识和理性知识；根据知识反映对象的范围，可分为一般知识和特殊知识；根据知识呈现方式的难易，可分为显性知识和隐性知识。尽管当前对知识的概括并没有形成完全统一的意见，根据

---

① Della Thompson. 牛津现代英汉双解词典［Z］. 外语教学与研究出版社，2005：1123.

② 也有观点分为描述性知识、程序性知识和策略性知识三大类，通常认为，策略性知识是学习者关于自己学习认知的一种知识，可归入程序性知识类型之中。

不同标准可将知识分为不同类型，但已有成果在教科书中应用程度与成效仍有较大提升空间。

2. 教科书中的知识转化与迁移

在以分科教学为主的课程与教学体系中，课程门类多是依据学科而设置，教科书中的知识主要是在学科知识体系中选择。布鲁纳的发现学习即是指掌握一门学科的基本结构，在这种观点看来，学科教科书的知识主要是有利于呈现学科结构的知识，与学科结构关联不明显的内容可自然排斥在教科书体系之外。布卢姆（B. S. Bloom）的目标分类目的也是"使用本框架将目标分类有利于教育者看到目标中知识与认知过程不可分割的、内在的关系"①。从学习者的视角考虑学科知识如何呈现在教科书中，表面是知识选择的过程，实际蕴含的是对知识转化的认识。传统的教科书编写和社会对教科书内容更为看重的是其所表现出的学科知识的价值，相对忽略了知识呈现的方式，是导致课程内容繁、难、偏、旧的一个重要原因。应当加强学科知识与学生认知之间联系的探索，切实体现学习者的年龄、阶段和个性特征需要。

教科书呈现的知识是有限的，而学生学习与发展的方向各不相同，如何保证今天的学习能够对明天的工作、生活产生最大正向作用，这就涉及知识的迁移问题。学习迁移有多种理论，或多或少都在影响教科书编写，或者说教科书编写中自觉不自觉地体现了学习迁移理论的观点。形式训练说认为知识获取过程如同肌肉训练的过程，知识是用来提高身体功能的手段，"学习内容并不重要，重要的是所学对象的难度及其训练价值"②。共同要素说提出只有学习情境与迁移情境存在共同成分时，一种学习才会影响到另外一种情境，这被看作是教科书生活化的重要理论依据。概括化理论或经验泛化说则进一步提出，共同成分只是学习活动之间出现迁移的必要条件，关键是学习者要能够掌握两类活动之间的共同原理，即主体经验类化。认知结构迁移理论直接从学习者认知结构认识迁移问题，将学习的新知识与已有结构中的旧知识联系程度作为学习意义发生程度的判断标

---

① 安德森，等. 布卢姆教育目标分类学：分类学视野下的学与教及其测评 [M]. 蒋小平，等译. 北京：外语教学与研究出版社，2009：27.

② 李伯黍，燕国材. 教育心理学 [M]. 2 版. 上海：华东师范大学出版社，2001：200.

准，提出教科书的知识结构应当具有：①有序性，教科书中的知识应以由易到难、由浅入深、从已知到未知的顺序呈现；②概括性，教科书需要以较高概括性、包容性和有解释效力的基本概念、原理和规则作为中心；③实用性，教科书要考虑所选择的知识能够使学生有机会运用到日常生活和以后的学习之中。

3. 知识呈现的方式

对知识的认知和知识学习的研究能够为教科书编写及修订提供具体方向指引，但教科书的学科性质、外在环境要求和教科书编写因袭传承等因素同样影响着教科书的知识选择及排列方式。总体来说，包括以下具体方式：

以材料为载体蕴含具体知识。具体意图是在大量的感性材料阅读中掌握材料背后抽象性的规律。古代文选型教科书是典型，如《唐诗三百首》《古文观止》等古代教科书经典，就是一些具体的语言材料，并没有补充关于诗歌、文章阅读与写作的具体知识，其意图是要学生在大量读写实践中感悟读写的规律、受到道德教化。《红楼梦》中的《香菱学诗》这样写黛玉教香菱学诗：

你只听我说，你若真心要学，我这里有《王摩诘全集》，你且把他的五言律读一百首，细心揣摩透熟了，然后再读一二百首老杜的七言律，次再李青莲的七言绝句读一二百首。肚子里先有了这三个人作了底子，然后再把陶渊明、应玚、谢、阮、庾、鲍等人的一看。你又是一个极聪敏伶俐的人，不用一年的工夫，不愁不是诗翁了！

这种学诗方式也正是古代教科书编辑的主要理念，认为知识蕴含在知识运用的结果中〔用索绪尔（F. de Saussure）的说法是言语〕，通过大量的阅读自然能够掌握知识和知识运用的方法。写诗本来是要知识基础的，丰富的词语储备和音韵格律规范是创作的基本前提，但黛玉根本不讲这些，只是提出揣摩王维的五言律诗、读杜甫的七言律诗和李白的七言绝句，以此为基础再看其他名家的一些作品，加上自己的悟性（"你又是一个极聪敏伶俐的人"），就能够成为"诗翁"，突出个人在学习中的悟性，需要花费大量时间积累，是古代以个别教育为主的教育方式的重要特色。

当前绝大部分教科书都不是单纯的材料集合体，但在文科性质的教科书中，主张通过大量阅读语料掌握知识的观点还是较为常见。如部编版语文教科书主编就在多个场合反复强调阅读数量的重要性，语文课程标准和教科书都对学生阅读书目和数量提出了明确要求。历史教科书仍以所提供的历史事实记忆和理解为主体。在对个体阅读机理、机制尚无明确结论的情况下，倡导从材料中自己领悟知识仍不失为一种有效的办法，但面临学习科目多、学习时间有限，尤其是在强调减负、限制学校教育时间的情况下，以材料为载体蕴含知识的教科书编写方式很难达到古代教育的那种效果。

以知识为主线选择各类材料。现代学制设立以来，从西方引进的数学、物理、化学、生物、地理等科目的教科书，基本是依托于科目背后的学科，根据学科知识结构的特点选择具体知识作为教科书内容，选择知识以外的材料也是为了引导学生更好理解知识、掌握知识、运用知识。如《义务教育数学课程标准（2022 年版）》规定的课程内容是数与代数、图形与几何、统计与概率、综合与实践，前面三项都是数学学科中的具体内容，最后一项是对数学知识的综合运用，目的是"通过应用和反思，进一步理解所用的知识和方法，了解所学知识之间的联系，获得数学活动经验"。学科知识是一个庞大的体系，选择其中哪些知识进入教科书是视时代发展需要而定，很长一段时间数学分为代数与几何两个部分并分别编写教科书，随着对学生数学素养认识的变化，统计与概率知识也被纳入数学教科书中。例如，人教版初中数学教科书在七、八年级下册和九年级上册分别安排"数据的收集、整理与描述""数据的分析""概率初步"三章内容（初中数学教科书共二十九章）。《普通高中数学课程标准（2017 年版）》必修课程包括五个主题，分别是预备知识、函数、几何与代数、概率与统计、数学建模活动与数学探究活动，是在初中基础上深化并增加数学建模活动等新的内容来强化数学方法掌握，其中必修三为概率与统计内容。

以知识为主线的教科书编写，目的在于掌握学科基本知识，通过基本知识运用训练具体技能和思维方法，一般是适应于学科知识体系较为完善的教学科目。其关键问题是选择哪些知识，如何引导学生有效理解这些知识并能够在具体情境中灵活运用。

以技能训练为主安排知识。技能主要是指操作能力，包括智慧技能和动作技能等类型。技能是社会生活和生产的重要基础，单纯的知识只能是运用技能的基础，本身并不能够解决问题，因而技能训练日益成为教育的重要目标。

"智慧技能的学习是获得一系列的产生式，运用已获得的产生式去解决新情境中的问题。"① 智慧技能形成的关键是将知识与知识运用的具体情境关联起来，所谓举一反三就是体现出样例的典型价值和学习者运用样例方式进行学习迁移的思想。智慧技能训练同样要依赖于具体的学科知识，但对知识的选择要求明显区别于学科知识体系中的知识。前者要求知识与具体情境结合，目的是用于解决问题，后者仅是单纯的知识呈现，能否用来解决问题在学习时并不能够确定；从知识运用来说，前者是即时必须的，而后者是随机不确定的。如语文教科书中的朱自清情况介绍，单纯作为知识而言，仅是属于中国现当代文学作家的常识，与课文学习并无直接联系，如果运用作品创作背景性知识并由此切入"知人论世"的文本解读方法，则将阅读技能与具体知识、方法知识直接联系起来，学生在阅读其他作品时更有可能尝试将创作背景与作品内容联系解读。

动作技能指通过练习巩固下来的、自动化的、完善的动作活动方式。日常生活中的行走、骑车、扫地，体育运动中的游泳、打球、体操，生产劳动中的锯、刨、雕刻等活动方式都是动作技能。人的行为可以是简单动作，也可以是若干简单动作连贯而成的复杂动作，都需要通过练习实现动作方式的巩固、熟练，从而使动作从意识中解放出来而达到自动化程度。音乐、体育等学科的教科书，语文和外语教科书中的书写、朗读，物理、化学和生物等教科书中的实验都需要安排动作技能内容。教科书设计除提供必要的训练内容外，还需要遵循动作迁移的基本要求，能够引导学生"①必须回忆起这些作为总括技能组成部分的下属技能，也就是说，那些使下属技能运动起来的内部暗示必须检索出来，并进入短时记忆之中；②将各个下属技能（不管是先前学会的，还是现时学会的）的动作程式组合成更大的动作系统，以推动反应器，而最终实现动作技能的迁移"②。

二、活动取向的编辑方式

知识和技能取向的教科书编辑方式，主要基于受教育者身心发展的预期结果设计，但知识的学习与技能的训练需要实施过程，学习了什么与如何学习相互联系又有着明显的区别。教科书编辑应该意识到，"人们不能直接引起他人素质结

① 张大均. 教育心理学 [M]. 3 版. 北京：人民教育出版社，2015：225.
② 李伯黍，燕国材. 教育心理学 [M]. 2 版. 上海：华东师范大学出版社，2001：213.

构的变化，最多只能尝试通过设定学习任务和提供学习机会，通过影响他人的学习动机，间接地对他人素质变化发生作用。这样，学习成绩的好坏，只能取决于学习者自身，教育者在学习过程中仅起帮助作用而已。如果在此果真涉及受教育者心理素质的改变，那么，教育就应该被限定为学习的帮手"①。教科书提供的学习任务和机会即是设计出学习活动，引导学生在活动中实现自我发展的可能。

1. 综合实践活动的编辑方式

综合实践活动教科书编辑方式是与课程设置的要求及其理念结合在一起的。实施现代学制以来，国内教科书一直以分科理念为指导，以知识和能力为主组织编写，即便有活动安排，也是服务于学科体系中的具体内容掌握。《基础教育课程改革纲要（试行）》提出整体设置九年一贯的义务教育课程，小学以综合课程为主，初中分科和综合相结合，主要做法包括单设综合实践活动课程和在分科课程中整合相近领域。综合实践课程成为小学到高中的必修课程，主要类型包括信息技术教育、研究性学习、社区服务与社会实践以及劳动与技术教育，目的是让"学生通过实践，增强探究和创新意识，学习科学研究的方法，发展综合运用知识的能力。增进学校与社会的密切联系，培养学生的社会责任感。在课程的实施过程中，加强信息技术教育，培养学生利用信息技术的意识和能力。了解必要的通用技术和职业分工，形成初步技术能力"②。

综合实践活动的特点决定了综合实践活动教科书的编辑方式。首先，综合实践活动是以学生的经验与生活为核心，意味着教科书要围绕学生活动选择与组织内容。与分科教科书相比，综合实践中的活动指向的不是知识的掌握，而是基于特定目标对学生需要完成的具体任务安排，这种任务一定会突破单位时间课堂的约束、具体学科门类知识的局限、以个人认知操作为主的限制，甚至需要走出校门，由学习小组、学生与教师、家长、社会共同完成，因而教科书内容主要着力于活动目标提示、活动操作方式指引和活动结果评价等方面的建议，以满足不同地区、不同学校和不同学习条件的学生差异性需要。其次，综合实践活动是一个有机整体，具有其内在的逻辑线索，如学生与自然的关系、与他人和社会的关

---

① 布列钦卡. 教育基本概念：分析、批判和建议 [M]. 上海：华东师范大学出版社，2001：86.

② 教育部关于印发《基础教育课程改革纲要（试行）》的通知（教基〔2001〕17号）。

系、与自我的关系，从小学到高中的教科书应遵循这种逻辑思路组织内容，体现学段之间的合理衔接。最后，综合实践活动需要处理好与学科领域的关系，要顾及学科知识基础，并体现对学科知识学习的引领和促进作用。"综合实践活动与各学科领域存在以下三方面的联系：第一，学科领域的知识在综合实践活动中延伸、综合、重组与提升；第二，综合实践活动中所发现的问题、所获得的知识技能可以在各学科领域的教学中拓展和加深；第三，在某些情况下，综合实践活动也可和某些学科教学打通进行。"①

尽管综合实践活动从理论上来说是对分科课程问题的有益弥补，但在操作上存在较大差异性，教科书编辑很难把握其分寸，各地各校实施条件相差较大，在实践过程中面临着很多目前难以克服的障碍。

2. 技能训练活动的编辑方式

技能训练是针对某种具体能力而安排的活动，在教科书中被大量使用。技能训练活动设计是与具体技能的特点联系在一起的，通常是将技能进行分解，分项进行训练。技能训练活动编辑首先需要明确有哪些类型的技能，这些技能的主要成分是什么，需要通过哪些程序与步骤展开。一般来说，人文社科领域的技能活动不确定性成分较多，设计难度相对较大；而自然科学领域的实验、观察等技能操作程序较为固定，设计相对较为容易。

技能训练活动需要与教科书中其他内容形成有机整体，否则活动开展就失去了支撑，并且不利于其他内容的掌握。义务教育阶段部编版的历史、道德与法治相比以前版本增加了丰富多样的模块，以促进材料或知识中蕴含的理念能够转化为学生的价值观和自觉行动。如道德与法治教科书中设有"方法与技能"模块，以提升学生道德与法治的实践能力。七年级上册第七课"亲情之爱"中有"和父母沟通的技巧"栏目，其中要点有：关注事实、把握时机、留意态度、选择方式、考虑环境五个方面，相关活动设计内容如下：

小强觉得妈妈很唠叨。十月的一天，突然降温，妈妈一定要他穿上厚外套。小强说："今天有体育课，厚外套不方便运动，更何况要春捂秋冻嘛。"过了一

---

① 钟启泉，崔允漷，张华. 为了中华民族的复兴 为了每位学生的发展 [M]. 上海：华东师范大学出版社，2001：81.

会儿，妈妈又说："穿多了可以脱，冻感冒了不是要耽误学习吗？"小强说："哎呀，我都这么大小伙子了，抗冻。再说我还有这么厚的脂肪呢！"小强穿戴整齐要出家门了，妈妈还是拿着外套让他穿……

所设计的活动包括：①如果你是小强，你会怎么做？以小组为单位，分别扮演小强和妈妈，进行情境表演；②反思同学的表演，看看哪些结果是自己所期望的；③讨论自己怎样表达才能让亲子沟通更顺畅。

案例具体活动包括基于学生生活经验情境的表演、反思、讨论三个方面，有利于学生对与父母沟通技巧的掌握与运用。教科书编辑中存在的问题是，活动设计期望的结果与方法技能之间的对应往往存在一定的差距，多数是只提出结果性的要求，如"你会怎么做""哪些结果是自己所期望的"，缺少方法指引和思考过程、角度的指导，没有提供有效的支撑去反思和讨论，很难达成好的效果。

3. 思维训练活动的编辑方式

从形式教育的观点看，教育内容本身并不具有特别的价值，教育主要目的是训练思维，推动学生获取知识的能力和身体其他能力的协调发展。怀特海（A. N. Whitehead）曾说："智慧是掌握知识的方式。它涉及知识的处理，确定有关问题时知识的选择，以及运用知识使我们的直觉经验更有价值。这种对知识的掌握便是智慧，是可以获得的最本质的自由。"[①] 他认为学习有精确阶段和综合运用两个重要阶段，前者是从精确知识掌握中去领悟原理，后者是摆脱知识细节积极地运用原理。运用原理需要在思维训练活动中完成。

维果茨基从科学概念与日常概念关系出发，分析教学与发展的关系问题，认为"科学概念的力量表现在完全由概念的高级特性——认识性和随意性所决定的范围里；儿童的日常概念就是在这个范围里暴露出自己的弱点，但日常概念在自发的、情境的、具体使用的范围里，在经验和体验的范围里是强有力的。科学概念的发展是在认识性和随意性的范围里开始，并继续向下延伸进入个人经验和具体范围的。自发概念的发展则开始于具体性和经验，并进一步向概念的高级特性

---

① 怀特海. 教育的目的 [M]. 徐汝舟，译. 上海：生活·读书·新知三联书店，2001：54.

推进：认识性和随意性"①。强调学生思维应该由具体生活经验层面转向科学理性层面，并且科学理性的思维需要以经验为基础并不断突破当前经验局限。当前教科书设计的思维活动在尽量贴近学生经验，但仍有诸多不足，以最简单的命名为例，数学中的"小明""小红"已经伴随几代人成长，明显与当前学生心理不相符合，另外抽水、放水等问题脱离生活现实，是将思维训练强行与生活联系。

不同学科对应于不同的思维，其训练方式各有侧重，相应的训练活动应与学科特点结合起来。列宁（Lenin）曾说，语言是思维的工具，这一断言在语文学科长期被视为语文教育的基本逻辑起点，而在很多哲学家、心理学家和语言学家看来，语言不仅是思维的工具，语言还是思维的表征，甚至语言掌握的过程就是思维发展的过程。教科书的大部分思维训练活动都是以语言作为载体呈现其要求。思维训练活动主要是运用学科语言为基础展开的智力活动，应体现学科思维发展的整体性和特殊性，并与学生思维发展的阶段性结合，形成有效的训练序列。当前教科书对思维的训练多半是隐含在具体知识或技能之中，具体的训练提示内容偏少，不利于学生思维发展的自觉，是高分低能、学习缺乏持续性的重要原因。

三、综合取向的编辑方式

在素养取向的教育理念下，单一的教科书编排方式已经较为少见，知识与能力训练通常作为一个整体，并且融入思维培养和情感态度价值观的培育，综合取向的教科书编排注重人的全面发展，至少是在学科视域内的全面发展，但素养各构成要素之间的比例及分布方式不好把握，容易导致教学的不确定性而降低质量或偏离目标要求。

1. 综合取向编辑方式的理念依据

教育作为培养人的活动，是以对人的发展预期为依据展开的，不同社会时代对人的成长要求显然是不同的。农业社会生产简单、知识形态较为单一，教科书内容及编排方式也极为简单；进入工业社会，知识类型大量增加，教科书科目与

---

① 维果茨基. 维果茨基教育论著选［M］. 余震球，译. 北京：人民教育出版社，2005：260－261.

内容变得复杂多样，编辑的复杂性和难度增加；在信息社会，知识作为人才成长基础的价值并没有改变，但获取知识、运用知识的意义在某种程度上已经超过知识本身，人的情感态度与价值观养成受到广泛关注，人的全面发展成为教育的终极需要，与之相应的教科书综合化是**必然趋势**。

素质教育、三维目标、立德树人、学生发展核心素养等教育领域关键词体现了当前教育理念的时代特点，是教科书由知能训练为主转向培养学生综合素质的明确依据。特别是由学生发展核心素养演变来的学科核心素养是今后相当长一段时间内学科课程与教学的基本依据。2016 年，北京师范大学林崇德教授公布的中国学生发展核心素养体系以人的全面发展为中心，从文化基础、自主发展、社会参与 3 个维度划分出人文底蕴、科学精神、学会学习、健康生活、责任担当、创新意识 6 个类别，再细分为 108 个要点，作为学生应具备的、能够适应终身发展和社会发展需要的必备品格和关键能力。2017 年版高中各学科课程标准均依据学科特点，提出了通过学科课程应使学生达到的学科核心素养目标。"为建立核心素养与课程教学的内在联系，充分挖掘各学科课程教学对全面贯彻党的教育方针、落实立德树人的根本任务、发展素质教育的独特育人价值，各学科基于学科本质凝练了本学科的核心素养，明确了学生学习该学科课程后应达成的正确价值观念、必备品格和关键能力，对知识与技能、过程与方法、情感态度与价值观三维目标进行了整合。"2017 年版高中课程标准提出的历史学科核心素养包括唯物史观、时空观念、史料实证、历史解释和家国情怀；化学学科核心素养包括宏观辨识与微观探析、变化观念与平衡思想、证据推理与模型认知、科学探究与创新意识和科学态度与社会责任；数学学科核心素养包括数学抽象、逻辑推理、数学建模、直观想象、数学运算和数据分析。学科核心素养的明确为教科书编写的综合化提出了具体依据，也直接推动了教科书编辑方式的变革。

2. 部编版高中三科教科书的编辑方式

根据 2017 年版高中课程标准编写的语文、思想政治和历史教科书，是由教育部组织编写，试点后在全国统一使用的国定制教科书，其编辑方式具有较强的代表性和导向作用。

部编版高中思想政治教科书必修系列包括《中国特色社会主义》《经济与社会》《政治与法治》《哲学与文化》四册。《中国特色社会主义》系统阐述中国特色社会主义形成与发展，是总领部分，《经济与社会》《政治与法治》分别以发展中国特色社会主义经济、政治为主题，《哲学与文化》以阐述理论自信、文化自信为主。教科书编写以正面教育为主，既阐明正确观点，也批判错误思潮，立场更加坚定，旗帜更加鲜明；落实课程议题式教学和活动型课程的倡议，优化设计了实践活动、自主学习和体验、合作探究和认识分享的教材形态①。教科书高度重视学生对知识内容的理解与运用活动，在每课开头提出探究的问题，课中针对各部分内容设置"探究与分享"栏目，并且有"综合探究"与课文内容并列，旨在引导学生通过知识学习、资料掌握、经验回顾和理性思考，深刻领会中国特色社会主义的思想来源、历史过程、时代价值和主要观点，了解社会主义社会中经济、政治和文化等重要领域的发展情况。取消了课后习题，其功能被整合到具体的活动维度之中。

部编版高中语文教科书的设计思路是以立德树人为目标，整体规划、有机融入社会主义核心价值观主题教育内容；体现课程标准精神，落实语文学习任务群要求，强化核心素养的养成；以人文主题和学习任务群两条线索组织单元，建设全新的教材整体框架设计体系；落实综合性与创新性要求，创新单元内部组织；以任务为核心，突出真实情境下的语文自主实践活动；重视语言实践，以不同形式强化语言建构与运用这一语文基础素养②。该套教科书仍以单元组织内容，但显著的变化是其内容不再局限于知识或人文主题，而以学习任务群为核心，导语、课文、学习提示、学习任务都是围绕核心任务分解落实。

部编版高中历史教科书试图鲜明、切实地将历史学科五大核心素养全方位贯穿落实到教科书的编写中，采用的主要措施包括从编写体例上给予学生对历史发展大趋势的直观认识；从纵向与横向的学习专题设计中强化学生的时空观念；从对历史的叙述中增强学生的史料实证意识和历史解释能力，涵养家国情怀；从功能性栏目的设计中综合提高学生历史核心素养③。编写过程延续了按时间顺序呈

① 韩震. 用习近平新时代中国特色社会主义思想铸魂育人：统编普通高中思想政治教材的编写背景及主要特点 [J]. 基础教育课程，2019（19）：48－52.

② 王本华. 统编高中语文教材的设计思路 [J]. 人民教育，2019（20）：55－57.

③ 徐蓝. 历史核心素养统领下统编高中历史教科书的编写 [J]. 课程·教材·教法，2019（9）：33－41.

现历史史实的做法，但增加大量助读栏目，如"单元导语""本课导入""学习聚焦""史料阅读""学思之窗""历史纵横""思考点""探究与拓展"，引导学生拓展知识、深入思考，这些编辑方式变化能在多大程度上取得什么样的效果尚有待实践的检验，但其探索的方向是正确的，有利于在历史教科书中摆脱单纯史料记忆的弊端，推动学生整体素养发展。

3. 综合取向编辑方式的主要特点

随着意识形态影响不断强化，教科书越来越重视价值取向和文化观念培养。部编版三科教科书的一致特点是依据学科特点加强社会主义核心价值观的渗透。思想政治教科书直接展示主流意识形态主要观点，选择党和国家的政治、经济发展主要思想，落实课程标准关于"高中思想政治以立德树人为根本任务，以培育社会主义核心价值观为根本目的，是帮助学生确立正确的政治方向、提高思想政治学科核心素养、增强社会理解和参与能力的综合性、活动型学科课程"的要求。不同的是，由以前以知识灌输为主开始转向引导学生思考，侧重用事例和问题将中国特色社会主义理论具体化，更接近接受者的心理特点。语文教科书选文特别突出革命文化和社会主义先进文化，加大了中华优秀传统文化的比重，选入古代诗文 67 篇/首，占全部课文数（136 篇/首）的 49.3%，其中古诗词 33 首，古文 34 篇，从选文角度加强了意识形态内容渗透。数学、物理、化学等理科课程的教科书，意识形态渗透相对较为隐蔽，更多体现在与学科相关的文化观念内容方面。

课程标准的导向功能更加明显，重视学生素养发展的需要。2017 年版高中各学科课程标准提出了很多新的理念与要求，对教科书编辑内容和体例带来了全新的挑战。一是凝练了各学科的学科核心素养，围绕核心素养的落实要求，精选、重组课程内容，提出了考试评价和教材编写的新建议；二是更新了教学内容，主张以学科大概念为核心使课程内容结构化，以主题为引领使课程内容情境化；三是研制了学业质量标准，更加强调提高学生综合运用知识解决实际问题能力的培养。这些要求在目前部编版三科教科书中都已经明显得到体现，教科书的教学得到彰显。

学科特色更加鲜明，重视探索适合学科素养发展的新的编辑方式。如语文一改由单元目标分解到单篇课文的传统做法，由多篇课文共同服务于单元任务，是一次比较彻底的更新单元教学理念的尝试；思想政治教科书改变"目标—知识呈现—练习应用"的一贯做法，改用"分享与探究"设计将每一个具体问题落实到活动之中，以课堂内外衔接的方式提高学生对中国特色社会主义理念的理解与认同；高中历史教科书大量增加地图、图片、彩色字体，图文并茂，特别是"学习聚焦"提出史料所蕴含的观点，"思考点"提出学生要思考的问题，"问题探究"侧重学生历史思维能力的发展，"学习拓展"突出独立判断，极大丰富了历史教科书的内容含量。

教科书的综合取向编辑方式对教师专业素养也提出了新的要求，能否适合绝大部分学校的教学，能否产生预想的效果，虽然有待实践检验，但至少在大方向上符合立德树人与发展学生核心素养的要求，将给传统教科书编辑及教师教学方式变革带来新的思路与示范。

第二节　教科书编辑方式的优化路径

教科书编辑方式优化是在国家要求、知识逻辑体系、师生教学之间不断接近最佳平衡的过程，国家意志变化、知识迅速增长以及社会发展所形成的教学条件变化，会影响教科书的编辑活动，与教科书出版后的相对稳定形成矛盾，需要教科书以适当超前的理念、具有一定层次的设计方式在适当周期内满足不同地区师生的教和学的需要。

一、课程教材评价的一体化

在教学论视域中，教科书是教学内容的主要来源，在极端情况下教科书甚至等同于教学内容，教学就是教书——教教科书，而自 2001 年实施基础教育课程改革以来一边倒地以"用教材教"观念反对"教教材"，两者主张都有失偏颇。"从教材内容与功能共性来看，'教教材'与'用教材教'根本不构成教学中的对立范畴，'用教材教'论者对'教教材'所作的批判是一种假想的批判。'教教材'与'用教材教'指向的是同一个问题的两个方面，即教学中应当依据教材本身情况以及教师专业发展水平合理使用教材，避免把教材当作静态的学科知识，不加思考地向学生灌输，同时不得以创新为名，不顾师生现有条件脱离教材随意组织教学内容。"① 在课程论视域中，教科书是课程内容的重要表现方式，教科书内容作为教学内容需要经过教师的二次开发，有条件的学校与教师可以根据自己的需要重新调整、生成教学内容。

凡事皆有度，超出限度就会改变事物性质。教科书在课程教学中的作用同样如此。过于强化教科书的地位，视其为不可更改的神圣存在，是教学照本宣科、限制教师创造性的根源；不当降低教科书的作用，视其为可有可无的存在，是教学偏离方向、削弱教师规范意识的基本原因。课程、教科书和评价标准是先于教学并规定教学的因素，虽然其制定要考虑教学实际，但并非直接复制教学的需要，而是要能够发挥引领教学、推动教学、创新教学的作用，首先要自身形成衔接合理的内在联系。

1. 在落实课程新理念中优化教科书编辑方式

中华人民共和国成立以来，官方宣布的基础教育课程改革已有 8 次，每一次课程改革都必然伴随着课程标准（教学大纲）的修订与变化，其中的新理念对教科书编辑方式都会提出新的要求。2001 年基础教育课程改革至今已有 23 年，虽然期间没有再明确提出新的改革，但事实上在教育改革大局中暗含着对课程的新要求和新理念。2019 年 7 月，中共中央、国务院印发的《关于深化教育教学改革全面提高义务教育质量的意见》提出要加强课程教材建设，国务院办公厅《关于新时代推进普通高中育人方式改革的指导意见》要求全面实施新课程新教材，"各省（区、市）要结合推进高考综合改革，制定普通高中新课程实施方案，2022 年前全面实施新课程、使用新教材。组织开展国家级示范性培训、校长教师全员培训和中西部贫困地区专项培训。遴选一批新课程培训基地学校，开展校长教师挂职交流和跟岗学习，对口帮扶薄弱高中。遴选一批新课程新教材实施示范区示范校，发挥引领带动作用"。

2001 年的课改首次描述三维目标体系，突出过程与方法、情感态度与价值

① 李学."教教材"还是"用教材教"：兼论教材使用功能的完善 [J]. 教育发展研究，2008（10）：82－85.

观在课程中的地位和作用，推动了教科书编辑内容与形式由知识传授和能力训练转向综合素养培育的多方面尝试。以科学课程为例，2001 年至 2011 年全国共审查通过八套小学《科学》教科书，教育科学版用活动来整合科学探究、情感态度价值观和科学知识三个领域的目标和内容，使学生在活动中发展素养；湘教版突出科技史教育，用历史上著名的科学家作为串场角色，充分发挥科技史教育功能，通过中国科技成果呈现加强爱国主义教育；粤教版以人为本，按知识学习、能力培养、情感体验和时间发展四个维度组织，将整合后的内容以"主题—单元—课题"三个层次展开，若干课题构成单元，若干单元组成主题，以探究能力发展为主线螺旋式前进①。

2. 体现评价改革要求中优化教科书编辑方式

在过度应试教育背景下，"考考考，老师的法宝；分分分，学生的命根"顺口溜生动反映出唯分数论影响下教学现状之无奈，针对这种情况，党中央、国务院和国家教育行政部门制定了一系列评价政策，力图使人才培养、选拔工作回到以人为本的正常轨道中来。为进一步促进教育公平，提高选拔水平，国务院于2014 年 9 月印发《关于深化考试招生制度改革的实施意见》，标志着新一轮考试招生制度改革全面启动，目前新的高考招生方式已经在多个省份实行，对教科书编写和使用提出新的要求。教育部印发的《关于加强初中学业水平考试命题工作的意见》提出要取消初中学业水平考试大纲，严格依据义务教育课程标准命题，不得超标命题；高考也将以各学科的学业质量标准替代考试科目的大纲。一系列政策出台彰显了国家解决"考什么就教什么"弊端的强大决心。在去考纲时代，教学重心必须放到教科书学习上，教科书不仅要有利于教、有利于学，同时还要有利于考。

2020 年 6 月 30 日，中央全面深化改革委员会第十四次会议审议通过了《深化新时代教育评价改革总体方案》，首次提出了"改进结果评价，强化过程评价，探索增值评价，健全综合评价"要求。这一新的理念适合教育领域所有事项，对教科书编辑方式创新也有重要启示意义。在教科书编辑中改进结果评价，

---

① 石鸥. 新中国中小学教科书图文史：自然常识、物理、化学、生物学［M］. 广州：广东教育出版社，2015：98－105.

意味着要改变单纯以知识识记为主的做法，侧重于学生对知识的理解和运用，以及获取知识的能力培养；强化过程评价意味着要重视学习的体验，充分调动学生参与的积极性，以情感态度的变化为重要维度；探索增值评价意味着要在促进学生成长过程的同时，也要能够帮助教师和编辑成长，教科书编写使用的过程，是包括编辑在内的多类教科书主体共同成长的过程；健全综合评价要求教科书能够整体满足教材审查专家审查、一线教师使用和学生学习要求。

评价改革要求是一项全局性工作，其中教科书编辑质量是落实改革理念的重要方面，也是教科书编辑方式创新的基本依据。

3. 在引领教学实践中优化教科书编辑方式

教科书是教学的主要中介，教科书本身承载着具体知识并提出能力训练要求，同时为教师拓展资源、生成教学内容提供依据和方向。一套理想的教科书，既要能够精选本学科中最具有基础价值的知识内容、提供学生能力训练的最佳方式，又要能为具有不同发展需求的学生提供选择空间。哪些知识最具发展价值？学生发展需求有哪些层次？在这些问题目前并无明确答案的情况下，教科书编辑就还是处于经验判断的阶段，编辑对学科教学了解的程度和教科书编写的历史传统制约着教科书编辑方式的优化程度。

另一种可选择的方式是从教学的操作性来思考编辑方式优化的问题，教科书并不强求学科知识体系的完备性、系统性，更多突出对教学实践所能够产生的实际影响。一是教科书中的构成要素要围绕明确的主题安排、布置，形成一个有机整体。二是教科书设计的活动要考虑学生的知识基础、学科联系和时间安排。三是教科书应尽量提供操作程序的指导，推动师生从暗中摸索向明里探讨转变，切忌知识性内容过多、指令性提示过多而缺少方法和路径的指导。

以部编版教科书为例，其对教学实践的引领作用较之以往编排体系有了很大改进，但仍存在一些问题，并不完全适合学科教学实践需要。义务教育阶段的中国历史教科书针对正文中不方便展开的重要概念或史实予以注释、设置"相关史实"栏目的方式，为学生理解历史事实提供资料，方便教师教和学生学，但"课后活动"仍着重正文中的内容回顾或识记训练，与"活动"的内涵相距较大。

《义务教育教科书 中国历史 七年级 下册》的第7课是"辽、西夏与北宋的并立"，第一部分讲契丹族与党项族，契丹族的叙述始终没有讲到"辽"，与课文标题并不对应。课文中"10世纪初，契丹族首领耶律阿保机统一契丹各部，建立政权，都城在上京临潢府"一句注释"契丹人多次更改国号，有时称契丹，有时称辽"。这解决了契丹族与辽国关系认识问题，有利于学生更为深入认识史实。

"课后活动"栏目有两个主题，主题1"澶渊之盟后，朝中大臣排挤寇准，寇准被罢去相职。当时京城里流传着民谣：欲得天下好，莫如召寇老"，要求学生想一想：这首民谣反映出民众的什么愿望；主题2"议一议：北宋与辽、西夏订立和约，对社会经济和民众生活有什么影响"。无疑两个主题都是对课文正文内容的延伸与拓展，试图引发学生思考，加深学生对历史事实的认识与判断，但对活动的开展指示并不明确，"想一想""议一议"是想、议到什么程度，从哪些角度来想、议，需要什么知识为基础才能想、议得更深入？主题1有材料作为参照，相对还具体一些。主题2则涉及一个宏大的范围，很难议出名堂来，因而其活动效果就没有保障。

二、发挥编辑核心团队的作用

当代教科书编辑，早已不是一个单位、一个职业编辑团队闭门所能完成的工作，而是需要多方力量参与、多个学科专业人士全力合作的大工程，需要核心团队整合、汇集多样主体的集体智慧。

人教版《义务教育课程标准实验教科书　语文》（七～九年级）后记中涉及"教育界前辈和学科专家"有总顾问丁石孙、许嘉璐、叶至善、顾明远、吕型伟、梁衡、金冲及、白春礼共8人，编写指导委员会主任柳斌和委员江蓝生、李吉林、杨焕明、顾泠沅、袁行霈共6人，学科顾问刘国正、于漪、申士昌、冯钟芸、刘锡庆、张传宗、柳士镇、顾黄初、徐枢、章熊、钱梦龙、谢冕共12人，学科编写委员会委员伊道恩、李运富、余蕾、金元浦、贺照田、徐国英、程翔共7人，学科编委会主任吕达、顾振彪，副主任温立三、顾之川、王本华，主编顾振彪，副主编顾之川、温立三，还有各册的编写人员、封面画作者徐悲鸿、插图作者于水和于古庄、责任编辑刘真福、特约审稿黄成稳和赵慎修。其中七年级上册编写人员有刘真福、聂鸿飞、王涧、贺敏、冯丹、张必锟、宋子江、伊道恩、及树楠、甘其勋、翟小宁、郑晓龙、黄伟、王士荣、杜永道、张伯华、金传富、程翔、李镗共 19 人①。影响或直接参与教科书编辑人员 30 多人，还有无数在教科书试用过程中提出意见的教研人员和一线教师都为编辑工作作出了贡献。

集思广益是教科书集体编写的一个极大优势，特别是人民教育出版社这样全国顶尖的教科书出版单位，邀请最权威的学科专家和教研人员、教学一线优秀教师作为团队核心成员，理论上应该是能够编写出质量最好的教科书。但在实际操作过程中，不同学科背景的专家观点并非完全一致，不同观点之间并非一定能够求同存异，共同体例之下的内容或多或少存在着理解的差异，并且兼职队伍用于教科书编辑的时间、精力难以保障，会不同程度影响教科书的最终效果。

根据《中小学教材管理办法》：教材编写团队由本学科和相关学科专家、教研人员、中小学一线教师等组成，各类编写人员应保持合理结构和相对稳定，每册核心编写人员原则上不超过 8 人。意识形态属性较强的教材编写团队中，应有在马克思主义理论、中华优秀传统文化、革命文化、社会主义先进文化等方面有较高造诣的专家。鼓励国内高校和科研机构的知名专家、学术领军人物与中小学优秀教师共同编写教材。《职业院校教材管理办法》还提出，教材编写过程中应通过多种方式征求各方面特别是一线师生和企业意见；教材编写完成后，应送一线任课教师和行业专业人员进行审读、试用，根据审读意见和试用情况修改完善教材。

以上规定，从政策上提出教科书编辑以核心团队为主的多类主体共同合作要求，编写也确实有了明显变化。部编版教科书在版权页注明总主编、主编、编写人员（没超过 8 人）、责任编辑、美术编辑、美术设计、插图绘制、封面设计人员，明确了版权归属，也明确了教材编写的责任主体，后记对其他有贡献人员作出补充说明。这一规定教科书编辑方式的优势表现为：一是能够明确编辑的主体责任。在以往人民教育出版社出版的教科书中，主编都是社内人员担任，影响外部优势智力资源的引入。二是有利于教科书修改的连贯性。三是有利于充分发挥

---

① 以上资料依据全国中小学教材审定委员会 2001 年初审通过的《义务教育课程标准实验教科书 语文 七年级 上册》的后记部分，该教科书由人民教育出版社 2001 年出版，版权页署名：课程教材研究所、中学语文课程教材研究开发中心编著。后记中提到"学科编写委员会"与"学科编委会"两个名称是否同一对象并不十分明确。

多类主体的专业优势。

三、教科书内容编辑结构化

布鲁纳在《教育过程》一书中提出："首要的最明显的问题是怎样编制课程，使它既能由普通的教师教给普通的学生，同时又能清楚地反映各学术领域的基本原理。这个问题是双重的：第一，怎样改革基础课和修改基础课的教材，给予那些和基础课有关的普通的和强有力的观念和态度以中心地位。第二，怎样把这些教材分成不同的水平，使之同学校里不同年级不同水平的学生的接受能力配合起来。"① "和基础课有关的普通的和强有力的观念和态度"就是学科的基本结构，教科书编辑优化的过程就是能够选准各学科中的基本原理、法则和态度，使之能够在迁移中保持学习的连续性。

教科书内容编辑结构化至少涉及两个层面的问题需要解决，第一个层面是纵向的学段衔接，小学、初中和高中不同学段如何在学科内完成螺旋上升？心理学对人的发展阶段有过大致描述，揭示出了人的思维特征发展基本规律，但学科内容如何与心理发展阶段相适应并能够引领人的心理发展，实证研究并不多见并且成果应用较少。林崇德在教材编写的心理化设计的建议中举了几个例子，一是他指导的博士论文《初中学生函数概念发展的特点》成为数学教科书编写的重要依据，二是黄仁发先生承担的"中小学生语言发展年龄特征"研究成果被作为语文教科书编写的参考，三是某专家无依据地将高中教材内容放到小学去，说明教科书内容与学生心理发展特征具有非常紧密的关系。教科书内容在纵向上的衔接自然要考虑学生心理特征，但明确哪些内容是学生必须深入掌握的，哪些内容是可有可无的，在教学时间有限、课程门类不断增加的背景下，精选课程内容的价值越来越重要。

以语文为例，教科书受到广泛批评的是其所提供的知识并不足以支撑最大限度发展学生的语言能力，曾在很长一段时间内以语法知识、文学知识作为语文知识主体，以记叙文、说明文和议论文作为读写的基本文体，很大程度上背离语言运用的需要，后来又倡导以语用为主，但切实有效的语用知识并不多见，部编版

---

① 布鲁纳. 教育过程［M］. 邵瑞珍，译. 北京：文化教育出版社，1982：37.

教科书倡导多读，特别是整本书阅读，在阅读中提高学生语言文字运用能力，其效果如何还需实践检验。教科书内容编辑的结构化，首先需要明确课程内容，然后是心理学化的设计，前者是基础，如果离开了这个基础，结构化就是空谈。

第二个层面是需要注意横向的关联。学科只是育人的载体，人的发展才是根本，因而不同学科的教科书之间应考虑其相互影响。部编版中国历史教科书提供的资料非常翔实，特别是大量引用文言资料作为史料理解的补充，"材料研读"部分理解难度并不亚于同一年级语文教科书中的文言文内容。如部编版《义务教育教科书　语文　七年级　下册》的文言文仅有《孙权劝学》《卖油翁》《短文两篇》和《河中石兽》四篇课文，篇幅短小，注释非常多，其中《孙权劝学》119 个字的正文就有 25 个注释，注释字数达到正文字数的四分之一。同期历史教科书几乎每篇课文都有"材料研读"安排，提供的文言资料内容远远超过语文，甚至有些内容相当不容易理解，如部编版《义务教育教科书　中国历史　七年级　下册》第 6 课提供的两段材料，一是《宋史·职官志》记载，宋初"始置诸州通判"，"凡兵民、钱谷、户口、赋役、狱讼听断之事，可否裁决，与守臣通签书施行"（课文对"守臣"有脚注解释）。二是宋初的大将曹翰写下一首《退将诗》，有"曾因国难披金甲，不为家贫卖宝刀"之句；当时有谚语曰："做人莫做军，做铁莫做针。"如果教师不详细讲解这些文言材料的意思，不结合上下文，学生很难理解，也很难回答根据材料提出的问题。历史教科书提供的文言材料难度远远高于语文教科书，科目之间不同步现象非常严重。不同学科的教科书由不同人员编写，相互之间的横向沟通显得特别重要。

如何使教科书内容结构化？布鲁纳的主张是集中各学科最优秀的人才参加到课程设计与教科书编写工作中来。我国教科书编写传统也在这方面作过努力，特别是《中小学教材管理办法》对教科书主编和编写人员的要求也体现了这一方向。各学科课程标准都根据学科特点凝练出了学科核心素养，学科核心素养应当是教科书内容结构化最重要的依据。但对学科核心素养的恰当认识并非一蹴而就，其偏差极可能导致教科书内容结构出现问题。"核心素养需要通过学科得以落实，但学科只是学生发展的载体、手段或方式；学科服务于人，而不是人服从于学科的要求。核心素养是'学科核心素养'概念的中心，是具体学科组织与实施的指针。核心素养要求的共通性和学科体系的差异性结合，是理解学科核心素养理念的关键。"① 教科书编写跳出学科的局限，服务于学生整体发展还有很长的路要走，也是教科书内容编辑结构化面临的重要挑战。

四、教科书编辑设计专业化

教科书设计加工的专业化，与内容的安排密切相关，也取决于对既有内容的排版要求，同时又与技术进步紧密联系。从手工抄写到活字印刷，再到现代印刷技术，这为教科书设计提供了广阔的空间。从单纯的文字到文字与图片组合，再到文字、图片和色彩搭配，甚至在电子教科书中出现动画场景，教科书设计专业化的要求越来越高。即便在传统纸质教科书中，美术编辑、美术设计、插图绘制、封面设计的作者也被单列出来，与总主编、主编、编写人员和责任编辑并列，可见其在教科书编辑中的重要性。另外，教科书的开本也在不断探索中朝适合学生阅读与审美的方向发展。书籍的开本也是一种语言，作为最外在的形式，开本仿佛是一本书对读者传达的第一句话。好的设计带给人良好的第一印象，而且能体现出这本书的实用目的和艺术个性。比如，小开本可能表现了设计者对读者衣袋、书包空间的体贴，大开本也许又能为读者的藏籍和礼品增添几分高雅和气派。美编们的匠心不仅体现了书的个性，而且在不知不觉中引导着读者审美观念的多元化发展。部编版义务教育教科书采用 787 毫米 ×1092 毫米 16 开规格，是基于中国标准的正度纸规格，高中教科书采用 890 毫米 ×1240 毫米 16 开规格，用纸比 889×1194 毫米的大度纸规格要长 46 毫米。人民教育出版社中学语文室编著的全日制普通高级中学教科书（必修）采用的是大度纸规格，义务教育课程标准实验教科书采用大度纸 30 开规格，两相比较，部编版特别是义务教育阶段教科书变化非常明显，视觉更显出长方形特点，在内容相同的情况下厚度感觉变薄，也更方便学生阅读。

教科书的字体、字号、行距、颜色、是否加粗、面边距、插图等构成要素，以及文字等要素之间的搭配，都是教科书设计的重要内容。同样的内容采用不同方式排列会很大程度上影响阅读效果。很多人留恋民国时期的教科书设计，用手

---

① 李学. 论学科核心素养的内涵及教学培育策略［J］. 湖南科技大学学报（社会科学版）：2017（3）：167－172.

写体书写，字与字之间距离适合，插图与文字配合相当完美，这种方式在知识激增、课程内容大幅扩容的情况下，是很难加以复制的。有研究评价根据2001年《全日制义务教育历史课程标准（实验稿）》编写的北师大版、华东师大版和人教版中国古代史教科书插图时指出，"人教版教材的插图犹如淡妆素雅的少女，继承了原人教版插图设计的优点，是三套教材中唯一采用课前集中设置插图的教材，它的上册选用了33幅彩图，下册选用了31幅彩图，彩图的色彩鲜艳，尺寸适当，均反映的是课文中的重要的知识内容，像一部短小精悍的连环画册。课文中收入的照片不少，同时有许多线条图，线条图相当清晰，画工细致。其教材的容图量是三套教材中最多的，上、下册共有466幅插图，很大程度上增加了学生从插图上获得历史知识的量。它的插图在选用、设置上有两个独到之处。一是在每一课的导言处设计了一幅打开的画卷，一个身着古装的孩子立或坐在画卷的旁边。在每一课的'画卷'上几乎都用一些线条式的想象图或照片搭配上一些有趣的小故事或典故来引出本课的内容，这样图文相结合的形式，由于其直观性和趣味性激起了学生学习的兴趣。如，上册的《女娲补天》图、《昭君墓》照片等。二是在每课的末尾设置的'自由阅读卡'，同样采用了图文结合的形式，回答一些学生感兴趣的小问题，或者介绍一些小知识。如上册'河姆渡原始居民会蒸米饭吗？''文房四宝'等"①。

　　相对于教科书的文字内容，人们往往较少关注其整体设计对阅读带来的影响。教科书设计中的一些问题，如小学低年级段的教科书开本大小与高年级和初中阶段一样合适吗？书中色彩过于绚烂对注意力集中是否会有影响？印刷质量的清晰性对插图效果显现会有多大程度的作用？排版的疏密和重点突出方式是否能抓住学生兴奋点？再具体的问题包括，义务教育阶段语文教科书中的"读读写写"示范字体用印刷体好还是手写体好？小学数学教科书大量使用图片呈现生活场景是否比文字描述更为恰当？

---

① 陆贵湘，何成刚. "历史从插图中走出来"：从插图设计评北师、华师、人教版新教材［J］. 中学历史教学参考，2002（4）：29-32.

第三节　教学视域中的教科书编辑创新

课程、教科书、教学之间的关系处理，是教育理论研究的重要内容，也是教育质量保障的基本要求。根据学生特点与社会发展需要确定课程内容，由课程内容规定教科书内容，在教科书内容的基础上生成教学内容，通过教学活动转化为学生素养，这种思路在课程与教学研究领域中影响很大并且操作起来貌似方便实用。然而，单向线性规定或转换不可避免地会简化课程与教学的复杂性、过于强化课程与教科书权威进而导致教学墨守成规，不利于教科书编辑的创新与发展。从教学视域反观教科书编辑方式，能够加强教科书的教学针对性，可为提高教科书质量提供一种新的推进路径。

一、教科书文本的教学面向分析

教科书承载着课程目标与内容，在教育实践中，教学内容基本来自教科书的内容，甚至有部分教师将教科书等同于课程，他们的教学就是教书——教教科书。教科书文本质量很大程度上影响着教学过程和教学效果，教教材还是用教材教的观点碰撞既折射出人们对教科书作用认识的不同视角，又成为当前判断教师专业水平的一个重要维度。"以教科书为中心的教材体系是教学内容的主要来源，制约着包括教师经验和学生经验参与的教学内容、教学方式、教学媒体选择。可以说，教材编写质量的提高尤其是教材使用功能的完善是提高教学质量的重要保障。"① 要求每位教师在教科书使用中竭尽全力创新教学内容是不现实的，提高教科书的教学适用性才是解决问题的根本。教科书文本呈现的内容与方式和理想的教学文本之间形成合理、适度的张力，是教科书意图通过教学活动落实为学生发展素养的先决条件。

---

① 李学. "教教材"还是"用教材教"：兼论教科书使用功能的完善 ［J］. 教育发展研究，2008（10）：82－85.

1. 意图及其实现作为教科书文本特性

教科书的英语单词是 textbook，其词源 text 非常生动形象地表示出教科书的应有内容。text 本义是指编织，后来引申到正文、课文等外延，其后面连接 book 意味着将知识、技能、价值取向等内容通过课文的方式编织成具有完整和系统含义的篇章，并以书本的形式呈现出来。"'教'突出教授方法、次序、容量，'科'强调知识分类、体系、编排，'书'明确编撰体例、规范、版权。'教科书'作为概念工具与思想资源，以其字义决定内质的逻辑关联，为现代教育设定了明确边界、框架、规范，也为我国社会奠定全新的'文化基层建构'，成为现代中国启蒙的关键词。"① 相比于现代中国启蒙时期，当代教科书编辑的自觉意识已经非常明显，但教科书对于教育的规定性已由直接决定者退而为课程文件的执行者，教科书文本表意的内容与方式，向上受制于课程政策，向下体现教学文本的需要，既应作为学习材料适合学生阅读，又要作为教学材料体现教学意图。教科书的特殊作用决定了教科书文本编辑的特殊要求。

在巴赫金（M. Bakhtin）看来，主旨（或意图）及其实现是决定文本的两个基本因素，两者之间是动态的相互关系，"它们之间的斗争，这种斗争决定着文本的性质。这两个因素的脱节能够说明很多问题"②。文本决定因素的斗争包括文本意图不能实现或在实现过程中发生变化，实现的方式与效果是文本质量判断的依据，与文本读者的理解密切相关，从这个意义来说，文本意图与读者接受方式和程度密不可分。主旨或意图的表达是通过以语言为主的符号这个载体得以表述，意义蕴含在语言之中，有的以直白方式呈现，有的隐含在语言背后，在结构主义看来，这是文本的表层结构与深层结构的划分。即便可能是一望而知的表层结构，如果读者缺乏相应的基础，同样也难实现其意图。如理解"我爱我的祖国""我爱北京天安门"，首先需要识字，才有可能对字词及其关联与个体经验结合形成意义，但仅仅通过机械性指令或缺乏足够的语境支撑，"爱"与爱的对象意图根本就无法转化为读者的情感与行为。所以说"文本不是物，所以绝不可

---

① 吴小鸥. "教科书"考释 [J]. 华东师范大学学报（教育科学版），2020（5）：117 – 126.

② 巴赫金. 文本、对话与人文 [M]. 白春仁，等译. 石家庄：河北教育出版社，1998：302.

把第二个意识、接受者的意识取消或淡化"①。

　　教科书文本意图不只是编辑的意图，甚至在某种程度上编辑只是执行课程政策一道必不可缺的"工序"。相关政策作为隐藏在编辑背后之"手"掌控着教科书编辑整个过程。首先是教科书主编和主要编写人员的政治素养、专业素养规定选择哪些人来编写教科书，基本上确定了教科书编辑的整体走向；其次是课程标准中目标、内容和教科书编写建议等规定限制了教科书的内容选择与组织框架，规定着不同学科、学段教科书自身体系的内部逻辑结构与教科书相互之间的横向联系；最后是教科书使用的监控与修改规定，旨在及时发现教科书编辑与既定政策之间存在的偏差，推动教科书编辑在动态调整中不断保持与政策意图的一致性。相比而言，教科书编辑需要重视的意图实现的可能性并没有形成刚性保障机制，教师与学生对教科书可能形成的理解，即教学文本的向度、广度与深度并没有得到足够的重视。

　　2.　教学文本是教科书意图实现的延伸

　　教学文本是为实现特定教学目标所采用的以语言文字为主体，包括图片、视频等材料在内的、能够形成完整含义的符号体系。如果说教科书文本的功能主要在于引导教学方向、服务教学需要，从整体上规定了教学目标、内容并提出实施要求，教学文本则是教学实施的直接依据，是从课堂的层面实现教科书文本意图的必然途径。正是因为教科书并不能直接等同于教学文本，教科书意图需要经过以教学文本为依托的教学行为才能落实为学生发展素养，教学文本在整个课程环节中具有特别重要且无可替代的价值。

　　教学文本在规定与情境适用中生成。教学是教师凭借特定材料教学生学，为什么教、教什么、怎么教、教得怎样四个维度基本涵盖了教学的基本方面。根据教学目标组织教学内容，根据内容特点选择教学方法，是关于教学的一般性规定。然而，教学并非一种线性传递方式，教学内容同时也会隐含着教学目标，教学内容中的目标不一定会原封不动地体现为学生发展素养，特别是一些涉及复杂能力、情感态度养成的目标，需要有较长时间的积淀才有可能完成。确定教学目

---

　　①　巴赫金. 文本、对话与人文［M］. 白春仁，等译. 石家庄：河北教育出版社，1998：305.

标需要考虑课程政策要求、学生发展特点，教科书中也隐含着教学目标的要求，是一般性地针对所有学生发展的共性表述，要能够明确针对具体的学生群体就需要教师根据教学情境作出选择。教学文本生成受到包括教科书文本在内的多重因素制约，最终落实到与学生互动过程中。

教学文本需要满足学生多重需要。从课程与教学的前瞻预设来看，教学需要促进学生掌握特定的学科知识、培养包括思维在内的多种学科能力，树立各个学科共同承担并体现出具体学科特色的世界观、人生观和价值观。目标和任务很复杂，依据目标和任务组织的教学文本中，有直观、可检测即刻能够评价效果的内容，也有隐含、效果滞后难以评价的因素。科学知识大多可以通过语言客观呈现，但能力培养需要凭借活动开展才能实现，情感态度价值观则需要学生体验和外在环境强化。教学文本承载着学生发展的多重需要，很容易面面俱到或顾此失彼，也有可能失之东隅、收之桑榆，迫切需要教科书和课程政策作出明确指引，而不是仅仅依靠教师以个性化的名义在"创造"中失去其规范。

教学文本功能发挥与教师关系紧密。依据特定取向选择具体内容作为教学文本，是教学实施的重要环节。但选择不等同于实现，教学意图落实为学生素养最终是在教师与学生的直接交往活动中完成，教学文本多是以口头语言方式，或介绍知识，或表达思想，或引导思考，或发出活动指令，需要教师围绕明确的主题和具体目标展开，需要教师的指导能够体现学生已有的经验基础，所有行为都在"跳一跳"能够实现的范围之内。教学文本功能充分发挥的前提是教师的有效组织，其源头在于深刻把握教科书文本内容或教科书文本能够给教学提供有效的拓展空间。

3. 教科书文本教学面向的难题

首先，教科书文本面临着如何实现教与学统一的问题。教科书是教的材料，也是学的材料，教科书虽然是教师教和学生学的基本依据，但教科书呈现了什么，所呈现的内容能否成为学生理解、活动与获得的内容，能否转化为学生素养内在结构，离不开教学作为中介，最终是靠学生本身的学习活动达成。教科书文本的呈现方式对学生学习活动影响特别关键，并且前面阶段的学习又会成为后续学习的基础。教科书文本按学科知识的逻辑体系和学生心理发展特点组织，如果学生学习中断或效率低下会严重影响更高层次学习的有效性，在这种情况下，依据教科书文本的教必然导致年级越高越可能出现教与学的分离。

其次，教科书文本的深层结构面临不同的理解方向。学生基础不同、经验不同，对文本理解的深度自然会有明显的差异。不同学段和学科的教科书话语，也会因为其负载的内容和要求掌握的程度不同，使用不同的组织与表述方式。价值观的内容，在思想政治、历史教科书中一般会直接陈述观点，或者观点中包含着鲜明的取向，但在物理、化学、生物等理科教科书中通常是内隐于看似客观中立的话语背后。学生阅读过程中或在教师的指导下可能读出教科书文本所期望的意图，也可能读出其话外之音、言外之意，甚至还可能与原初设想背道而驰。知识类别本身价值的认识也影响着学生对教科书文本的态度，"学而优则仕""书中自有颜如玉、千钟粟、黄金屋""学好数理化走遍天下都不怕"等功利观，无不影响着学生理解教科书文本深层结构的方向，使教科书沦为考试的一种工具和手段。

教科书文本将静态知识转化为动态活动的路径困难。教育的过程就是将人类文明成果和特定社会文化最基本的部分转化为学生个人素养，教科书文本呈现的知识是公共的、静态的，学生对教科书内容内化需要动态活动才能完成，因而教科书不仅要提供知识，而且要设计如何理解知识、运用知识的活动，需要考虑知识的类型与学习方式之间的有效衔接、学科特点与育人方向之间的充分结合，体现学段、学科之间的差别。然而，教科书编辑缺乏活动设计的有效经验探索，只能是在对学生活动状态作一般预测的基础上，提供活动展开的基本过程要求和知识，"活动的展开环节往往依赖教师个人经验而自发地进行。如果教师缺乏经验，往往会忽视这一重要环节，一味地要求学生呆读死记，造成'符号搬家'式的学习"①。

二、影响教科书教学性的编辑问题

教学性作为教科书的本质特征或属性的观点，已经达成广泛共识，"认清教科书的本质是教学活动文本，无论对教科书设计、师生教学方式的变革和教学质量的提高都具有重要意义。它要求我们必须以活动与交往的视角看待教科书与主

---

① 王道俊，郭文安. 主体教育论［M］. 北京：人民教育出版社，2005：278.

体发展的关系，增强与主体的适切性，最大限度地促进学生的主体性发展"①。受传统和制度等因素影响，教科书编辑实践中教学性仍然有待进一步提高。

1. 教科书编辑深受线性思维影响

线性思维通常是以固定点为起始按线型或类线型的轨迹寻找问题解决的方法。教育学中的线性思维又表现为教育要素之间的决定与被决定关系或依存与被依存的关系，如教育目的决定课程标准，课程标准决定教材内容，教材内容决定教学内容，教学内容决定学习效果。线性思维的视点忽视了课程要素及其主体本身的特点和能动性、复杂性，导致课程编制过程中将重心放在如何贯彻课程序列中"上位"要素的要求，忽视与"下位"要素的关联。教科书编辑自然是要遵循课程标准的要求，体现课程标准的育人理念，但如果不充分重视教师使用教科书的过程、不充分重视学生阅读教科书的心理，其对教学的影响会与课程目标预期出现巨大差距。

教科书过于以变化迅速的理念作为编辑依据。每一次教学改革、课程改革首先都会提出教科书改革要求，都会伴随教科书改版呈现出新的教学内容，对既有教学方式形成新的冲击。教科书是承载课程理念的重要基础，但不应当仅仅成为课程改革的试验品，"几乎无可怀疑，教科书可以是有价值和有帮助的教学工具。然而，一项值得重视的研究将疑问指向了这些作为教学素材的教科书的质量。从教科书评价的时间不足和选择委员会成员表现出的非教学性的问题来看，这种忧虑尤其重要"②。教科书使用时间太短，一是不利于总结编写的经验与教训，难以形成经典的教科书版本。在各门科目中，究竟哪些内容是该学科的基础或者说学科基本结构是什么、应当如何呈现，"给予那些和基础课有关的普遍的和强有力的观念和态度以中心地位；另一方面，怎样把这些教材分成不同的水平，使之同学校里不同年级、不同水平的学生的接受能力结合起来"③。教科书改版过快或编辑过程中过于强调落实课程改革理念，很容易以价值观特别是主流意识形态

① 孙智昌. 教科书的本质：教学活动文本 [J]. 课程·教材·教法，2013（10）：16 - 22.

② 莱维. 课程 [M]. 重庆：西南师范大学出版社，2011：13.

③ 单中惠，杨汉麟. 西方教育学名著提要 [M]. 2 版. 南昌：江西人民出版社，2004：579.

的价值观要求代替学科本身应当坚守的"观念和态度"以及忽视学生的接受能力。二是新的理念与内容使教师疲于应付。传统的教学与教科书不利于教与学是客观的事实存在，但过于激进的新理念或对理念的误读很容易加重教师负担，使教师更难以将精力集中于对教科书的理解与运用上。比如三维目标的课程设计理念被强行要求到具体教学设计，一堂课中将教科书呈现的内容强行分为知识与能力、过程与方法、情感态度与价值观近十条目标，教学目标几乎就是一篇简单的教案，可以想象其会对教学时间和精力带来怎样的负面影响。新的理念与内容本身并不是问题，问题在于其运用需要结合学情、校情和各个地方的教育实际情况。

教科书很少从优秀的教例中反思编辑思路。教科书出版与选用有法定的程序，其中审查专家的意见至关重要，审查视角很大程度上决定着教科书编辑的选择视角，学科知识的具体内容、意识形态的正确性通常都是重点关注的方面。教科书研究也多侧重于如何解读、运用教科书，从教科书文本出发提出教学策略是其主要路向，缺少总结优秀教例中的教科书编辑思路宏观层面的思考，教学实践中形成的知识与思想很难有进入教科书的有效通道。教科书编辑的本身背景也难以保障一线教学需要的话语地位。教科书主编、主要编写者大都是学科专家或出版社专职编辑，他们虽然了解基础教育一线的实际情况，但总的来说缺少足够的教学实践经验，参与编写的一线教师数量少、面临的教学情况差别大，难以有精力去选择与提炼优秀教例中可以转化的潜在教材内容。教师代表缺位或教师话语缺位，使得教科书编辑缺少从教学一线特别是优秀教例中吸取经验的动力。

2. 教科书编辑中意识形态表述优先

意识形态观念是任何教科书都无法回避的主题，教科书编辑首先需要清晰为谁培养人、培养什么人，在此基础上选择用什么来培养人。我国教育历来重视道德品质培养，始终坚持"大学之道，在明明德，在亲民，在止于至善"的教育理想培养未来一代，尽管不同时代的道、德、善有着不同内涵，但道德知识宣讲的传统一直在延续。用成年人世界的秩序要求来影响、规范学生的道德观念，促使年轻一代延续或创新既有文化体系的思路本身没有错，问题在于教科书沿用成年人话语作为教科书文本，以意识形态的官方表达的绝对正确性代替学生话语接受的多种可能性，不可避免会影响道德教育的效果，"只有当教育话语能够成功进入青少年的语境，实现与青少年的无障碍沟通时，教育才有可能在话语互动中触动青少年的心灵"①。

过于强调典型的完美。为突出意识形态正确，教科书编辑容易出现观点先于材料、观点强加于材料的现象。无论是语文的课文，还是思想政治、历史中的案例或史料，甚至是科学教科书中的事例，呈现的大都是优秀人物的优秀品格，或平凡人物日常生活中的人性光辉，目的是宣扬高尚的道德品质或人格魅力。这可能产生的问题是，一种思维取向的典型的光环出现问题时，反而不利于主流意识形态的个人化建构。

缺少多维理解。教科书呈现的内容，多是以绝对正确的姿态、不容置疑的语气表达，曾在很长一段时间内被视为圭臬。一种声音传递的意识形态内容，对强化学生思想认识具有独特价值，但很容易固化思维，与创新、批判精神要求相去甚远，会影响意识形态的教育效果，也是教学灌输方式盛行的一种重要诱因。

远离学生的生活经验。学生的认知是基于自身经验而拓展的，只有当知识积累与思维发展到较高阶段时，纯粹抽象的思辨性学习才成为可能。教科书编辑中有两种倾向值得警惕，一是以意识形态话语代替学生经验话语，使教材内容与学生经验很难关联。教科书话语需要不断超越经验层面而引导学生接近成人世界和科学世界的话语，同时应当提供足够的材料，在经验话语和成人话语、科学话语之间搭建必要的支架。二是教科书提供的材料与学生经验关联不明显。或是材料不能有效支撑意识形态观念，或是材料本身就是编辑主观臆造而缺乏可信度。如数学教科书中的"小明"、进水出水的计算，语文教科书选用的虚构励志故事，都很难作为有效完成学习活动的真实情境或任务支架。

3. 教科书编辑依赖知识教育传统

在人类对自然、社会和自身的认识与改造取得突破性成就的现代社会中，科学被视为解决所有问题的利器，知识则作为科学成果受到广泛推崇，教科书的知识传统随着科学知识的迅速积累而不断强化，知识是教科书编辑的基本依据，知识教育成为教育难以突破的框架。由此带来的问题是，"主体对世界的反映被无

---

① 刘丙元. 青少年的话语模式研究及其道德教育意义 [J]. 中国青年社会科学，2016 (1)：33 – 38.

限分割成知识门类，认识过程（思想过程）与认识结果（知识）相分离，最终使认识论丧失了求真的存在意义，主客体关系被抽离成认识关系，除此之外的价值关系、审美关系、伦理关系等销声匿迹，普遍主义方法论大行其道"①。教科书编辑不能忽视知识基础，但对于什么知识最有价值、选择谁的知识、掌握知识的过程及如何引导知识应用都要有清晰判断。

教科书精选学科知识体系已经成为惯例，并且越是成熟的学科，其知识的体系性越严格，甚至在学科内部也出现分割。知识教育的逻辑是以知识发展的大致序列为线索，将前一阶段知识作为后一阶段学习的基础，以知识为依据循序渐进提高学生的文化素养。如语文教科书曾经以"字词句篇，语修逻文"作为"八字方针"，以语言知识或文章知识为主线组织教科书内容；数学教科书分为代数、几何两门；物理教科书包括力学、声学、光学、热学等具体章节。虽然在综合性学习理念下，学科知识的严格逻辑体系被打破，但如何运用知识的框架仍未形成。知识教育传统对教学的影响是，教师习惯于以先知者视角来告诉学生世界是什么，是学生被动学习的根源所在，一旦学生的知识学习在某个时段出现断裂，后续学习就会相当被动。

教科书在强化学科知识的同时忽视了学习知识本身所需要的程序知识和策略知识，或者所提供的知识学生自己能够理解但与知识的应用却有很大距离，导致教科书的部分内容无须教学或需要教师费尽心力去补充，使得教科书部分内容的作用在某种程度上变得可有可无。虽然说"教科书应代行教师的一部分职能，是即便教师不在场学生也能够自主学习的'学习参考书'"②，但对于教科书的教学性而言，学生自主学习的内容应作为知识运用的基础，知识的安排应当服务于素养的形成，应当呈现特定知识学习的方法、知识运用的活动与实施安排。部编版教科书编辑基于学科核心素养培育，体现学科特点的同时以学生发展为理念，创新了知识的编排和组织方式。如语文教科书强调课内外结合的整本书阅读，教学任务群以任务为核心整合学习内容，在改变教科书知识选择与呈现的路径上迈出

---

① 张晓洁，张广君. 教学认识论的当代转向：从知识论到生成论：生成论教学哲学的认识论镜像 [J]. 教育研究，2017（7）：130－137.

② 钟启泉. 确立科学教材观：教材创新的根本课题 [J]. 教育发展研究，2007（12）：1－7.

了一大步。

三、基于教学的教科书编辑优化路径

教科书作为落实课程文件要求的载体和教学的重要依据，理想状态是能够在两者之间搭建有效桥梁，更好推动课程目标、内容落实为有效教学行为，迫切需要教科书重视教学的特性，基于教学实践和教学需要优化编辑方式。

1. 运用复杂思维定向教科书编辑

与线性思维的简单因果决定论相比，复杂思维更强调系统内多种要素之间的相互关系。不能忽视教育目标、课程标准等政策文件对教科书内容的影响，教科书对教学的影响，同样也不能忽视教科书和教学自身结构的特殊性及其与周围环境的互动作用，"视课程为转化过程，我们需要超越视课程为一系列相邻单元的观点——而是要视其为丰富的、开放的经验的多层次组合；视其为随我们注意力的转移而不断变换中心的复杂的马赛克"①。教科书作为课程的重要内容或是课程理念的基本载体，包括课程内容规划、教学支持设计和文本呈现三个主要流程②，是不同主体对知识、文化选择，教学活动设计及学生发展预期的综合体现，需要突破以往单一的以学科知识或能力训练为线索的固化框架，适当呈现出"缺口、刺孔和断裂"，为教科书在人类文化传承与学生经验发展方面留下必要的"不确定性"，为教学活动提供创造空间。

以充分实现教科书功能作为编辑取向。教科书之所以压倒性重视落实官方所要求的课程理念，根本原因在于教科书出版发行的政策限制——教材审查制度要求。预设的课程理念的终极需要落实于学生事实上所获得的发展，"培养什么样的人"非常重要，而"培养了什么样的人"才是根本。引导学生学习什么、如何学习、学习的最终效果是教科书将课程理念转化为课程实践的重要环节，无论课程的理念怎样变化，都不可能颠覆教科书基本功能的整体向度，需要优化的是在如何更好实现具体教育目标和效果之间达成路径。改革开放以来，课程理念经历了由"双基"到三维目标再到核心素养的变化历程，其实质是从重视基础知

---

① 多尔. 后现代课程观［M］. 王红宇，译. 北京：教育科学出版社，2004：52.

② 侯前伟，张增田. 基于功能—结构分析的教科书通用评价框架建构［J］. 教育学报，2018（5）：37－46.

识和基本技能的学习到重视学习过程与方法，再到重视学生全面发展的人才培养理念的变化，必然要求教科书的内容及结构与之相适应，在坚持文化和知识基础价值的同时，改变教科书构成要素组合和教学活动设计以更加有利于学生的全面发展。

有效吸收优秀教学经验作为编辑依据。教科书价值实现于教学阶段，教学阶段的实践反馈是教科书编辑改进的基本依据。应当将教学实践中的规律性认识成果作为教科书编写指导思想的重要维度，打通从教学实践吸取经验的通道，从教学研究与典型课例中提炼出具有共性价值的思想与内容直接作为教科书内容或者组织教学内容的凭借。教学研究或教学实践探索的成果，直接针对如何学、学什么的一般规律或具体学科和教学内容的实施方式，既有对教科书教学性的充分展现，又包含弥补、拓展其不足的努力，是对教科书运用于教学的检验与超越。教学情境、深度学习等领域的理论探索和实践成果，应当逐步吸纳进教科书，推动教科书的教学活动文本化。

2. 根据学生特点呈现意识形态要求

马克思曾说，理论只要说服人，就能掌握群众，而理论只要彻底，就能说服人。教科书编辑中所选择的意识形态话语，需要以符合学生特点的方式组织，搭建与学生群体话语之间的桥梁，推动学生话语向意识形态话语转化，并能够引导、规范学生的思想和行为表现。"成人如若真正地了解和理解青少年的发展状况，只有进入青少年的语境，掌握其话语模式的特点，与青少年进行沟通交流时才能消除话语的障碍，从而也就更大可能地发现青少年群体的社会实践规律，掌握青少年的真实情况。而成人若要对青少年的发展进行有效干预，比如思想价值观念的教育与引导等，从话语模式入手可能会另辟蹊径，增强干预的有效性。"[①]

教科书应更多采用以材料蕴含意识形态的方式。带着观点阅读材料与在阅读材料过程中形成观点是两种截然不同的认识方式。前者暗含的路向是世界是什么、应该是什么，然后用事例（材料）来证明这种预设的观点，侧重对教科书观点的掌握。后者的路向则是世界可能是什么，如何来理解现实中蕴含的可能及

---

① 刘丙元. 当代青少年的话语模式及其发展特点［J］. 中国青年研究，2015（11）：91−95.

其发生的原因，偏重于观点形成的过程。以材料蕴含意识形态的方式更接近于学生话语发展的本质特点，其教育效果将更加显著，但前提是要选择好有助于形成正确观点的合适的材料。需要特别注重材料的典型性、可迁移性及数量与阅读时间之间的合适性，如语文教科书中的革命文化渗透，需要多维度选择表现革命气质、精神和智慧的经典作品，引发学生的深刻思考和理性反思。

教科书应允许对所提供材料的意识形态有着不同理解。教科书需要将选择的材料进行恰当的组织与引导，推动融入、引导学生话语发展方向，从而在意识形态规范下实现身份认同、文化认同。不能仅仅沿袭满足于直接以意识形态话语模式从正面提炼材料观点的传统做法，需要特别重视材料中可能形成的非主流话语形态，通过辨析、对比、批判、反思等方式引导学生理解。教科书越是忽略学生话语基础，可能其所主张的话语体系越难通过教学落实为学生个体的内在素养。教科书编辑遵循意识形态要求引导学生发展的方向，不可能只通过既定路线的限制而实现，关键在于如何对不恰当理解的矫正。

教科书的意识形态内容安排应紧密关联社会现实。学生的经验是与学习和生活范围、程度联系在一起的，教科书以知识和活动为载体突破直接经验的局限，可能只会在较短的时间内形成与社会预期一致的价值观念。基于经验、超越经验、引领生活是教科书落实主流意识形态要求的应然方向。需要将思维训练、方法训练与所提供的材料有效结合，精心设计导读导教相关栏目，如传统的教科书中"研讨与练习"不能仅仅是提供一个练习的框架或讨论的议题，而要说明应运用哪些知识、如何获取这些知识、可从哪些角度展开思考。概括来说，就是不能以成人的视角来看待处于不同学段的学生对问题的思考方式。实证调查发现，"我国学校和师生对批判性思维的认识逐渐提高，具有鼓励和提升批判性思维的环境，但学生的学习与训练方式改变不大，批判性思维能力提升十分缓慢"[①]。只有改变囫囵吞枣的接受式学习方式，在与生活实践的对接中理解材料意义，恰当运用隐喻、规训等方式组合，意识形态要求才更能被学生接受。

3. 突出不同形态知识的关联与应用

知识是课程中促进学生与社会连接的基本路径，对知识本身的认识及其价值

---

① 戚业国，孙秀丽. 我国普通高中学生批判性思维状况与教育应对［J］. 教师教育研究，2020（2）：63－70.

的不同看法会形成不同的知识观，进而出现不同课程理论，由此影响教科书编辑活动。教科书编辑需要落实主流意识形态要求，承担着落实"培养什么人"的使命，同时作为教学的主要依据而需要体现"怎样培养人"的具体任务，在以纸质作为主要载体、以学科课程为主要形态的背景下，其编辑方式优化的主要着力点还是在于对知识的选择及其排列、应用。

一是要根据知识类型的教育价值确定其在教科书中的位置。教科书中的知识包括作为文化基础的陈述性知识、作为学习活动展开依据的程序性知识及指向于个人学习的策略性知识，不同类型知识各有其教育价值。所选择的"是什么"性质的陈述性知识是必须掌握并作为活动展开和下一阶段学习的基础，编辑时要注重其记忆和理解；程序性知识侧重于在活动中为培养学生能力提供辅助，编辑时要侧重于其操作性和对陈述性知识的综合运用；策略性知识与个体学习特点密切相关，编辑时应尽可能提供多种选择。有效把握区分并根据学科特点呈现教科书中的材料与知识、观点，知识掌握与能力训练、知识的共性和建构的个性之间联系和区别，是破解传统知识型教科书弊端的基本前提。

二是教科书的活动设计要为学生发展选择留下应有的空间。依据课程标准理念设计学习情境、提供学习任务已经成为教科书变革的基本走向，活动设计在教科书中的比重迅速加大，试图推动学生在具体活动中提高掌握知识的主动性并培养运用知识解决问题的能力，但这种意图能否成为现实，还受到"教科书研制者的素养""教科书设计意图本身质量""教科书性质的局限性"[①] 等多种因素的制约。活动数量的适宜性、活动指向的明确性、活动实施的操作性、活动方式的可控性都应成为教学活动设计的重要标准，需要适当顾及知识基础的前后连贯、不同发展程度学习需求、不同学科之间的关联与整合。

三是教科书的导引机制应侧重于学生建构知识的特点。如果说材料选择只是暗含着教科书的意识形态要求，导引机制则是教科书编辑意图最为集中、直白和明确的体现。教科书从最初简单呈现学习材料到设计课后习题，再到形成单元提示、活动设计、阅读拓展等丰富的学习导向内容，教科书的导引机制不断丰富，表述方式越来越侧重于学生学习特点，在整体轮廓方面体现出较为鲜明的学科特

---

① 石鸥. 教科书概论［M］. 广州：广东教育出版社，2019：171–175.

色和学段特点，问题设计的针对性、提供支架的有效性、知识整体的衔接性等方面仍有较大改进空间。部编版《普通高中教科书　历史　必修　中外历史纲要（上）》第7课为"隋唐制度的变化与创新"，其中"学思之窗"呈现王定保《唐摭言》卷1《散序进士》中的一段内容，随后提出"科举制度对中国历代王朝的统治有什么影响"的问题，即便是大学历史专业学生回答也可能存在一定的困难，材料太少、问题太大、过于专业化，无法引发有效的学与思。此外，旁边的插图是一块拓帖，字迹模糊、缺失，不能读出其完整意思，对学习和思考也没有实际价值。导引机制的完善需要从形式上的多样转向对学生建构知识的实质帮助。

　　基于教学、为了教学，是教科书教学性本质的必然要求。社会在发展、时代在变化、技术在进步，推动着教学需求不断变化。教科书文本既要传承社会文化基本内核，又要满足变化着的教学需求，其编辑必然是永远在路上的创新过程。

第六章

教科书编辑素养

教科书编辑素养是指教科书编写者在思想品德、从事编辑工作的情感态度、学科与编辑方面的专业知识与能力的综合表现。与一般的图书编辑工作相比，教科书编辑具有相当强的特殊性，其素养要求更为严格。近年来颁布的教科书管理及审查审定文件中，都提出了编写人员的条件要求，大致描述了教科书编辑的素养框架；教科书出版单位的内部制度，更是具体提出了编写工作中应具备的能力。然而，教科书编写专业和兼职两种类型的区别，编辑专业素养、学科素养和教育素养需要达到的程度，三种素养如何融合到具体编辑工作中，如何在保证教材思想性的同时体现其学科特性等，这中间还有许多具体问题需要做学理上的探讨和实践上的总结。

第一节　著名教科书编辑的思想与实践

我国现当代教育发展的历史，同时也是教科书编辑的历史，即便在抗日战争时期、解放战争时期等烽火连天的岁月，甚至在"文化大革命"这个特殊的时期，培养一代又一代青少年的基础文化素养的主要载体仍然是教科书。中华文化的血脉延续发扬、社会不断发展进步，离不开一代又一代教科书编辑的辛勤奉献，特别是编辑大家的思想与实践，深刻影响着教科书编写与使用。

一、张元济的教科书编辑思想与实践

张元济（1867—1959）是我国近代杰出的出版家、教育家、爱国实业家，也

是一位资深的藏书家，他的成就与商务印书馆的兴起和发展紧密相关，商务印书馆最初的兴旺源自教科书出版。商务印书馆是我国历史最悠久的现代出版机构，其成立标志着我国现代出版业的开始，其于 1897 年创办于上海，1954 年迁到北京。1902 年，张元济辞去南洋公学职务加盟商务印书馆，历任编译所所长、经理、监理、董事长等职务，直到 20 世纪 50 年代因身体原因才退休。"商务印书馆教科书编撰出版的高峰最初发生在清末'癸卯学制'颁布到民国成立之时。这一时期，商务印书馆组织编写、编译和出版了大量新式教科书。如 1904 年陆续出版的'最新教科书'系列；1910 年陆续出版的'简明教科书'系列，包括修身、国文、历史、地理、数学、格致、实业、法律等。"① 商务印书馆邀请了包括胡适、蒋梦麟在内的一大批后来大名鼎鼎的人物充当教科书编辑，其中张元济本人的出版观念和编辑思想所发挥的作用非常重要，也对其他出版社的教科书产生了很大影响。

张元济主持并参加新学制下的教科书编辑，并没有先例可循，很多工作都具有开拓性质。其主要观点可概括为以下方面：

一是主张将新的道德观念贯彻到教科书内容之中。针对当时国家积贫积弱及清政府无所作为、民智未开、科学落后的状况，希望通过教科书使国民达到"无不知爱其国，卫其种"，并且不能沿用以往德育"高深之理论、奇特之事迹"，而是要重视"养成立宪国民之资格""养成国民国家之思想""引起国民崇拜英雄之观念"的运用。

二是教科书内容排列要顺应儿童身心发展特点。传统教材基本上侧重于教育内容的选择，而学习方式则交由教师来把握，教学质量保障完全取决于教师的教学水平。张元济针对这一弊端，提出教科书编写应"由浅入深，由近及远，由已知及未知，按儿童脑力体力之发达，循序渐进"，自觉运用心理组织原理安排教学内容，为教师的教和学生的学提供了较为清晰的脉络。按这种方式编写的教科书自然会广受欢迎、销量大增。有资料详细记载了张元济与同仁共同编写小学语文教科书的过程。

1 月 18 日（癸卯十二月初二）上午，与蒋维乔商编教科书事。先生曰："蒙

---

① 石鸥. 民国中小学教科书研究［M］. 长沙：湖南教育出版社，2018：52.

学读本东西各国考定者皆以笔划繁简定浅深，已编之稿须将第一编重编。"午后又与高梦旦、蒋维乔、小谷重、长尾槇太郎会商图文教科书体例，定第一册为六十课，每课又分为二。第一至六课皆用单字（半课四字，一课八字）……（蒋维乔《鹪居日记》)①

三是奠定了现代学制下教科书分科编写的基本框架。以张元济为核心的商务印书馆根据清朝学堂章程的要求编写出的中小学教科书，为后来教科书编辑作出很好的示范。其初等小学教科书包括国文、格致、算术、笔算、珠算、地理和修身7种，高等小学教科书包括国文、历史、地理、算术、珠算、理科、修身、农业和商业9种，中学教科书包括动物、植物、矿物、物理、化学、生理学、代数、平面几何、立体几何、三解、用器透视画和投影画12种，另外还配合课本教学编写了《教授法》。这些编辑工作，有力推动了旧式教育向新式教育转变，培养了诸多为后来抗日战争和新中国建设作出卓越贡献的优秀人才。

二、叶圣陶的语文教科书编辑思想与实践

叶圣陶是我国近现代教科书编辑史中最为耀眼、成就最为突出的人物，他是我国著名作家、教育家、出版家和社会活动家，1949年以前长期从事语文教科书编辑工作，主编《开明国语课本》《开明国文讲义》《国文百八课》《开明新编国文读本》《开明新编高级国文读本》等二三十种教科书，1949年以后曾出任出版总署副署长、教育部副部长、人民教育出版社社长和总编辑、中国作家协会顾问、中央文史研究馆馆长、全国政协副主席、民进中央主席等。叶圣陶的多重身份和教科书编辑的丰富经验，形成了其独到的教科书编辑特别是语文教科书编辑的经典思想。

1. 教科书编辑要"为教育前途计"

教科书属于公益产品，又具有商品的特性，被认为是一种特殊的"商品"。无论是自由制、审定制还是国定制，教科书的出版和发行中始终会有出版营利的影子。西方古典经济学中的"经济人"假设认为，人都会完全理性的，都会追求自己利益的最大化。教科书发行以及教科书编辑不可避免会受到经济利益的驱

---

① 张树年. 张元济年谱 [M]. 北京：商务印书馆，1991：41.

动和影响，需要有强烈的责任感来克服这种源自"本能"的驱动，叶圣陶称之为"为教育前途计"。教育前途具体表现在学生的发展方面，而不是编辑想当然要灌输的内容，并且学生的发展一定要是教科书所促进的、与教科书内容直接关联的，"由别的因缘"导致的儿童发展，决不是教科书的功劳。关于教科书编辑思想与出版社会的关系处理，叶圣陶认为："对于少数读到我的书的儿童，我总算贡献了一份微薄的礼物。反过来，如果我的书绝无可取，或者竟是有害于儿童的毒物，出版家固然利市十倍，而我的粗制滥造之罪且将终身莫赎。"①

关于对教科书编辑工作的态度，叶圣陶在1962年8月22日至人民教育出版社中学语文编辑室的信中提出：

编辑工作约为四事，选文，作注，撰短文，出题目是也。请分别言之。

我尝谓凡选文必不宜如我苏人所谓"拉在篮里就是菜"。选文之际，眼光宜有异于随便浏览，必反复讽诵，潜心领会，质文兼顾，毫不含糊。其拟以入选者，应为心焉好之，确认为堪以示学生之文篇。苟编者并不好之，其何能令教师好之而乐教之，学生好之而乐诵之乎？其理至著明也。初入选之文篇，经共同研讨，或终于不入选。然初选之顷，万不宜草草从事，可断言也。

我人选文，似当坚持一义，非欲凑成一册篇数足够之汇编，而欲一册之中无篇不精，成为学生营养之资也。请诸公观之，此义何如？②

这段论述，深刻表明叶圣陶先生对于语文教科书编辑的学科素养和编写态度的理解。编辑需要以"质文兼顾"的标准慎重对待选文，首先要自己喜好，确定能作为学习的典范，才可进入选文的视野，但进入视野并不意味着能够入选，切忌"草草从事"的态度。背后所包含的更深层次的意蕴是编辑要有深厚的学科功底，加上对学生发展负责的态度，才可成为一名优秀的编辑。

2. 教科书编辑要培养学生"自能读书"的能力

叶圣陶早期从事教育所处的时代，是由传统教育过渡到现代教育的转折时期，关于这方面的思考自然成为其阅读思想的主要内容。他认为阅读是一个不断积累的实践过程，"多读多作固属重要，但是尤其重要的是怎样读，怎样写"。

---

① 叶圣陶. 叶圣陶教育文集：第4卷［M］. 北京：人民教育出版社，1994：632.
② 同①插图2.

只有伴随"怎样读"的方法指导下的积累与扩充，阅读才可能在落实预期的能力和习惯目标方面产生实效。

就过程而言，阅读的积蓄扩充需要课内与课外有效打通。以语文课为中心的阅读活动，首先要求学生在课前有充分的准备，"一篇精读教材放在面前，只要想到这是一个凭借，要用来养成学生阅读书籍的习惯，自然就会知道非教他们预习不可"。预习是学生凭借工具书和自己知识能够掌握的内容，如生字新词、章法结构等。充分预习基础上的课堂活动则在于纠正或补充预习中的错误或理解不当的地方，或教之以"欣赏"的方法，或讲之以作品之妙处，并在学生课外阅读同类体式作品时得到应用，从而养成"自能读书"的习惯。阅读要以精读为主体，目的却是指向通过略读的扩充最终养成一辈子读书的兴趣与习惯。就方法而言，阅读的积蓄扩充要以理解为基础进而加以批评。理解是"入乎其内"还原作品的原意，从形式和内容两个方面把握作品内部之间的关系、明白作者的思想情感；批评是"出乎其外"来评价作品的优劣。两者结合，才能"从他人的经验中取其正确无误的，于我有用的，借以扩充我的知识，加多我的经验，增强我的能力"。读、回想、标记、做笔记是基本的方法要求。就对象而言，积蓄扩充应以整本书为主，辅以单篇短章。整本书容量大、内容全，能够涵盖单篇短章所涉及的记叙、说明、抒情和议论等文体，对阅读习惯养成的功效明显。"在某一时期专读某一本书，心志可以专一，讲究可以彻底"，"那几本书是真正专心去读的，这就养成了读书的能力"。

3. 教科书编辑要侧重形式训练材料的选择

叶圣陶先生在长期的教材编撰实践中，形成了较为系统明确的语文教材观，如认为"语文教本只是些例子""'开卷有益'也只是句鼓励人家的话"，但最核心的观点是将教材看作语言形式训练的材料。首先，教材是用来训练的材料，其目的是从教材入手，培养日后阅读各种书的能力。叶圣陶先生坚决反对将经史古文与现代文学作为中小学的主要内容，即使是为"了解固有文化"而选择，也仅限于部分"切要的、浅易的、易于消化的，不宜兼收并包，泛滥无归"，重心应在于阅读与写作的基本训练。其次，教材要突出语文的形式特征。这与叶圣陶对语文教学特点的认识是一以贯之的，他在不同的场合反复强调语文是基于掌握语言运用"技术的训练"，体现道德教育的内容虽然也很重要，却是各科教育都应当承担的责任，因此经典不应当成为中小学语文教材的主体。从以文话为主线到以文体为主线的课文单元编排方式正是这一思想的集中体现。最后，阅读材料作为写作的范式。在读与写的关系上，叶圣陶始终坚持两者的统一关系，将阅读而吸收、写作之倾吐合为一体，认为写作问题的根源在于阅读。因此将阅读的材料是否有利于写作作为阅读内容选择的基本标准。比如，一般人在社会生活中大都要写"普通文"而不会写文学体裁内容，据此主张阅读以记叙文体为主并加入应用类文体，"给多数人预备语文教本，一般总带着供给写作范式的意思。那自然该多选记叙文，少选论说文跟著述文，甚至完全不选"。为了训练的深入，叶圣陶先生特别反对教材内容贪多求全、面面俱到的做法。

语文教材的文化价值、语文价值和教学价值的综合考量是决定其质量的基本准则，也是评价中最容易出现矛盾和争议的焦点。叶圣陶先生的语文阅读教材思想，集中体现了他所生活的时代的教育特征和要求，当前社会生活和学生经历已发生深刻变化，但在阅读教材的指导思想上仍可借鉴其宝贵经验。语文价值是语文课程区别于其他学科课程最为突出的根本特征，文化价值、教学价值是所有学科课程都要考虑的方面，但与学科特点密切相关。应当减去加在语文教材之上的各种非语文的要求，从语文学习的规律来研究与编撰语文教材。把语文教育为"人的一生打下精神的底子"这样的道德重任压在语文一科、把文学作为语文教材的主体这样的观点，既不利于学生阅读素养的全面发展，又忽视了其他教学科目的育人功能。同时，教材编排应当加强对语言形式规律的应用。语文的理解与表达到底需要遵循一种怎样的顺序，中小学生的阅读素养演进的基本规律到底如何，既需要通过较大的阅读量形成语感，更需要教材提供一种较为清晰的训练脉络。

三、陈尔寿的地理教科书编辑思想与实践

陈尔寿是1949年后由地方调到人民教育出版社、由地理学科专家成长为优秀教科书编辑的典型代表。他先后参与制定新中国第一套中小学地理教学大纲，主持编写新中国第一套小学地理教科书和教学参考书，参加编写初中地理教科书和教学参考书，另外著有《台湾经济地理》《祖国的河流》等地理科普和通俗读

物，担任《中国大百科全书》（中国地理卷）执行副主编、《中华人民共和国地名词典》编纂委员兼总卷主编。

1. 重视教科书的"人地关系"内容

关于地理教科书编写的体系历来有不同意见，包括按地学体系编写、按自然地理和人文地理概念体系编写和以人类和地理环境关系为线索编写等各种主张。陈尔寿在主编 1982 年出版使用的《高级中学课本　地理》中，突出"人地关系"的重要作用，主张"正确理解地理环境的结构及其变化发展的基本规律，了解人和地理环境的相互关系，是学生必须具备的科学文化知识，也是今后继续学习和参加四化建设需要具备的知识"。"在地理教学方面，既要给予学生有关构成地理环境的地学基础知识，也要给予学生与环境问题有关的人文地理基础知识，两者不可偏废。并且自然地理和人文地理的知识应该通过人类和地理环境的关系这一线索，有机地联系起来。"[①] 他将此理念概括为"以地为生、人地协调、持续发展"，具体到教材内容的选择，就是要围绕人类与地理环境的关系这个中心论题。

这一思想在当前课程标准中得到延续。《普通高中地理课程标准（2017 年版)》的课程性质提出，地理学是研究地理环境以及人类活动与地理环境关系的科学，具有综合性和区域性等特点。地理学科的必备核心素养要求通过高中地理学习，使学生强化人类与环境协调发展的观念，提升地理学科方面的品格和关键能力，具备家国情怀和世界眼光，形成关注地方、国家和全球地理问题及可持续发展问题的意识。"1982 年，我们在新编高中地理教材时，就引入了人地关系协调论的观点，目的是帮助学生树立科学的资源观、人口观和环境观，帮助学生正确认识世界、认识祖国社会主义建设的成就和存在的问题，这收到了良好的效果。此后，人地关系协调论一直成为地理教材编写的重要指导思想。"[②] 人地关系协调观点为地理教科书明确了价值取向，为选择具体内容和安排训练活动提供了明确依据，并且与地理学相关学科的学术性编排有着显著区别，更加符合教育的宗旨与目标。

---

① 陈尔寿. 新编高中地理课本的说明 [J]. 课程·教材·教法，1982 (2)：31 – 34.
② 韦志榕. 地理教材编写感悟 [J]. 课程·教材·教法，2011 (2)：36 – 40.

2．倡导地理教育为乡土建设服务

针对当时许多地方初升高考试（中考）不考地理及高考只有文科考地理，以及学校地理教育中偏重知识教育等问题，陈尔寿从乡土建设服务的角度提出提高地理教学质量的意义与取向。他分析了当时学生毕业后的去向，其中90%的初中生和60%的高中生是在当地就业，不结合乡土地理的地理教育将远离学生的生活经验与当地自然和社会实际，就会变得空洞无趣，同时也对当地发展无所帮助。地理教育能"培养学生热爱家乡、热爱祖国的思想感情"。"爱家乡、爱祖国的精神力量，是促进学生全面发展、勤奋努力、树立为社会主义事业和社会主义祖国而献身的内在驱动力。""爱家乡是爱国的基础。从热爱家乡开始，进一步激发对祖国的热爱。地理教学在这方面是可以发挥重要作用的。"① 加强乡土教育就应当加强乡土教科书的编写，当时多种多样的教材，他总结出其特点与应进一步探究的问题。当时乡土教材总的特点包括突出本地地理位置、自然条件和经济文化特点，地理事实材料比较详细并有较好的分析，突出新中国成立以来利用与改造自然和发展经济方面取得的成就，也注意到了学生的学习特征，在编写形式上有些创新，同时也存在教材与乡土地理不加区别、可读性不强、活动安排缺少实践时间等问题。

时至今日，在人口迅速流动背景下的中国社会的乡土观念和乡土文化早已今非昔比，地理课程和地理教科书已发生了翻天覆地的变化。《义务教育地理课程标准（2011年版）》的课程设计思路提出"义务教育地理课程分为四大部分：地理与地图、世界地理、中国地理、乡村地理"，同时又规定"乡土地理既可作为独立学习的内容，也可作为综合性学习的载体。学生可以通过收集身边的资料，运用掌握的地理知识和技能，开展以环境与发展问题为中心的探究式实践活动"。虽然已将乡土地理作为必学内容，乡土教育成为校本课程，但具有一定适应范围的乡土地理教科书却从学校中基本消失了。多数学校有能力开发课程标准所主张的小尺度区域（乡、镇以下）的乡土地理校本课程吗？高中阶段已经没有乡土地理的提法，旅游地理、政治地理、城乡规划等与经济社会发展高度相关的内容成为选修课程。

---

① 陈尔寿. 加强乡土地理教学，为乡土建设服务 [J]. 人民教育，1982 (3)：54－57.

3. 主张从教科书传统中吸取力量

陈尔寿在地理教科书编辑过程中，特别重视传统经验的挖掘与总结，并能够借鉴国外相关研究成果的运用，先后撰写《日本中小学的地学和地理课程》《三十五年来的地理教学》《建国前的中小学地理课程》《十年来我国中学地理教育的改革》等文章，较为系统梳理出地理教学、课程和教育改革的整体脉络，以此作为教科书编写和完善的重要依据。他总结了地理教学的经验后提出高中阶段开设"人文地理"和"地球科学"分别供人文社会学科和理科爱好者选择，学段之间的知识结构应逐步扩大、加深、提高和发展，要避免简单重复；中国地理内容安排应在自然区域和行政区域序列之间形成合理关联，在黄秉维院士等人研究成果的基础上首创西北地区、青藏地区、北方地区和南方地区四大区域分法。

侧重从教学的需要来设计教科书内容。他在整理以往地理教科书知识体系的基础上，主张改变以地志模式为主而形成的"地理八股"知识结构，提出世界地理教科书以地球和地图知识为基础，相关学习只要"获得有关世界地理的基本知识和自学世界地理的方法，树立人地关系的初步观念即可"，力图将学生从繁杂的地理事实材料困境中解脱出来，初中地理要加强总论，简化区域，充实人文地理内容并进一步明确乡土地理内容。陈尔寿对地理教科书知识选择的结构框架认识对教科书编写具有非常重要的启示价值。另外，他也特别看重教科书中的思想教育工作，不但强调辩证唯物主义和历史唯物主义思想的自然渗透，还重视爱国主义教育、环境意识和生态意识教育、全球观点的有机融入。其所提倡的"思想教育要寓于地理知识教育和能力培养之中"的观点应是所有教科书编辑过程中均应遵循的基本原则。

纵观编辑历史，教科书的种类之多、版本更新之快、要求之高、影响之大，不是其他书籍编写所能够相比的，因而历来对编辑素养要求非常严格，许多人一辈子默默耕耘在编辑领域，在为国育才的过程中最大限度奉献自己的力量，为中国教育发展的方向正确和质量保障奠定了坚实的基础。

第二节 教科书编辑的专业素养向度

教科书编辑是国家教育政策、课程标准理念的最直接体现者，也是教师教学和学生学习的引导者，教科书在教育中所具有的重要功能决定了教科书编辑的基本素养要求。政策素养、学科素养、编辑素养和文字功底是教科书编辑素养的四个主要方面，并且要求教科书编辑在具体编辑工作中能够综合运用多种知识和技能解决具体问题，推动教科书编写内容和体例创新，从而不断提高教科书编写质量。

一、熟悉国家相关政策并能够贯彻到位

政策素养是教科书编辑专业发展的方向保障。教科书编辑不仅应熟悉相关方针政策，并且要能够自觉将政策要求融入编辑工作全过程，使教科书内容符合政策导向并且对教师的教和学生的学形成正确的导向。

1. 准确把握国家宏观政治方向

当前党和国家教育方针是培养德智体美劳全面发展的社会主义建设者和接班人。国家教育方针根据社会发展情况确定，在不同历史时期表述有一定的变化。从"德智体全面发展"到"德智体美全面发展"，再到"德智体美劳全面发展"，随着方针要求的变化，教科书内容的选择也有着不同的要求，如何将"美"与"劳"渗透到以学科为主的教科书之中，需要对美育和劳动教育及其与学科的结合有深刻的理解。其中，教科书编辑的创造性处理是落实政策要求的关键环节。如插图选择、封面设计、排版方式都会影响到学生的审美意识，各学科的内容处理方式也会影响到劳动观念与劳动技能培养。尤其是如何发现隐藏在教科书背后可能存在的潜在影响，更需要编辑反复斟酌。

教材具有鲜明的意识形态属性，直接影响学生的世界观、人生观和价值观，需要编辑具有高度的政治素养以保障政治导向的绝对正确。一是要严格遵守敏感问题措辞的规范性。如《新华社新闻信息报道中的禁用词和慎用词（2016 年 7

月修订)》中的规定等。二是要将政策精神落实为教科书的内容选择。数学、物理、化学等学科的系统化、科学化均主要在西方国家完成，这些科目的教科书既要尊重历史事实，又要反映中国古代所取得的成就和当代发展的历程，以此体现中华文化的源远流长和顽强生命力、创新力。三是要将国家教育政策理解到位。近年来，国务院、教育部颁发了一系列的教育改革文件，教科书编辑需要从国家对未来一代培养的整体方向出发，深入学习与教科书编辑相关的文件，并且要将不同类型的文件形成有效关联，把握教育在国家和社会发展中的位置、教科书在教育发展中的位置，从而能够以更高的站位、更宽的视角从事编辑工作。

2. 深入领会学科课程标准要求

近年来，教材审定审查标准和教材相关文件都将学科课程标准作为教材编写的重要依据，要求各学科的教材有效落实课程标准的理念，甚至今后将不再制定中考高考考试大纲，命题以课程标准为依据。当前的高中课程标准中增加了"学业质量标准"内容，分级描述出学生学习应当达到的程度，意味着学科教学全面进入"标准时代"。在教学实际中，教师的教和学生的学，仍是以教科书为主要依据，虽然教师可对教科书拓展延伸或组合选择，但"以本为本"是无法凭借教师个人力量改变的事实，教师要在教科书基础上发挥更大的创造性，在依据学情的基础上更好体现针对性，根源还在于教科书是否留给教学创造和因材施教更大的空间，因而教科书编辑要对课程标准的整体框架和具体内容了然于心，做到心中有标准、下笔有依据。

要明晰学科课程标准内容的衔接。课程标准规定了学科性质、课程目标和内容，在此基础上提出教学建议、教材编写建议和教学评价建议。规定和建议是两类不同性质的要求，规定是指令性的，各门学科的课程与教学都要遵照执行，其中课程目标一般性地描述出特定学段学习后学生应该达到的发展程度，相对较为抽象，课程内容是为实现目标而从特定学科中所选择的概念、原理、事实等方面的要素。建议是可选择的，是针对特定课程环节提出的具体做法要求，教材编写建议直接针对教科书编辑，教学评价建议也间接对教科书编辑具有参考价值。同一学科教科书在不同学段之间，特别是义务教育阶段与高中阶段如何形成有效衔接，仍是值得深入探讨的一个重要课题。

要能弥补课程标准存在的不足。课程标准是教科书编写的重要依据，但课程标准具有较强的稳定性，其修改完善需要一定的周期，而教育教学实践及教育政策环境变化较快，相对课程标准而言，教科书的修订更为灵活，因而对教育教学中出现的一些问题、教育政策的最新要求，以及课程标准尚未涉及的个别重要问题，都可以在教科书修订中全部得到或部分得到解决。例如，2017 年教育部要求各级各类教材全面落实"十四年抗战"概念，就直接在历史教科书中修改了；《义务教育语文课程标准（2011 年版）》的 5 个附录分别提出优秀诗文背诵篇目、课外读物建议、修辞知识要点及两个字表，并没有提出哪个学段、哪个年级具体要掌握哪些内容，这些要求具体化需要教材编辑的创造性思考和探索。

二、具备较为完善的知识体系结构

教科书编辑的职业背景不同，知识体系结构存在较大的差别。专业编辑的学科知识深度和对教育教学的体验相对要弱一些，而学科专家和中小学一线优秀教师在兼职编写教科书时，编辑专业知识可能是其短板。此外，不同学科、不同学段，对教科书编辑的知识素养要求也存在一定差别。教科书编辑需要取长补短，并且在团队中充分发挥自身的专业基础优势，合力提高教科书知识选择与组织的合理性和科学化程度。

1. 扎实的学科知识基础

义务教育阶段和高中阶段是学生奠定文化知识基础的时期，需要教科书提供准确、有价值的学科知识，其中教科书编辑自身的知识体系结构不可避免会影响教科书内容的选择。教科书编辑在学科领域要有较高的造诣。与学科专家相比，教科书编辑的学科知识结构的深度远不如其广度重要，更需要掌握的是知识的准确性、规范性、基础性，特别是知识之间的内在逻辑联系。教科书编辑的学科知识积淀，其目的不是创造学科知识，也不是建立学术体系，而是为更好选择学生需要掌握的知识、为学生通过教科书更有效掌握知识作好准备。

学科知识在不断累积更新，不同学科之间情况差别较大，人文社会科学领域相对较为稳定，自然科学前沿则是日新月异，但最核心的内容是相对固定的。如何在限定的课程计划时间内引导学生掌握未来生活、学习所必需的内容，同时兼顾学术发展对未来一代培养的需要，是教科书编写始终面临的重要任务，同时，还需要充分考虑特定学科教科书中哪些知识是必须掌握的，知识如何分布在各册教科书中，知识的难度应当呈现一种怎样的阶梯。对于所选择的知识，要让学生通过努力获得充分内化，还要考虑能让大部分人掌握。

处理好教科书编辑中的知识问题，需要教科书编辑熟知具体学科的知识结构，清楚认识哪些内容是非学不可的，哪些内容是可以选择性学习的；从学生发展的整体看待学科知识，从学科的整体看待每册、每单元的知识衔接；从知识本身的价值来看待其在教科书中的地位，能够区别不同类型知识对学生发展的主要作用，特别是要能够注意知识背后所隐含的文化取向。

2．一定的教育教学知识及体验

教科书是教的依据，是否好教、是否教得好，是判断其质量的重要依据。教科书编辑的教育教学知识，有助于从教学视角选择与组织教科书内容。纯粹的学科专家编写的教科书，往往只注重学科内容体系的安排，并且多半带有个人的学术偏见，不利于教科书作为学生发展奠基材料的功能发挥。如刘师培主编的《中国文学教科书》虽然学术性很强，但过于高深，过于突出学术性，有将高中语文作为大学文学专业课程的取向，对教师的专业知识要求特别高，自是不利于教学的实施。

教科书主编的教育教学知识背景特别重要。主编对教科书编写理念、整体框架、设计思路具有很大的话语权。每门学科涉及的内容都很宽泛，如何将选择的基础性内容有效组织，需要以科学的教育教学理论作为基础。当前《义务教育教科书　道德与法治》1~6年级总主编鲁洁、7~9年级总主编朱小蔓，高中思想政治总主编张异宾，义务教育和高中语文总主编温儒敏，高中历史总主编张海鹏都是高校资深教授。他们有的是思想政治教育专家，也是著名教育学者，有的是所属学科的一流专家，能够确保教科书学科知识的权威性，也能正确体现三科教材的政治属性要求。

教科书编写团队的学科组合不能完全替代编写者个人的教育教学知识，特别是实践经验基础。一个人的精力总是有限的，学科背景也有局限性。教科书编辑既要贯彻意识形态的要求，又要站在教师的立场反观教科书编写的适切性，并且从教师教学实践的视角出发，而不能仅是一种形而上的教学理论，教育教学知识和实践经验都很重要。以往教科书中曾有过一些低级的错误，就是理论不当或实践缺失的必然表现。

3. 必备的心理基础知识

教科书编辑的必备心理基础知识，主要是针对教科书适合于学生学习的需要而言的。心理学具有一个庞大知识体系，教科书编辑需要掌握的只是这个集合体中与学生的学科学习密切相关的内容。林崇德提出，儿童青少年心理发展的年龄特征是编写中小学教材的出发点，教材内容的呈现方案必须与中小学生认知规律相匹配，思维能力发展是中小学教材编写心理化设计的首选课题①。教科书编辑的心理学基础主要是关于儿童青少年的年龄特征、与学科学习基础相关的认知规律和特定的思维能力等知识，并且能够以此为基础分析和判断教科书选择的材料所具有的教学价值，推动教科书设计、组织的心理化。当前一部分中小学教科书在不同学段之间知识呈现以螺旋上升的方式安排，体现了学生心理发展图式与认知特点，但在具体环节中仍有改进的空间，需要教科书编辑对心理学知识转化为编辑实践做出创造性工作。

除一般性的心理学科知识外，教科书编辑还需要根据具体编辑任务选择相应的心理学研究成果作为编写依据。教科书的版式、装帧等设计可依据眼动研究成果加以改善，数学教科书编写需要参考数学思维能力的构成情况，语文教科书编写需要参考语言能力核心要素及不同时期发展特征的权威结论等。人的心理世界是一个非常特殊的领域，已有研究对人自身的认识还远远没有达到对自然界规律认识的高度，最新的心理学研究成果并不一定是最终的研究结论，也不一定进入心理学科所归纳的知识体系，其选择与运用需要教科书编辑个人的眼光和识别能力。同时，"目前关于教材学科逻辑和心理逻辑的共识是，要注重二者的统一，而不是做出非此即彼或者简单折中的选择。但是，如何将二者统一起来？这仍然是一个难题"②。

三、具备扎实的文字表达功底

《义务教育语文课程标准（2011 年版）》提出："阅读是运用语言文字获取

---

① 林崇德. 中小学教材编写心理化设计的建议 [J]. 课程·教材·教法, 2019 (9):
9 - 11.

② 漆涛. 教材学科逻辑和心理逻辑的二元对立与超越：基于杜威教材心理化的概念分析 [J]. 全球教育展望, 2015 (5): 24 - 35.

信息、认识世界、发展思维、获得审美体验的重要途径。阅读教学是学生、教师、教科书编者、文本之间对话的过程。"事实上，大部分学科的学习都是以教科书文本为主要对象的阅读过程，其教学也是学生、教师、教科书编者和教科书文本的对话过程，其中教科书文本的表达方式是影响对话的关键，教科书文本的编写者是形成教科书文本的主体，虽然教科书文本背后还有很多其他人的声音，但最终成型取决于编写者。教科书编写者不仅要有思想，有知识，有理念，还需要将无形的内容转化为具体的文字，准确地表达出思想意图，文字表达功底是决定教科书质量的重要因素。

1. 具有良好的语感

语感是在长期的理解与表达活动中形成的对语言的敏锐的感受能力。"语感是言语能力的重要组成部分，语感的本质是一种类化了的个体的言语经验，是个体在其生活中进行言语活动的产物。语感有广义和狭义之分：广义的语感是指对言语活动进程和方式或自发或自觉的直接起稳定的快速的调节控制作用的个体心理特征，即能力；狭义的语感则指言语活动过程中的心智技能。"① 广义的语感涉及的对象是个体整个言语活动，相关研究主要是针对语文教学中培养学生语文素养而展开的。教科书编辑需要具有通常意义上的语感，更要有体现教科书特色的语言敏感性。

一是教科书编辑的语感侧重与具体学科相关。除外语外，所有学科教科书都是用汉语来表达，只是学生学习的重点不是汉语形式，而是汉语所表达的内容。各门学科都有特定的表达学科知识的方式，数学、物理、化学中的公式、书写方式、解决思路及其所蕴含的思维各有特性。不同学科的语感主要归纳为其心智技能，如数学中的数感、音乐中的乐感、体育中的运动感等。数学教科书编辑就提出，"常用逻辑用语是数学语言的重要组成部分，是数学表达和交流的工具，是逻辑思维的基本语言，使用常用逻辑用语表达数学对象、进行数学推理，可以提高交流的严谨性与准确性，提升逻辑推理素养"②。教科书编辑准确掌握具体学科的语言表达方式，是编好教科书的基本前提。

---

① 徐云知. 语感的本质探析 [J]. 中学语文教学，2003（6）：14 – 15.
② 王嵘. 作为语言来学习，发展数学抽象素养和逻辑推理素养 [J]. 中学数学教学参考，2019（25）：12 – 14.

二是教科书编辑的语感服务于学生的阅读。教科书有什么样的话语系统，学生就可能有什么样的思维方式，教科书的话语更接近学生的心智发展需要，其内容就越容易被学生理解与接受。在很长一段时间，教科书总是以绝对真理的方式表现其内容，很大程度上阻碍了学生批判能力的形成。当编辑改变行文口吻，以与学生平等对话的心态出现时，其语气就会发生明显变化，如部编版《义务教育教科书　语文　八年级上册》第一单元"活动·探究"的活动任务单是这样写的：

你经常接触新闻，注意过常见的新闻体裁有哪些，各有什么特点吗？知道新闻作品的采编过程是怎样的吗？有没有想过自己也试着写一写新闻？通过本单元的学习，相信你对新闻会有更加清晰的认识。

运用"你""想过自己""相信你"等人称表述，编写者将自己与学生摆在同一位置，以商量的口吻层层设问，引导学生进入未知的领域并激发探索的欲望，无疑是站在服务学生阅读的视角而采用的一种较为恰当的人称表述方式。

2. 形成简明的风格

《教育大辞典》指出，语言风格是指人们在进行交往时，根据不同的交际场合、目的、任务及交际者的秉性和素质而采用不同的语言素材和方式。可分为四类——日常口语体风格、应用文体风格、艺术文体风格和个人的语言风格，各类风格都有自己独特的一套词汇、语法、语音和修辞手段等风格要素。儿童对这方面能力的获得有赖于思维的发展及对旁人运用语言的观察。教科书是特殊的书籍，编辑撰写的内容大多具有应用文性质，可归入应用文体风格小类，即便与一般应用文体风格相比，教科书的语言表达也具有其独特性。

教科书编辑的语言表述要精要。由于篇幅有限，不可能长篇大论展开，所以其语言应该特别精练，不该展开的一定不要展开，一是能为教师根据学生实际情况选择与拓展教学内容留下空间，二是为学生理解教科书提供的知识与经验"留白"。教科书的语言不能代替教师的教学语言，无须事无巨细全部呈现，但同时也要警惕语焉不详的问题，该到位的一定要到位，不能因为篇幅而限制表意的完整性。如何解决这种矛盾，需要教科书编辑具备很强的表达能力，需要教科书语言风格体现教科书内容的要求。

教科书编辑的语言表述要准确。教科书中不能出现错误或引发歧义的内容，对学术上没有定论的内容要说清楚。人民教育出版社出版的《义务教育教科书

数学 八年级下册 自读课本》出现爱因斯坦对勾股定理的证明漏洞，引发社会广泛批评；福州小学生发现语文课文《羿射九日》中前一段提到的"江河里的水被蒸干了"与下一段"蹚过九十九条大河，来到东海边"明显矛盾等，教科书中存在的问题，都是编辑过程中表达上存在的疏忽。

教科书编辑的语言指向要明白。要求做什么、禁止做什么，提倡做什么、反对做什么，要能够根据课程目标恰当提出学习要求。特别是关于学习策略和学习方式的陈述，要能够体现学生的知识基础和理解程度，确保学习过程能够顺利展开。

教科书是由多位编辑撰稿组编而成，如果没有较为统一的风格特征，就会影响到最后统稿所形成的整体表达效果。以国家教材委员会 2019 年审查通过的《普通高中教科书 历史 必修 中外历史纲要（上）》为例，该版教材增加了大量的拓展与思考栏目，如"学习聚焦""史料阅读""历史纵横""学思之窗"等，其中第 11 页的"史料阅读"开头说"苏秦描绘了战国时期齐国都城临淄的繁荣景象"，后面引用的是《史记·苏秦列传》中的一段话，准确表述应该是"苏秦向赵王描绘了战国时期齐国都城临淄的繁荣景象"，因为引文来自《史记》，教科书中的表述可能引发学生误认为是《史记》作者苏秦在描述临淄的景象。同页内容中的"学思之窗"引用《史记·商君列传》的引入语是"商鞅由魏入秦后向秦孝公说"，就交代清楚了引文的具体背景。

3. 绝对地遵守规范

教科书编辑语言规范要求遵守国家通用的语言文字规范，并且要能够作为社会规范使用汉语文的典范，遵守比普通图书编校更为严格的质量标准。

《中华人民共和国国家通用语言文字法》于 2000 年 10 月 31 日由第九届全国人民代表大会常务委员会第十八次会议审议通过，自 2001 年 1 月 1 日起施行。其中第十条规定"学校及其他教育机构以普通话和规范汉字为基本的教育教学用语用字。法律另有规定的除外。学校及其他教育机构通过汉语文课程教授普通话和规范汉字。使用的汉语文教材，应当符合国家通用语言文字的规范和标准"。第十一条第一款规定"汉语文出版物应当符合国家通用语言文字的规范和标准"。教科书是汉语文出版物，也是教育教学用语的主要来源。

《图书质量管理规定》等出版管理部门的文件应是规范教科书编辑语言表达

的基本依据。《图书质量管理规定》规定差错率在万分之一以内的图书编校质量才属于合格，教科书的差错率肯定要远远低于这个标准，虽然教科书初稿会经过多次审校，但底稿的规范性会在很大程度上影响终稿的审校质量。图书编校质量差错认定涉及多个方面，2023 年发布的《图书编校质量差错判定和计算方法》列举了文字、图片、符号、格式等多个方面的细则，其内容相当复杂，但对教科书编辑而言，却是撰稿必须完全掌握的标准。

另外，由于语言文字的复杂性，语言文字规范经常处于修订更新过程之中，图书质量标准的要求也在不断变化，部门之间的规定也并非完全一致，客观上加大了教科书编辑规范使用语言的难度，需要教科书编辑时刻更新知识，以适应语言规范发展的变化。

四、熟练掌握与运用编辑技能

教科书编辑技能包括根据教科书设计意图呈现内容和运用编辑相关技术手段两个主要方面，编辑在编写过程中分工不同，技能掌握的侧重点也不相同。出版流程对图书出版的要求规定相当严格：选题论证，组稿，作者交稿（书稿齐、清、定），编辑加工整理、复审、终审（三审），发稿，一校、二校、终校（三校），审读，付印，成品书质量检查，发行，读者与作者意见反馈。教科书编写要求比一般图书出版要求更为细致，因而其编辑过程也会更为复杂，需要编写者更加熟练地掌握相关技能。

教科书是供学生使用的，再好的设计意图也只有转化为学生能够理解的内容才有实现的可能。有效实现教科书编辑意图，一是要具有根据课程目标和内容要求选择合适材料的技能。在确定教材内容的前提下，用来承载教材内容的材料是多种多样的，编辑可以选择现有的材料，也可创造性加工出表现内容的材料，如民国时期的小学语文教科书课文，多是编辑自己撰写的文章。二是要具有根据课程目标与内容要求设计训练内容的技能。教科书应向学生提出清晰的学习目标、程序要求，需要设计导读、训练题等模块，引导学生在运用知识过程中将知识内化为个人经验。三是编写的书稿要书写清晰，稿面整洁；语言文字、标点符号使用规范；数字、计量单位用法符合规定；引文、数据反复核对并注明出处和参考书目；体例一致。

除体现编写意图外，教科书稿件还应符合出版的规范要求，需要熟练运用编辑相关技术手段。一是要精通 WORD 或 WPS 等文字编辑软件、PHOTOSHOP 等图片编辑软件。二是要了解数字出版技术。"对于传统编辑来说，立刻掌握数字出版技术是不现实的，较好地理解有关技术才是最切合实际的方法，编辑工作人员需要了解互联网以及数字出版的有关技术，并与其内容紧密结合，完成内容的采集、编辑和制作加工，使得内容和技术不再被孤立。"[1] 编辑掌握数字出版技术对推动教科书数字化加工和纸质图书与网络信息结合具有重要意义，也是编写一体化的应然要求。

第三节　教科书编辑素养的培育方式

人民教育出版社资深编辑吴海涛在回忆文章中说，"人教社一直有'五年也培养不出一个好的教材编辑'的说法，对年轻编辑的训练一向严格，年轻编辑都是在挫折中逐步成长的"[2]。对以编辑为职业的人来说，其编辑专业素养提升是个人生涯发展的应有之义，但兼职编辑临时性参与教科书编写工作，并不必然也不可能全身心投入到编辑工作中。克服专业编辑的经验依赖、兼职编辑发展动力不强等问题，是保障教科书编辑队伍整体素养以满足教科书编写要求的重大课题。

一、创造教科书编辑成长的良好条件

教科书编辑工作要求高、任务重，有时候交稿时间还非常紧迫，而稿件质量关乎青少年的成长，并且一经出版发行，在再版之前很难有更正纠错的补救方式，且高强度和高难度的教科书编辑工作对编写者的身体、心理及政治、专业素养都是巨大的挑战，因此特别需要为教科书编辑提供良好的发展环境。

---

[1]　王钰. 新技术条件下的图书编辑 [J]. 新闻传播, 2017 (11): 66, 68.
[2]　吴海涛. 教科书老编辑琐忆 [J]. 中国编辑, 2015 (6): 27-28.

1. 为教科书编辑专业发展提供制度化保障

教育部和国家新闻出版署等国家行政部门出台了一系列政策规范图书出版工作，其落实需要编辑出版工作者的辛勤劳动和高水平专业素养作为保障。关乎国家未来的教科书编辑工作，自然需要全身心投入其中，更期待有制度提供编辑专业发展的良好环境。然而，很少有政策文件对教科书编辑的发展提出特别的照顾，也就是说，教科书编辑工作的特殊价值并没有与教科书编辑人员的特殊待遇联系起来。

《中小学教材管理办法》的"保障机制"部分提出，"承担国家统编教材编写修订任务，主编和核心编者视同承担国家级科研课题；承担国家课程非统编教材编写修订任务，主编和核心编者视同承担省部级科研课题，享受相应政策待遇。审核专家根据工作实际贡献和发挥的作用参照以上标准执行。编审人员所在单位应充分保证其工作时间，将编审任务纳入工作量计算，作为业绩考核、职务评聘的依据"。这是首次以文件形式明确教材编写者的待遇，是一种很大的改变，但作为教育部的文件，仍没有权限涉及教科书编辑发展的专业职务晋升、薪酬待遇等核心内容。

一是要将教科书编辑的权益明确化。需要将教科书编辑纳入编辑专业中的特殊群体，以考评替代原有定编定员体制下的评价方式，对兼职教科书编辑可会同高校和中小学一线教师、教研员所在单位商定在教科书编写周期内减少原有工作量，确保足够的编写时间，以适当的比例将教科书发行所获得的利润作为稿酬。二是要保障教科书编写队伍的稳定性，特别是调动兼职编辑的工作积极性。编写团队磨合需要时间，兼职编辑专业化也需要历练，不应临时编一本书就组一个团队，导致兼职编辑不能将工作中形成的经验持续运用到后续教科书修订完善过程中。三是要推动教科书编辑学习常态化。要定期为教科书编辑人员减压，提供参加高端专业学习的机会，与相关行业学科保持紧密联系。

2. 为教科书编辑专业发展提供有效平台

目前教科书编辑专业发展还是以出版社为主体，虽然高校积极参与建设了一批教材研究基地，如北京大学、北京师范大学、中国人民大学、首都师范大学等高校参与较为积极，但教科书编辑专业发展的平台数量仍然极为有限，并且效益没有充分发挥。

充分发挥国家教材建设重点研究基地的功能。2019 年 1 月，教育部公布了 11 个国家教材建设重点研究基地，直接服务于中小学国家统编课程和高校重点课程建设需要，其工作任务是开展教材建设研究、提供咨询指导服务、交流传播研究成果、建设教材研究队伍、培养专业人才、汇集教材建设数据等。因为成立时间较短、无现成经验借鉴等原因，国家教材建设重点研究基地的功能发挥还需要在机制、体制和教科书编辑人才培养方式等方面有效探索，研究基地如何与教科书出版机构通力合作、形成优势互补格局，研究成果如何体现为教科书编写的实践，都需要在以后工作中不断完善。

打造教科书编辑研究共同体。以协会、出版单位或高校研究团队为主体，畅通教科书编辑理论学习与实践经验共享的各种渠道。人民教育出版社在教科书出版中的重要地位，源自一代又一代教科书编辑的传帮带，也得益于其研究与实践一体的编辑发展方式。据统计，近年来，教科书研究论文中最为突出的群体就是人民教育出版社的编辑们。"在近 20 年来，人民教育出版社的教材研究成果发表频次为 145，数量上远超华东师范大学、北京师范大学、华南师范大学等师范院校。"[1] 各类专业期刊应设立与教科书内容相关的专业栏目，为教科书编辑学习与发表成果提供更多的机会；要在中小学成立有代表性的教科书实验基地，提供教科书编辑深入课堂体验的场所；要定期召开专业性会议，围绕教科书编辑中的热点难点问题集思广益，推动教科书编辑将理论成果转化为教科书具体表现形态，特别是及时把握电子教科书等新型传播媒介及其发展动态。

3. 适当拓展教科书编辑队伍的来源渠道

当前的教科书编辑队伍主要来源于两个方面：一是出版社的专业编辑从事教科书编写工作。1950 年 9 月，中央人民政府出版总署召开第一届全国出版会议，确定全国实行出版、印刷、发行工作的专业化分工，中小学教材必须全国统一供应的方针，决定由教育部和出版总署共同筹建承担编辑出版中小学教科书任务的专业出版社。1950 年 12 月 11 日，在出版总署编审局一处、二处和华北联合出版社、上海联合出版社的基础上，正式成立人民教育出版社，毛泽东主席亲笔题写

---

① 李倩，陈晓波. 我国基础教育教材研究现状及发展趋势 [J]. 课程·教材·教法，2019（8）：20－26.

社名。1983 年 6 月成立课程教材研究所，与人民教育出版社合署办公，集教科书编写与研究于一体，有力推动了教科书编写质量提升。其编辑队伍主要是通过招聘招考加以补充，另外，成立博士后科研工作站，与国内一流师范大学联合培养博士也逐渐成为吸引人才的一种重要方式。

二是根据教科书编写任务临时确定教科书编写人员。选聘优秀中小学一线教师和教研员从事教科书编写，都是具有临时性质的工作，编写任务完成了，队伍就地解散。这种做法能够较好解决专业编辑人数不足、编写任务具有阶段性等问题，但不利于编写者集中精力思考、调研教科书编写的科学规律。另外，编写工作的临时性，也很难推动编写者集中精力、培养长期的兴趣。

适当拓展教科书编辑队伍来源，首先要加强后备力量培养。高水平师范大学特别是国家教材建设重点研究基地应在硕士以上人才培养层次设立编辑学与教育学交叉的专业领域，根据教科书编辑素养的复合型、创新型特点提高人才培养的针对性，主要的教科书出版单位可通过博士后工作站吸引更多优秀人才加入教科书编辑与研究行列。其次要稳定兼职的教科书编辑队伍。要通过制度、政策、人事手段鼓励参加过教科书编辑的编外人员长期关注、研究教科书编写工作，确保其队伍的稳定性，并且吸引更多的优秀人才加入教科书编辑工作之中。三是主管教科书编辑工作的国家行政部门可成立教科书编辑专家库，畅通编辑方面的人才进入教科书编写队伍的渠道。

二、打造优势互补的教科书编辑团队

自 20 世纪 80 年代开始实行教科书审查制度以来，"一纲多本"逐步成为教科书编写的常态，除人民教育出版社外，一部分有实力的出版社纷纷参与中小学教科书编写和出版工作，组织了一大批各学科的专家、一线教师编写多个版本的教科书，如北京师范大学出版社依托北京师范大学的优势，近年来出版的基础教育教科书社会效益较好，其官网介绍"北师大版基础教育教材因其研究基础深厚、教育理念先进、编写质量上乘、服务水平专业成为国内公认的主流教材之一，在全国 29 个省、自治区、直辖市以及澳门特别行政区广泛使用"。广东教育出版社、湖南教育出版社等出版单位也积极参与到教科书编辑与出版工作中，推动了教科书的多样化，累积了丰富的教科书编写经验。

然而，即便是人民教育出版社这样的教科书编写龙头单位，其业务也不仅限于教科书，专业的教科书编辑人员与强大的工作量相比仍然不相匹配。人民教育出版社 2019 年公示的参与统编三科教科书的编辑有 11 人，分别是高中思想政治学科教材 3 人、高中语文学科教材 6 人、高中历史学科教材 2 人。

教育部组织编写的三科教科书编写的主要人员大都不是出版社的专业编辑，而是以具体学科著名教授为总主编，资深教授或人教社资深编辑任各册主编，中小学一线教师与大学教授结合组成编写团队。如《普通高中教科书　思想政治　必修 1　中国特色社会主义》总主编张异宾是南京大学教授，该册主编秦宣是中国人民大学教授、朱明光是人民教育出版社资深编审，参加人员张帅是中国人民大学附属中学教师，蒋永清是中央党史和文献研究院研究员。语文等学科教科书情况大体如此。

与以往版本的教科书相比，教育部组织编写的教科书编写团队整体上是老中青结合，高校、出版单位与中小学一线人员结合。包括主编在内的编写人员都对本学科内容或教材或教学的研究与实践有较高造诣，能够达到《中小学教材管理办法》规定的"准确理解和把握课程方案、学科课程标准，熟悉中小学教育教学规律和学生身心发展特点，对本学科有比较深入的研究，熟悉教材编写的一般规律和编写业务，文字表达能力强。有丰富的教学或教研经验。一般应具有高级专业技术职务"要求，组成人员也体现了办法第十三条"教材编写团队由本学科和相关学科专家、教研人员、中小学一线教师等组成，各类编写人员应保持合理结构和相对稳定，每册核心编写人员原则上不超过 8 人"之规定。

教材编写团队和成员构成的规范已确立，教科书编写实践需认真执行管理办法要求，但如何实现团队人员之间的有效合作，加强团队整体编辑能力仍是教科书编辑素养发展中需要解决的问题。是在确定整体框架以后每位编辑负责一部分内容、再集中讨论修改，还是所有内容都由集体共同选择与组织？如何在保持整套教科书编写体例一致的同时发挥每位编辑的创造性？如何解决学科专家与教学一线教师之间存在的分歧？编写团队融合策略的完善是推动教科书创新的基本前提。

三、以教科书研究带动专业素养的提升

教科书研究是一个庞大的体系，原因是教科书涉及的范围过于宽广。教科书

研究成果并不必然能够落实到教科书编辑工作之中，但教科书编辑创新绝不能离开教科书研究成果的指导。从教科书编辑专业素养提升角度来看，其所需要的研究主要涉及教科书编写理念、教科书中的学科知识、教科书的编写技术等方面。

1. 教科书编写理念研究是教科书编辑提高整体驾驭水平的重要凭借

把握国家教育方针和宏观政策的要求，需要与教科书编写实践结合起来，其中编写理念是方向，这种方向意识需要融入教科书编辑本身的价值观之中，否则很难与教科书做到水乳交融。如国家关于劳动教育的要求如何融入教科书，是语文、数学、物理等教科书根据劳动教育中的生产劳动、生活劳动和服务性劳动类别要求增加相关内容，还是在语文、数学、物理等教科书中选择相应的劳动类别作为内容？这迫切需要教科书编辑结合国家政策要求、学科教育特点及学科知识本身特性展开探讨，在研究中深入认识劳动教育的理念与落实方式。

教科书编辑展开研究的过程，同时也是吸纳相关研究成果的过程。各门学科的研究成果基本是针对学科本身发展而形成的对世界的新的认识和观点，并不必然成为教科书的内容，其进入教科书需要一系列的转换和论证。教科书编辑在研究过程中接触最新的研究成果，能够改变个人经验的局限，在更宽广的视域中看待教科书内容选择与组织问题。有研究针对物理学科学习特点提出，"物理教科书编写应不断强化理论研究。理论研究可以为编写工作提供整体性和前瞻性的顶层设计，有助于教科书编写质量实现飞跃。关于教科书中科学方法的呈现，未来研究应在理论研究深入的同时，将科学方法不断细化分类。同时，应通过深入思考，明确科学方法与科学知识、科学思想、科学精神等范畴的内涵及相互关系，进而在教材编写中加以说明。这样不仅有助于明确科学方法在物理教育中的地位和作用，还有助于编写具有本土特色的物理教科书"[①]。

2. 教科书学科内容研究是教科书编辑提高学科知识程度的重要来源

教科书编辑的定位不只是纠正错别字、修改病句，也不只是排排版、设计书稿样式等形式上的工作，还需要对教科书内容的准确性、恰当性、关联性有整体布局和准确组织。教科书编辑的学科知识素养一方面是平常积累的结果，另一方

---

① 胡扬洋，邢红军，谷雅慧. 物理教科书编写呈现科学方法的研究：以人教社高中物理必修教科书为例 [J]. 课程·教材·教法，2019（9）：63－67.

面也是在遇到问题过程中通过研究或基于研究解决问题的体现。

教科书中涉及人文社会科学的知识，部分问题并没有达成共识，特别是一些规范性问题、历史性问题还可能存在较大的争议，教科书需要特别慎重处理这类材料，如果没有教科书编辑的深厚素养和扎实研究作为基础，其问题可能是层出不穷的。《南方周末》曾刊文展示教科书编辑对教科书内容有不同理解的回应，"古诗《画》（远看山有色，近听水无声。春去花还在，人来鸟不惊）通常被认为是王维所作，但编写组查考大量古代文献，最终从《大藏经》中查到了相关语句。通过梳理出古人引用这些诗句的前后顺序和内在关联，最终认为《画》的作者并非王维，而很可能是不知名的古人。一首旧题为《雪》的诗（一片两片三四片，五片六片七八片。九片十片无数片，飞入水中都不见），对其作者的推测众说纷纭，编写组梳理了多种材料，否定了种种不实之说，认定其应为古代'层累地形成'的民间作品"①。由此可见教科书内容的复杂性与教科书研究对于编写质量和教科书编辑素养发展的重要作用。

教科书需要呈现学科最基础的知识，设计学生掌握这些知识的有效活动，但也不能忽视科学发展的最新成果，教科书编辑关注科学前沿动态的意义并不亚于其对教育理念的把握，因为教育理念最终要落实为学生发展的向度与厚度。

3. 信息技术与教科书融合研究是教科书编辑提高操作能力的重要依据

信息技术日新月异，影响到各行各业的发展，教科书编写和出版并非其应用的前沿领域，但教科书编辑应有足够敏锐的信息技术意识，充分利用网络便利搜集和处理相关信息，同时关注学科内容与信息技术融合的种种可能，以及排版和印制对教科书内容组织的具体要求。各学科课程标准都从不同视角提出本学科教材内容与信息技术融合的要求，如《普通高中语文课程标准（2017年版）》的教材编写建议提出，"教材编写要有利于师生运用多种媒介和信息技术呈现学习内容，要鼓励教师积极调动各种资源创造性地开展教学活动"。"教材设计应探索信息化环境下的革新，发挥传统学习方式和网络学习方式各自的优势，结合线上与线下的学习，促进资源的有效运用，以利于学生的自主、合作与探究，实现课

---

① 曹颖，杜嘉禧. 统编小学语文教材中的争议与回应［N/OL］. 南方周末，2019 – 10 – 31［2024 – 04 – 22］. https://www.infzm.com/contents/162135? source = 124&source _ 1 = 198495.

程实施的优化"。《普通高中数学课程标准（2017 年版）》提出"呈现方式的丰富多样，还可以通过信息技术与课程的深度融合以及课程资源开发的多样化实现"。教材编辑只有对信息技术有深度了解才有可能推动信息技术在教材中的具体运用。

有效运用信息技术推动教科书编写创新体现在内容选择、组织和评价的全过程之中。教科书编辑需要探索如何通过信息技术组织起学生需要学习的内容，同时也要引导学生通过信息技术手段理解、运用需要学习的内容。数学等学科教材的研究起步较早，"信息技术是数学教学必不可少的，但应当被负责地使用，使它为数学的学与教服务。信息技术的使用不是要替代传统的教学工作，而是要发挥信息技术的力量，做过去不能做或做得不太好的工作，以更好地组织和管理教学资源，构建交互式、多样性的学习环境，更好地引导学生学习，加强数学的基本理解和直觉"[①]。教科书编辑研究信息技术不在于信息技术本身，而是将之作为一种手段来提高教材内容的教学适应性、推动教与学的有效性，研究的过程和结果也是教科书编辑编写教科书的重要依据。

四、通过具体任务提升实践操作水平

教科书编辑素养只有在教科书编辑实践中才能不断整合、丰富、发展，只有实现具体任务才能显现其价值。

1. 聚焦解决教学一线使用教科书的实际问题

"教科书的编写者尤其需要重视教科书教学性的实现，教科书的可教学性是编写者时刻需要关注的问题。因为教科书是特殊的文本，为了实现教科书本身的价值和功能，它必须具有可教学性。"[②] "可教学性"不只是一种理论的表述，而且具有典型的实践特性，一定要经过一线教师的检验，需要教科书编辑熟悉学科课堂教学，熟悉中小学教师的需求，熟悉学生学习的一般情况。

解决教科书教学性问题虽然是一项系统工程，但最终落实是体现在教科书编

---

① 课题组. 中学数学课程教材与信息技术整合的思考 [J]. 课程·教材·教法，2002 (10)：51 - 55.

② 李新，石鸥. 教学性作为教科书的根本属性及实践路径 [J]. 课程·教材·教法，2016 (8)：25 - 29.

辑过程之中的，其前提是教科书编辑的素养能够有效消化教科书教学性的理念指引与实践要求。首先是要具备发现教科书教学性中关键问题的能力。教科书编辑需要通过听课、座谈、调研甚至自己试讲等方式，获得运用教科书的直接经验，否则编写理念落实为教学成效总会存在较大差距。为体现教科书的创新而出现的不同版本教科书之间缺少过渡条件，往往会导致教师无所适从。部编版三科高中教科书已投入使用，从其文本特征看，对教师素养要求大大提高，对学生学习方式要求转换偏快，其具体问题都需要教科书编辑有清晰认识，在修订过程中加以解决。

2. 借鉴与传承教科书编写中的优良经验

"教科书研制者实际上有很大的创造空间，他们确实是'戴着镣铐跳舞'，但仍然可以跳出华丽多姿的舞蹈。编撰教科书本质上是一种创造和自主行为，一种巧妙的创作，即便这种创作并非无度无限。不论是意识形态的有力介入，还是国家意志的鲜明体现，教科书仍然是研制者创造的文本，教科书仍然可以大放异彩，成为美妙的文本。那种认为教科书生产完全依附或顺从外力的观点，只不过是一种局外人的乌托邦想象罢了。"① 教科书编写创新可以有两种方式：一是针对教科书传统局部内容作出改变，采用新的内容、新的编写方式并提出新的学习要求；二是创造一种新的教科书体系，在内容和形式上都颠覆既有框架的限制。无论是局部改革还是系统变革，教科书编写都不能离开对既有历史传统的借鉴与传承。

借鉴与传承教科书编写经验的过程是教科书编辑整体素养提升的重要路径。首先，可以从中学习老一辈编辑潜心于编辑工作数十年如一日的精神，求真务实、科学严谨的工作态度，精益求精、不断自我超越的专业能力。"老一辈的教科书编辑经常深入实验学校随堂听课，详细记录课堂情况。教科书的哪些内容给教师和学生造成了理解上的困惑，哪些和学生的生活经验相距较远，哪些内容又过于浅显简单，不能引发学生的深度思考，点点滴滴都要记录在案，作为日后修订的第一手材料。"② 其次，可以从学科教科书编辑体系的变化发现其中带有规

---

① 石鸥，张美静. 被低估的创新：试论教科书研制的主体特征 [J]. 课程·教材·教法，2019（11）：59-66.

② 牛瑞雪. 学者型教科书编辑的养成 [J]. 中国编辑，2017（7）：19-23.

律性的内容，如教科书内容与时代特点，教科书自身逻辑体系与国家意志之间的张力，教科书呈现方式与学生身心发展规律等。最后，可以从教科书编辑质量对于未来一代成长的巨大作用中体会编辑工作的意义与价值，从而产生提升专业素养的内在动力。

3. 落实教育发展时代使命要求的新任务

社会在发展，时代在变化，获取知识的渠道不断更新，教科书编写也面临着许多新的问题。城市学生和农村学生学习条件存在较大差距，接受特定阶段教育的学生基础差距越来越大，如何在统一要求的前提下最大限度满足不同程度的学生发展需要，是新时代教科书编辑面临的新问题；党和国家对教育的重视程度越来越高，人民群众对教育的期望值越来越大，人才培养要求及相应的教育评价方式改革被提到重要位置。各个学科教科书如何体现教育发展的时代使命是一个全新的命题，需要教科书编辑结合教育发展的重大要求与教科书的具体功能进行探索。一是要选择适合的材料承载教育的新思想，不影响知识传授和能力培养基本体系，又要符合学生认知的基本规律。二是要将政治要求转换为学科语言，将抽象的话语负载到具体的形象，"创新学科内容的表达方式，紧跟时代步伐，用最新的图文形式、信息技术等表述工具展现学科最新的发展成果"①。

教科书编辑完成编写新任务的过程是对已有专业素养的挑战，是不断提高政治站位、专业态度和专业能力的过程。

---

① 雷鸣. 教材的使命 [J]. 中学地理教学参考，2019（12）：1.

第七章

教科书编辑前沿

　　教科书编辑远不只是一种技术工作，时代发展的特点与未来社会的需要都会体现到对人才的要求上来，因而对教育内容不断提出新的要求。而教科书是教育内容最核心的环节，因而受到社会广泛关注。国家形象塑造、教学智慧吸纳和数字教科书等领域，只是教科书编辑应当注意的重点领域。

第一节　　教科书的国家形象塑造

　　国家形象是公众基于自身价值尺度对国家的政治、经济、文化、社会和历史等客观现实情况想象性认知与评价而形成的较为稳定的主观印象。政治学、文学、传播学等领域最早开始探讨国家形象问题，在软实力日益成为国家重要竞争力的背景下，打造良好国家形象已经成为多数国家的发展战略选择并已付诸实践。中国是文明大国，也是世界上最大的发展中国家，进入新时代以来，特别"注重塑造我国的国家形象"，努力"讲好中国故事"，重点展示文明大国、东方大国、负责任大国和社会主义大国形象。青少年学生是中国故事的传承者、讲述者和创造者，所表现的素养本身就是国家形象的重要内容。教科书需要塑造怎样的国家形象、如何塑造国家形象、塑造了怎样的国家形象，都将深刻影响作为社会主义建设者和接班人的青少年学生的价值体系和行为规范。教科书塑造的国家形象是外在于学习者已有经验的先验性规定，需要通过想象的方式重新建构，才能成为国家认同和爱国主义教育的基石，既要满足意识形态的要求，也要从当前社会文化环境、话语修辞的表达方式和阅读"偏见"影响考虑定位、内容选择与修辞策略。

一、意识形态属性规范教科书的国家形象定位

教材建设是国家事权，体现着国家意志，必然要服从于意识形态的要求。教科书中的国家形象有着鲜明的意识形态属性。不同国家或同一国家的不同时代的意识形态可能存在显著差异甚至对立，体现主流意识形态要求和特点并结合学科特性，是教科书处理意识形态冲突、正确定位国家形象的首要前提。

1. 意识形态要求是教科书的国家形象定位基石

我国有五千多年的文明历史，在漫长封建社会中取得过领先世界的辉煌成就，又历经了百余年半殖民地半封建社会积贫积弱的屈辱落后，需要克服封建思想和资本主义思想双重侵蚀，意识形态领域斗争尤为复杂。中华人民共和国成立后，坚定不移走中国特色社会主义道路，当前阶段的社会主义核心价值观集中体现了新时代意识形态新要求，"是文化软实力的灵魂、文化软实力建设的重点"①。"富强、民主、文明、和谐"的国家价值追求，"自由、平等、公正、法治"的社会发展理想，"爱国、敬业、诚信、友善"的公民道德准则，直接指明了国家发展的整体方向，是教科书编写和使用的根本依据，也是教科书选择、组织与表现中国和其他国家发展客观现实内容的基本尺度。可以预见，社会主义核心价值观在相当长的时期内都会作为教科书塑造我国形象的内在标杆，也是跨文化理解其他意识形态领域中"他国"形象的批判性对话基础。

当前，从小学到高中的基础教育阶段的语文、道德与法治（或思想政治）和历史三科教材统编统用，《新时代爱国主义教育实施纲要》（2019 年 11 月中共中央、国务院印发）要求"将爱国主义教育内容融入语文、道德与法治、历史等学科教材编写和教育教学中"，关键原因是"三科教材意识形态属性强，是国家意志和社会主义核心价值观的集中体现，具有特殊重要的育人作用"②。能够从哪种层面上体现意识形态的要求，教科书就可能塑造出怎样的国家形象，离开意识形态规范的内容并不必然具备育人功能。例如课文《狼牙山五壮士》在部

---

① 习近平. 核心价值观是文化软实力的灵魂 [N]. 人民日报海外版，2014 – 02 – 26 (1).

② 田慧生. 加快推进课程教材治理体系和治理能力现代化 [J]. 人民教育，2020 (5): 13 – 17

编版、语文版教科书中，其习题要求"体会文中表现的英雄气概"，而人教版则侧重于作为朗读与用词练习的示范，两种学习要求区别相当明显，意味着革命作品并不一定主要用来传承革命文化。意识形态要求只有体现到教科书编制全过程，才能发挥其国家形象定位的基石作用。

2. 意识形态特点是教科书的国家形象定位依据

意识形态倡导的观念需要广泛宣传与有效实践，才能成为一个国家全体公民自觉遵循的价值规范与行为准则。教科书是渗透意识形态的重要载体，是教育学生成长为国家所希望的人无可替代的中介材料。教科书塑造的国家形象直接影响学生接受并认同所传输的意识形态的效果。当前国情下，社会主义核心价值观认识还面临诸多挑战，"发展不平衡不充分引发的社会问题会加剧社会矛盾，容易削弱社会主义意识形态的凝聚力和引领力，进而导致部分人出现信仰危机。当社会管制无法解决思想和信仰上的危机，无法回应人们思想和认识上的需求时，就必然会引发社会秩序的混乱，威胁社会稳定"①。教科书应该在精心选择国家真实状况的知识和学习安排的活动中，直接指明或隐含所赞成、反对的意识形态观念，帮助学生从个人生活经验的自发、无序状态中逐步建构国家历史、现实和未来图景，在对国家的文化认同、道路认同、制度认同过程中形成掌握正确认识和理解"社会矛盾"、解决"信仰危机"的方法。

教科书塑造国家形象应正确体现但不能照搬意识形态要求，同时考虑非主流意识话语的潜在影响。汉森（N. R. Hanson）认为，即便是针对实验中直接看到的观察对象，也会受不同的理论、解释或智力结构的影响。教科书中国家形象包含的意识形态具有较强的主观特性，需要经过编辑选择、教师引导和学生建构等多重意义再构，不可避免会渗入不同认知主体的经验性理解或"理论负载"。教科书的审查制度和学校的教育规训能够一定程度上纠正但不能完全消除对意识形态的误读或传递效应衰减。教科书还担负着传承人类已有文化遗产、培养学生创新性思维等多重使命，这些看似中立的文化知识及其学习活动内含的非主流意识形态渗透更为隐蔽，效果显现具有滞后性而不易判断。此外，不同年龄阶段的学

---

① 孙秦敏. 社会主义意识形态的调适性变迁：基于国家治理现代化的视角 [J]. 湖北社会科学，2018（7）：25 - 30.

生受生活阅历和思维发展阶段特点制约，对国家的认知会经历由具体到抽象、由感性到理性、由被动到主动、由分散到整合的变化。因此，教科书中的国家形象不能为迎合政治需求而无视传播特点生硬灌输，而是要在遵循认知规律的基础上用主流意识形态作为"无形之手"选择知识、组织活动，根据可能出现的教育效果预判，通过编写技术防范潜在风险，发展关于国家的"符号化的想象力和智慧"①。

3. 意识形态具化是教科书的国家形象定位落点

国家形象内容分散在不同科目的教科书文本之中，根据学科特点塑造国家形象更有利于落实意识形态的要求，丰富国家形象的维度和影响力。呈现国家知识、国家形象是什么的单一说教方式只会使学生不加思考形成所谓"历史悠久""地大物博""受尽苦难"等粗线条、结论性的刻板印象，很难将宏大的国家叙事与具体的个人经验、感悟及思考有效结合，因而在遭遇复杂的现实境遇时其行为表现往往容易背离价值规范要求。当前社会舆情中存在的民粹主义和"西方中心论"等不符合社会主义核心价值观要求的各种情况，不能说与教科书同学科之间脱节的说教毫无关联。

教科书结合学科特色塑造国家形象，需要紧扣学科教育根本任务，将国家知识、历史与成就隐含在学科能力培养和思维训练过程中，如科学类教科书补充我国古代和当代科学活动的故事，引领学生关注冰冷的数字和技术背后的思想光芒；需要从多学科综合、文化比较、参与体验、批判性思考等多种视角提供实践活动指导，帮助学生内化或辨识意识形态要求，建构立体多维、可见可感的国家形象。三科部编教材在这方面做了较大的完善，但仍有较大改进空间，如高中语文安排了探究"民族文化审美心理"的实践活动，却没有提供相应的知识介绍；高中思想政治中的中国特色社会主义内容探究活动，多是要求"查阅资料""结合以上材料"，缺少结合当地情况的调查指导；历史教科书介绍的国家朝代更替及成就介绍，虽然其过程不可能还原和体验，但若提供不同史料和观点的对比会更有助于明晰教科书的国家立场和主张。

---

① 卡西尔. 人论［M］. 甘阳，译. 上海：上海译文出版社，2004：46.

二、文化价值取向决定教科书的国家形象选择

文化是教科书的基本内容，教科书编写就是以特定的价值取向为尺度选择一部分文化、排斥另外一部分文化的过程。从古代的部落、宗族统治、王朝更替到现代民主政权，国家运行方式发生了巨大改变，但累积的文化知识却在通过教育不断传承与创新。

1. 依据文化建设需求批判理解国家的历史

教科书中的文化包括直接表现国家主流价值观念的内容，如中华优秀传统文化、革命文化和社会主义先进文化，也包括侧重于认知与技能发展的科学、政治、历史、文学和语言等类别中的当代人类文化共有成果。教科书选择什么样的文化在很大程度上意味着试图传递何种国家形象，不同国家和地区的文化蕴含着不同的价值取向。某些西方国家将自己标榜的自由、民主、人权作为"普世价值观"精心包装渗透到不同领域，即便在看似中立的科学中，也会涂上西方中心论的底色。如果不能恰当组织与表现西方主导生产的科学知识体系，不能置于历史进程中看待西方文明成就，就很难在"他者"的比较中客观呈现国家形象。教科书需要自觉运用文化价值取向的棱镜实现文化认同和国家认同，确保形成正向的、统一的国家形象。数学、物理和化学等教科书，也不能仅是简单介绍自然客观规律知识，还需提供我国科技在世界的领先、落后和后发赶超的脉络，引导思考科学知识与社会制度和文化的关系、科学发展的目的等问题。

"继承和弘扬中华优秀传统文化、革命文化，发展社会主义先进文化"及坚定文化自信作为课程的基本原则，为教科书如何选择国家不同历史时期文化内容提供了明确的依据。继承和弘扬倡导的文化观念及其表现方式，根本途径是根据当前社会情况解释并重构以生成其现实意义。"中华优秀传统文化之于我们的意义，归根到底需要体现在我们的现实存在中。所以，时代的需要构成文化选择的根本尺度。"[①] 当前"时代的需要"就是发展社会主义先进文化，推动个人发展有机融入社会主义国家建设蓝图，与国家同呼吸、共命运。教科书塑造国家形

---

① 何中华. 弘扬优秀传统文化亟待澄清几个模糊认识 [J]. 理论导报，2017（4）：28－30.

象，应在多灾多难的事实中展现其生生不息的伟大精神，呈现国家必须延续的文化血脉与创新性发展使命。在历史的文化背景中理解国家的历史，以现实的文化需求解释国家的历史，可以很好解决不同科目教科书对国家认知的割裂甚至自相矛盾的问题。

2. 有效弥合高雅文化与大众文化需求的裂缝

文化是抽象的概念，也是实践的集合，从其作为"意义的生产、流通的社会过程和集合总体"① 理解来看，既包括优秀的文学、艺术、建筑等高雅文化，又包括贯穿于普通群众日常生活中的大众文化。相应的文化研究形成了注重前者的结构主义取向和注重后者的文化主义取向，结构主义取向突出语言和意识形态决定性作用，而文化主义取向突出文化生产性，即个人在文化形成过程中的经验性和积极性。对于个体而言，国家形象是外塑与内生相互作用的统一结果。语言和意识形态要求是国家整体形象的集中表现，需要内化到个体的经验结构中；而个体的经验需要以语言为中介的外塑才能有效扩充。

"如果说当代中国因此正在进入一个'过度发达的享乐型社会'的话，那么以'眼球经济'为典型特征的大众文化产业无疑是其中最具主导性的文化经济形态。"② 随着媒介传播手段变化，夹杂着平庸、低俗，快感至上的大众文化越来越深入普通群众的日常生活并影响其行为，由此带来对高雅文化的抵制甚至对抗。教科书一直以来都以高雅文化为主要内容，在已发生变化的社会条件下，需要综合结构主义和文化主义取向，在通过严肃的宏大叙事、高尚的审美鉴赏和深邃的理性思考整体呈现国家历史和现状的同时，也要为有效利用围绕日常生活获得的感性材料留下余地，引导学生从具象的经验拓展到抽象的国家想象，同时将扩大了的国家观念用于认识与埋解不同类型的文化样式。

3. 跨文化比较不同价值取向中的国家形象

比较是深入理解事物的基本方法。历史语境中不同阶段的本国认知，能清晰地明了国家之由来，而展现他国形象及他国对本国的印象则是提供了深化本国形象的参照。以往教科书中的他国形象或他国的中国形象，具有极为明显的自我中

① 陆扬，王毅. 文化研究导论：修订版 [M]. 上海：复旦大学出版社，2015：14.
② 李健. 大众文化视觉表征机制及其犬儒主义倾向 [J]. 学术界，2017（10）：85－96.

心色彩。如同世界"误读"中国一样，教科书也在"误读"世界。部分教科书提供外国形象认知较少，部分材料对西方国家及其文化整体上持否定态度，与社会生活中无孔不入的西方文化渗透形成明显反差。

"以跨文化为路径重塑国家形象，是要以求同存异的思维观念对待文化间的差异，对于异质合理的成分要积极吸收，对于本土不合理的成分要坚决剔除。"①教科书应当改变通过贬低他人来抬高自己的倾向，根据学段顺序理性呈现不同国家之间文化的共同点与差异性，为学生提供求同存异思维训练方法和机会，超出简单肯定与否定的国家观念情绪化倾向，在比较他国主流文化的基础上坚定自身文化自信。应当改变单一标准评价不同文化类型的取向，以"和而不同"的理念引导学生基于特定历史条件和文化背景理解不同国家文明和道路的多样性。应该改变政治化的叙事方式，通过对话的手段将国家形象作为主体之间、民族之间和文化之间的沟通中介。

三、话语修辞方式影响教科书的国家形象表达

教科书表述的国家，是借编辑之手织出的权力关系之网，其塑造的国家形象是多方观点协调的结果。主流意识形态定位的国家框架与基于特定文化选择的内容成为教科书话语，需要考虑到社会各方可能产生的反应，并基于使用反馈情况适时调整。

1. 尊重不同主体基于国家理解的话语表达权力

在社会多元化发展背景下，关于国家的同一客观现实，都可能在对话的过程中引发不同的解读结果，基于自上而下的命令或控制并不一定能够完全被认同。教科书的话语修辞方式应该及时体现变化的权力关系和社会文化情况。在表现国家形象的客观事实不变的前提下，改变陈述方式或学习思考的设计思路，能够达到不同的表达效果。历史教科书中的抗日战争时间由八年变为十四年是完全符合历史真相的，变化的只是对历史事实的认识和态度，体现了对东北抗日联军艰苦卓绝、浴血奋战过程的充分尊重，对中国共产党领导抗日战争中流砥柱作用的全面肯定。"新时代弘扬东北抗联精神，有利于鼓舞各族人民坚定理想信念、升华

---

① 孟建，于嵩. 国家形象：历史、建构与比较［M］. 南京：江苏人民出版社，2019：10.

爱国主义情操和积极奉献精神,在实现中华民族伟大复兴的征程中砥砺前行。"①

教科书中的国家内容,包括地理状况、历史事实、文化观念、发展道路等业已存在的客观现实,如文明历程、地形地貌、民族团结与融合、正在建设中国特色社会主义等,也包括对这些现实的情感性评价。教科书呈现国家形象时习惯于用光辉灿烂、历史悠久、地大物博、制度优势等肯定性词语表达自豪之情,用深重灾难、危机四伏、黑暗统治、民不聊生等否定性词语描述痛惜之感。传统的国家话语修辞,在信息渠道较为封闭的时代确实能够迅速建构起期望的国家观念,但"随着公民政治、文化素质的普遍提高,国内外媒介渠道的增加,特别是社会化媒体的出现,以及世界民主化浪潮的冲击等原因,原来弱势的普通受传者成为颠覆传统大众传播媒介内容的决定性力量"②。当前,包括抖音、微博、微信等自媒体在内的传播媒介使信息几乎可以无障碍地快速传播,促使教科书话语要正视社会话语影响,主动联系现实,发挥引领规范功能。可通过对比国家发展情况、剖析与国家观念相悖的观点等方式,引导学生在更为广阔的时空视角中辩证看待国家的成就与努力方向,实现对多类主体不同表达的正确导向。相比单向度传输的话语路径,教科书以恰当方式引入不同主体理解国家的话语,更能提高学生区分社会主流与支流的辨识能力,更有利于深入把握社会主义核心价值观。

2. 丰富话语策略适应多维度国家内容呈现需要

在中国社会语境中,教科书的基础性、权威性一直都在被强化,教科书编写的传统延续要远远大于实践创新,相应的话语表达方式更新极为缓慢。从文本转向话语,意味着不只是探讨字面表达出什么样的内容,更要挖掘字面内容背后的文化、社会语境,侧重提示出隐藏的意义。国家作为多因素的历史聚合体,其内容维度极为丰富,其进入教科书的部分既受传统制约,也需要综合考虑国家发展需要和大多数学生接受的可能性。教科书呈现不同类型的国家形象内容需要选择不同的话语表达策略,同一内容也可通过不同方式呈现,强化学生的国家建构。

丰富话语策略是对多类表达主体的具体回应,也是推动国家形象建构从政

① 杨可,冯希莹. 中国共产党与东北地区的抗日斗争再思考:基于国家层面对"十四年抗战"概念的明晰 [J]. 长白学刊,2019 (6):132 – 137.

② 段雪雯,段京肃. 新媒体时代的传播利益博弈场:基于国家、社会、公众的"石头剪子布"游戏视角 [J]. 当代传播,2015 (2):11 – 13.

治、外交、经济下移到日常生活的必然选择。教科书可根据国家形象建构需要移植"指涉/命名、宣称、论证、视角、弱化/强化"等一般性的话语策略，恰当运用图表、数据、插图与文字的组合，以更加适合学生接受。部编版道德与法治教科书从学生生活的视角出发，将知识传授与典型事件思考相互关联，突出价值观的"论证"过程，一改以往"要怎么"的说教口吻，是一种非常有价值的尝试；部编版高中语文教科书安排一个单元的"家乡文化生活"学习活动、一个单元的《乡土中国》整本书阅读活动，颠覆了传统课文组织方式，创新了教科书主动走向社会、走向生活，在实践中建构国家形象的新策略。

3. 提供差异性想象空间弥补教科书"空无"缺陷

受篇幅和编写、审查等因素制约，"多数情况下还存在某些没有进入教科书，但学生应该乃至必须接受的内容。教科书中应该存在却没有存在的内容，我们称之为教科书的'空无内容'"，"对学生而言，目前教科书最严重的内容空无是批判性思维的缺失"[1]。以学科知识、心理发展或社会需要为主要逻辑组织的教科书内容，不能苛求其全面、系统呈现国家全貌，但正是因为教科书容量有限，我们更需要改变仅以铺陈手法勾勒国家大事的做法，充分创新编排手段以弥补重要的空无内容。

一是根据学习需要增大教科书容量。以往版本的历史教科书，均是按时代兴亡更替的顺序组织，选择的多是过滤细节之后的重大题材，缺少对历史观念的培养，特别是对批判性思考历史问题的引导。部编版教科书新增"相关史事""材料阅读/研读""知识拓展""课后活动"等模块补充课文正文存在的空白，尽管其方式和内容仍有待根据使用情况进行补充与完善，但从不同视角大量提供想象的中国历史的细节材料，有助于学生形成更为丰富、立体、真实的历史观念。二是各科教科书的内容互相补充、印证，力求在真实的基础上从不同侧面完善学生对国家的认知。三是根据需要切实回应建构正确国家观念需要解决的重大问题，提供拓展阅读视角的课外延伸指导。

---

① 石鸥，李祖祥. 教科书的空无内容与教师的应对 [J]. 教师教育研究，2009（5）：28 - 32.

四、学生经验视角限制教科书的国家形象重构

教科书塑造的国家形象落实为学生基于自身理解的重构过程，不仅要求扎实掌握有关国家的事实性知识，也不能只停留在单一的情感体验层面，而是要基于自身经验并且不断超越已有经验，结合现实和想象，形成对国家的积极、稳定和持久的情感态度。

1. 需要基础知识作为重构底蕴

"在实证研究中，选择性记忆在国家形象建构中有重要作用，传播者尽管能够决定传播的内容，却无法决定受传者是否接受、怎样接受和接受什么。"① 与其他媒介相比，教科书的"受传者"是特定年龄阶段的学生，接受国家形象的心理基础相似，成长经历中的国家背景一致，更有利于从接受者的视角预设应当建构的国家形象。从个体视角提升到意识形态和文化的视角拓展国家认知与认同的心理图式，要求教科书所提供的知识、组织的活动、训练的方式体现学生理解程度、思维方式的阶段性特征，以适合学习的程度作为最终判断依据和评价标准。国家知识是先于学生经验的存在，是在想象中建构国家是什么、解释国家为什么是这样的前提。在某种程度上说，有什么样的国家知识才会有什么样的国家形象。

《新时代爱国主义教育实施纲要》提出习近平新时代中国特色社会主义思想、中国特色社会主义和中国梦、国情和形势政策、民族精神和时代精神、党史国史改革开放史、中华优秀传统文化、祖国统一和民族团结进步、国家安全和国防等八个方面的国家形象基本内容，落实到教科书意味着要有具体的知识支撑，才能保障学生知其然，也知其所以然。只有奠定了坚实的知识基础底蕴，对国家的印象与评价才有可能上升为理性的判断，不会因环境变化而轻易改变，"不管怎样也改变不了我的中国心"。实践证明，曲解国家知识的教科书只会导致对国家的曲解，如美国历史教科书采用"1. 编造／阉割／回避／隐讳史实；2. 掩盖事因／不触及原因；3. 不揭示或不告知社会成因；4. 逃避应有的批判义务；

---

① 赵云泽，等. 偏见与想象：外国人对中国形象建构机制分析［M］. 福州：福建人民出版社，2016：30.

5. 评价肤浅等"方式，将美国的国家历史观念变成装扮社会主流群体的"利益维系"①，是美国处处以"世界警察"身份干预他国事务、将"美国精神"塑造为"普世价值"在国内得到广泛认同的重要原因。

2. 需要思维方法增强重构力量

教科书不仅呈现关于国家形象的文本，还会指导文本解读的方式。解读文本，从文本中读了什么、读到了什么，是与特定思维方法联系在一起的。学生重构教科书的国家形象过程，同时也是他们理解国家的思维方式发展的过程。教科书理解国家的思维训练缺乏，是国家形象建构的非理性化和刻板化的重要原因。

要有系统思维，将国家认知置于人类社会发展进程的大背景之下。清晰认识我国清末以来百余年积贫积弱的社会政治与经济原因，就能够正确看待改革开放四十多年来的伟大成就及发展道路的艰难和曲折，从而产生对中国梦与中国特色社会主义作为国家道路选择的深切认同，自觉抵制媒介和舆论中的不良影响。要有学科联系的思维，能够在学科学习中整合不同方面的国家认知。如语文课文《黄河颂》，选自冼星海谱的组诗《黄河大合唱》，除作为诵读、批注等语文能力培养范例外，还可与音乐、地理、历史教科书中相应内容相互补充，推动黄河形象、民族精神、抗日历史、审美鉴赏和国家疆域观形成教育合力。要有批判性思维，特别是将抽象的知识、正面的说教与学生体验中的具体经验、负面情绪进行对比，引导学生辩证看待国家发展战略方位与发展过程中面临的具体问题与矛盾。部编版《义务教育教科书 历史 七年级下册》中的"中国传统节日的起源"活动课，提供了"怎样看待中国传统节日？这些传统节日对我们今天的影响还大吗"等讨论主题，这种不设标准的开放性思考引导就有利于学生近距离观察生活、思考生活，更为切己地体察传统文化的当代价值。

3. 需要包容心态引导重构路向

我国经济的高速发展极大改善了人民群众的物质条件，加大了与全球各国的往来力度。据统计，2019 年我国出国旅游人数就达到 1.55 亿人次，1.45 亿人次

---

① 王旭东. 历史教科书的错误折射出美国国家历史观 [J]. 史学理论研究，2010 (4)：4 – 7.

入境，我国以多种方式介绍中国发展成就与理念，提出"人类命运共同体"建设理念，深入推动与"一带一路"国家和地区的合作，与世界双向交流不断加强，国家形象的自塑与他塑的影响力日益重要。然而，富起来不等于强起来，国民心态需要在错综复杂的国际关系中更为理性平和，既不要唯我独尊，要改变以中央之国自居的封闭状态，也不要妄自菲薄，在西方"知识与权力制高点"的傲慢之下丧失自我。"处于社会转型时期的青年亚文化受到现代物质主义与消费主义逻辑、社会工具理性过度、社会拥堵等因素的影响，呈现出与社会文化结构'脱嵌'的镜像，主要表现为仪式抵抗的升级、青年亚文化的异化以及主流文化合理的规制与排异。"①

教科书塑造国家形象需要正视学生面临的成长环境，以包容的心态引导其国家观念形成与发展，往正确的方向重构预期的国家形象。一是理性反思过往，形成恰当的历史观，能够把握中华民族文明历程的整体脉络，体会并传承包容、奉献和创造的整体精神。二是辩证理解当下，形成积极的发展观，能够整合国家利益与个人需求之间的分歧，在日常生活中自觉践行社会主义核心价值观。三是积极面向未来，形成科学的国家观，能够辨析国家及不同文化之间冲突交融的趋势，在世界话语舞台中生成中国的自我形象。

相比于其他领域中国家形象"他者"如何表述、塑造的研究，教科书的关注点主要是自我的表达与建构，即如何落实国家意识形态要求，选择已有社会文化内容及修辞方式。然而，教科书中这种由官方主导并符合其要求的先验国家形象，并不必然会内化为学生的经验体系，围绕其建构过程与重构特点，探索在具象的国家认知的基础上形成想象的国家愿景，既是充分发挥教科书育人功能的应有之义，也是增强国家向心力和凝聚力的必由之路。

---

① 杜仁菊，刘林. 脱嵌与再嵌：新时代中国青年亚文化的包容性重构［J］. 毛泽东邓小平理论研究，2018（6）：34－40.

第二节　教科书的教学智慧吸纳

指向教学、服务教学是教科书编辑的基本原则，教师在以教科书为蓝本的教学过程中创造性生成的教学内容，反过来对教科书如何更加适合于教学有着借鉴和启示意义。但在教科书编辑过程中吸纳教学智慧生成教科书内容或优化编写体例的做法并不常见，两者有效互动的路径与机制仍有待理论澄清与实践探索。

一、教学智慧与教科书编辑关系分析

"知"通"智"，在我国传统思维中，智慧与知识或获取知识的过程通常紧密联系在一起。《论语》说："知之为知之，不知为不知，是知也。"知道就是知道，不知道就是不知道，这才是智慧的。清楚地明白自身对知识的掌握情况，努力去掌握未知的领域，是智慧的表现。《荀子》说："所以知之在人者谓之知，知有所合谓之智。"将人本身所具有的认识能力看作知，将这种认识能力运用到社会现实中就是智。"智"作为"五常"（仁义礼智信）的一个重要内容，在我国社会发展中有着深厚的历史底蕴。"慧"，从心，彗声，由"彗"和"心"构成，字面意思是用心将野草变成扫把，后引申为聪明的意思，也与"知"相关联。《方言》说："知或谓之慧。"慧在佛教语中指了悟、破惑证真，同样指聪明。英语中 wisdom（知识，学识）与汉语有着极为相近的意义。哲学一词作为系统认识的世界观和方法论统一体，也被称为"爱智慧"（philosophia）。总体而言，智慧是人在认识世界、社会和个人以及创造性处理这些关系的所有活动中所具有的高级综合能力。智慧以知识为基础，但不止步于知识，其发展需要灵活运用知识；智慧以人的心理功能为条件但智力并不必然通达到智慧，其展现需要针对具体情境灵活应对。

教学智慧是教学过程中所表现出的智慧，其主体一般是教师，对象主要面向特定教学情境中的实际问题，效果体现在对学生学习的促进过程之中。关于教学智慧有着不同的理解，有学者提出教学智慧是对教学意外的一种灵活反应，"教

学智慧主要是由于出乎教师意料的情境而产生的，这一情况大都是由学生引起的"①，这种解释所指的实际上是教学机智，仅是教学智慧的一类情况；也有学者主张教学智慧是教师个人在教学中才智的表现，不能进行"逻辑运算"，不能转化为知识，不具有传递性，"教学智慧就是面对千变万化的教学实际情境，为保证教学作为一种'人为'活动，从'不确定性'中寻找'确定性'，充分表现出来的一种实践智慧"②。突出教学智慧的教师个人创造性符合智慧生成的本性，但不应否认智慧的可学习性和内在逻辑性。从智慧的视角来理解教学智慧更具有实用价值，"教学智慧是教师个体在教学实践中，依据自身对教学现象和教学理论的感悟，深刻洞察并敏锐机智、高效便捷地应对教学情境而生成融通共生、自由和美的境界的一种综合能力"③。既看到教师个人创造性，又承认这种创造性在特定条件下的可模仿性和可借鉴，才是对教学智慧的全面观照。

　　教学智慧以教学直接经验的形态存在，由教师个人在具体的情境中生成，虽然具有偶然性、个别性，但其出现必然是体现或蕴含着某种教育规律，需要教师有效运用教育知识和经验判断，面向的是特定学科中的具体问题、特定班级学生在学习中产生的临时问题。与之相反，教科书编辑从国家和社会的人才培养要求出发，基于课程标准的明确规定，有鲜明的课程理念作为基础，面向无差别的特定年龄阶段的学生群体，难以顾及具体学生千差万别的学习情况。基于教科书的教学活动是教学智慧产生的现实场域，教学智慧的生成虽然涉及教学的方方面面，但一定会指向对教科书内容的处理，这种处理方式或多或少能够对教科书编辑形成正向的借鉴作用或负向的修改启示。

　　以文字方式记录教学智慧的案例融入教材已经在高校中得到较多的实践关注，以案例作为书名的教材逐年递增。如南开大学出版社出版的"法学案例系列教材"，中国电力出版社出版的《材料力学案例教材》、安徽教育出版社出版的"学科案例教学论书系"等。这些教材既有相关领域的工作案例，又包含着如何引导学生学习的教学案例。有研究提出，大学物理教材融合教学案例要"夯实物

---

① 王鉴. 教学智慧：内涵、特点与类型［J］. 课程·教材·教法，2006（6）：23 – 28.
② 程广文，宋乃庆. 论教学智慧［J］. 教育研究，2006（9）：30 – 36.
③ 杜萍，田慧生. 论教学智慧的内涵、特征与生成要素［J］. 教育研究，2007（6）：26 – 30.

理学的基本概念、基本理论和基本方法，突出应用性、高阶性和创新性"。"教学案例紧紧围绕各章节的主要理论内容，以应用为导向，以提出问题和解决问题的过程为线索，以能力与素质培养为目标，拓展了物理学在现代技术中应用的视野。"① 教学案例融入了教师的教学智慧，内含着对学科内容选择、处理以及教学组织方式，甚至在某些情况下还创造出新的教学内容。 "李·舒尔曼（Lee S. Shulman）认为，案例知识——一种潜在的可以被编码化的、传达了实践智慧的知识主体——是教学的知识基础的实质，就像从教育研究中提出的原则性知识一样。在实践活动中，原则之间经常是彼此冲突的，也没有简单易行的解决这些冲突的办法，以案例为本的教学为教师提供了在这样的实践中分析情境并作出判断的机会。"②

教学智慧并非仅以案例的方式呈现，教学案例中的教学智慧也并不必然具有推广价值，但千千万万的教师成年累月的教学实践积累，需要得到有效提炼，应当及时建立其反馈到教科书编辑活动的通道与机制。

二、教科书渗透教学智慧的典型案例

1. "红领巾"教学法对语文教科书编辑的影响

1953 年 5 月，北京师范大学教育系学生观摩了北京市六中一位女教师执教的《红领巾》一课的课堂。苏联专家普希金听课后认为，教师讲课的时间太长，7 页作品讲了 4 小时，并且还要 2 小时才能完成，教学效率很低；教师讲得多，学生说得少，活动不够；思想政治教育在语文学科中的表现方式不对。依据这一意见，北京师范大学中文系学生再次试教课文，用时 4 课时，主要环节是：第一节课介绍课文来源，学生讲述故事梗概，教师纠正补充；第二节课分析课文，包括范读、人物性格分析；第三节课分段，明确主题和围绕主题选材的方法；第四节课讲写作技巧、文体特点，学生朗读。之后，《人民教育》发表《从〈红领巾〉的教学谈到语文教学改革问题》及短评《稳步地改进我们的语文教学》，由此形

---

① 吴王杰，杨军. 融合教学案例 建设一流大学物理教材［J］. 中国大学教学，2020 (6)：94 - 96.

② 舒尔曼. 教师教育中的案例教学法［M］. 郅庭瑾，主译. 上海：华东师范大学出版社，2007：绪论 2.

成了"红领巾"教学法。这一教学方式的出现，在一定程度上提高了语文教学的效率，同时也客观上刺激与推动了语文教科书编写的改革。"到了1953年6月，随着苏联专家普希金教授关于《红领巾》教学意见的发表，要求语言、文学分科的呼声越来越高。"① 语文教学的实际影响了语文课程的整体取向，引发了语言和文学分编的教科书实践，直接导致语文教科书的结构变革。

人民教育出版社1953年出版的《高级中学语文课本》构成要素依次包括出版者的话、目录、课文。课文由选文、注解和提示组成。注解是对课文词语作出解释。提示一般包括整体介绍作品或作品所体现的政治思想背景内容、选文的思想内容理解，有些设置提问引导学生思考。如第六册第三课《祝福》的提示是：第一题从小说主题入手谈封建礼教和阶级问题，"可是封建制度和旧礼教是什么人支持的呢？这自然有它的阶级基础。如果不挖出来，这些受害者将永远找不出真正的凶手，找不出致死的原因"。第二题简要复述小说内容概要，说明作品是以"描述祥林嫂的半生事迹为主"。第三题提出文章写人的主次问题："作者在本篇里描写了许多人物，有主要的，有次要的；有约略一提的，也有尽量刻画的。哪些是他所同情的？哪些是他所憎恶的？他所同情的是怎样描写？他所憎恶的是怎样描写？同是憎恶的人，也还有主从之分，应该从哪里去分析清楚？研究一下。"

1956年出版的《高级中学文学课本》由横排改为竖排、个别课文内增加了插图，尽管构成要素没有大的改变，但"提示"改为"练习"，明显针对学生的学和教师的教，内容取向也有极大变化：对作品内容理解和表达方式的学习提出新要求。如第四册第三课《药》的练习，分别是"作品写华老栓买人血馒头给儿子治病这件事，含有什么意义""夏瑜是个怎样的人？作品里怎样描写这个人物""从康大叔的外貌和说话可以看出他哪些性格特点""夏瑜坟上'有一圈红白的花'，我们怎样理解其中的意义"这样的设计，由纯粹的思想灌输转向从文本章法和写作特点等方面的理解，推动了语文教科书回归语文性，较好吸纳了"红领巾"教学法中的主要观点，也为语文教学新的模式产生提供了条件。

---

① 李杏保，顾黄初. 中国现代语文教育史［M］. 成都：四川教育出版社，2004（3）：283.

2. 文化回应性教学对教科书内容的作用

文化回应性教学法（Culturally Responsive Pedagogy）是 20 世纪 80 年代考特尼·卡兹登（Courtney Cazden）、艾伦·莱格特（Ellen Leggett）、弗雷德里克·埃里克森（Frederick Erickson）、杰拉德·莫赫（Gerald Mohatt）等人在教学实践中提出的一个概念。其产生缘由是在美国多元文化社会背景下，教科书和教学内容所包含、传递的文化与部分学生家庭或社区文化的脱离，严重影响到学业成绩及学习兴趣。威斯康星州大学麦迪逊分校格洛丽亚·拉德森 - 比林斯（Gloria Ladson - Billings）教授在对文化教育典型案例思考的基础上，提出了学生必须获得学业成功的体验、应该保持并发展自身文化优势、发扬批判意识等文化回应教学原则。吉内娃·盖伊（Geneva Gay）也从教学的视角提出，"文化回应教学的主张是教师应该理解学生成长的母文化、学生文化行为所暗示的文化意蕴以及学生之间的文化差异，将学生的母文化作为学习的桥梁，而不是学习的障碍，学校教育应适度反映学生的母文化，使学生的学习经验更具脉络意义"[①]。琳达·哈蒙德（Linda Hammond）认为教学时要注重文化原型是个人主义还是集体主义，该文化是书面传统还是口头传统这两种深层文化的区别。对注重集体主义的文化背景的学生，教学上可以更重视师生关系和合作学习，而对注重个人主义的文化背景的学生可布置更多需要独立完成、独立表现的任务。

文化回应性教学理念出现以来，围绕如何使教学内容更加适合学生自身的文化背景提出了很多观点，同时也对课程内容和教科书编辑提供了新的思路。有研究参考班克斯（Banks）提出的贡献模式、添加模式、变革模式和行动模式等课程模式提出随迁子女课程内容整合的具体策略。教科书编辑实践也在一定程度上注意到统一的文化传授要求与地方文化对个人影响之间的张力，有意识地在内容编排与组织方面通过提供选择或留白等方式为教师拓展留下空间。例如，人教版A版《普通高中教科书 数学 必修第一册》第二章"一元二次函数、方程和不等式"的探究栏目中，呈现了以下内容："图 2.1 - 3 是在北京召开的第 24 届国际数学家大会的会标，会标是根据中国古代数学家赵爽的弦图设计的，颜色的

① GAY G，王明娣. 文化回应教学理论：背景、思想与实践：华盛顿大学多元文化教育中心 Geneva Gay 教授访谈 [J]. 当代教育与文化，2017 (1)：104 - 108.

明暗使它看上去像一个风车，代表中国人民热情好客，你能在这个图中找出一些相等关系或不等关系吗？"该问题将本来建立在西方数学体系上的知识内容引入我国古代数学成果运用案例，又点出我国文化中热情好客的特点，最后提出找相等关系和不等关系的数学问题。教科书中类似处理方式还有很多，怎样的方式能更好体现文化回应教学需求，或如何去吸纳教学实践中创造的宝贵经验推动教科书的文化回应，值得进一步思考与探索。

三、教科书吸纳教学智慧的路径探讨

教学智慧作为教师个人在具体情境中生成的创新能力，与教科书编辑需要经历一系列转换过程，教学智慧并不必然能够进入教科书编辑的视野，两者之间没有直接连通。教科书编辑采用恰当的路径吸纳教学智慧，对消除传统惯性思维或思路的负面影响，推动教科书更加切合教学实际需要具有重要意义。

1. 加大教学实践经验成果总结力度

教学经验是教师在长期教学过程中积累并基本固定的对特定教学事件的处理方式，教学经验在其适应范围内往往是高效应对教学问题的法宝，所以经验丰富成为"好老师"的重要标志。教学智慧零星出现在教师的教学之中，是教师创造性处理某个具体教学事件所表现的素养，也是教学经验系统化并形成对某类问题处理的明确有效思路的核心基础。杜威将教学经验分为自发状态的原初经验和有自觉意识的反省经验两种类型，当前大多数教师的"教学经验以'自发状态'支配着教学实践，尚未进入反省经验阶段的'自觉'"。"真正有意义的教学经验学习，在于提升教学的实践智慧，配合并推进教学实践的变革。但自发状态的教学经验学习，不但不能提升智慧，甚至阻碍教学实践的变革。"[1] 加大教学经验总结与理性反思力度，才能推动教学智慧发生于更多的课堂。

目前，中小学一线教师基于自身经验的研究以及对中小学教学的研究并不少见，但真正有推广价值、能够切实转化为教科书编辑所需要的成果并不太多。究其原因是一线教师受时间和研究视域限制，成果提炼与反思的深度有待提高，教

---

① 魏宏聚. 实用主义哲学视域中"教学经验"的意蕴 [J]. 教育发展研究, 2019 (18)：31 - 38.

育教学研究者下沉到一线的力度不够，为研究而研究的取向仍占主流。另外种种实验主张层出不穷，但实践推广的范围有限，特别相关研究中的教学经验主要是单向源自教科书，很少由教学经验反向讨论教科书编辑问题。应充分利用并打造新的平台，推动教学经验总结与教科书编辑有效关联，最大可能利用教学智慧提高教科书的适切性。

2. 拓宽教科书编辑教学体验的深度

教学智慧和教学经验出现的一个重要基点是教科书，其对教科书的反馈必须进入教科书编辑视野才能成为可能。教科书编辑越深入体验教学，对教学的关注度和敏感度越高，对教学智慧的辨识能力就越强，因而越有可能将教学经验的内容转化为自身思维体系，进而影响教科书编辑实践。当前教科书编辑包括专职编辑、一线教师、学科专家和教研员四类主体。专职编辑的学科背景和经历差别较大，有的具备丰富的一线教学经验，有的具备深厚的学科修为，有的编辑底蕴扎实，有的教育理论知识渊博。教科书作为教师教的依据和学生学习的基础，要在方向正确的前提下不断提高其可教、可学功能。这就必然要求编辑具备学科、编辑和教育理论的综合素养，并且在内容选择与组织过程中渗透服务教学的意识，在拓宽教学体验深度过程中博采有代表性的教学智慧。

来自教学一线和教研部门的教科书编辑，虽然已经积累了丰富的教学经验，但这种经验的个人色彩比较明显，往往带着独特的个性，应注意吸纳并综合具有不同特点、不同风格教学智慧中蕴含的教学思想，尽量避免一家之言或经验定势可能造成的偏见。来自高校的学科专家所拥有的与教科书相应的学科素养或教育学素养，多是偏重于理论，缺乏或长时间没有参与中小学教学实践。长期从事研究工作导致其兴趣主要集中于某一具体领域，与教科书所要求的基础性、全面性存在张力，很有可能因为其学术取向而偏重某些方面的内容。学科专家应关注教学中教师在教科书内容处理中面临的问题及所采取的办法，有选择性地实地试教教科书内容，据此判断学科研究与教科书编辑活动之间的正向与负面影响。

3. 明确教科书吸纳教学智慧的向度

"教学智慧与教学经验、教学知识息息相关，教学经验通过符号系统转变为教学知识，教学知识经过顿悟系统生成教学智慧，或者教学经验直接通过优化系统，借助缄默性知识生成教学智慧。"① 教科书吸纳教学经验中蕴含的教学智慧，包括以下几种形式：一是在学习处理教科书内容的有效方式中完善教科书组织结构。比如，教科书的体例选择很大程度上依从于知识本身的逻辑性，主要是宏观和整体判断学生学习的心理特点，教学过程中创造性地调整教科书内容顺序，并取得了实际成效的做法就可作为现有方式的重要补充。二是从教学内容创新反思教科书内容选择。教科书中的内容重复、脱节、学习价值不明显等问题，都会表现为教学问题并在实践中出现矫正策略，可作为教科书修订的参考依据。三是直接吸纳教学中创造的知识进入教科书。教科书的知识以学科知识为主，同时也包含着学习学科知识的程序性知识，教学中创造性生成的程序性知识经过特定程序可直接补充到教科书中，能够弥补对"学"关注不够的问题。

同时，也需要畅通教学智慧进入教科书的通道。教科书在版本保持适度稳定性和连续性的同时，也要根据使用中发现的问题及时修改。一套新的教科书投入使用后，教科书编辑要做的不能只是去培训教师，不能只要求教师如何操作使用，也要建立有效的反馈机制接受教师的合理意见与建议，并鼓励教师提出创造性的修改观点。

第三节　数字教科书回顾与展望

每当科学技术在社会生活中的应用进入一个新的阶段，都会带来教育技术改变传统的殷切期望，这一方面折射出人们对教育现状的不满，另一方面也表明教育技术应用方面有着广阔的空间。由于教材的特殊性质，相对于线上教学而言，数字教科书发展的呼声总是不急不缓，但却在稳步推进之中。

一、国内数字教科书回顾

国内数字教科书起步较晚，推广与应用还停留于实验阶段。目前对数字教科

---

① 李晓华. 论教学经验、教学知识与教学智慧的关系［J］. 西北师大学报（社会科学版），2018（3）：91－98.

书研究主要集中于内涵和价值等宏观性理论思考及开发应用流程等具体技术支撑层面，其丰富性、针对性和实践应用性有待进一步加强。

1. 明晰了数字教科书的内涵

教科书通过培养人的活动为国家发展奠定基础，体现并推动人类精神文明的进步。在教育信息全球化时代业已来临的背景下，教育教学的深层改革必须主动迎接这一时代趋势，其中运用多媒体技术、逐步推广数字教科书是其重要内容。教育部印发的《教育信息化十年发展规划（2010—2020 年）》整体设计和全面部署了 10 年时间的教育信息化工作，极大地推动了教育领域的信息技术进步与应用，为数字教科书建设营造了良好氛围。计算机技术和信息化技术凭借灵便的交互性、丰富的多元性等特点逐渐成为课堂教学中的新角色，成为教育改革的巨大推动力。课堂教学信息化是教育信息化不可或缺的部分，而课堂教学信息化除了教学媒介和设备的信息化以外，还包括教科书的数字化和教科书使用的信息化。

数字教科书也称为电子教材、电子课本，是一种富媒体①教材。它有着交互性、关联性、开放性等特点，不仅表现丰富，使用便利，而且能加强师生互动，满足个性化学习，便于使用者进行"自主、交互、协作"式学习。随着互联网技术的迅猛发展，教育教学环境下的数字教科书一方面作为传统教科书的辅助教材，方便师生参考与互动，营造趣味性的学习环境，活跃课堂气氛；另一方面也可以对传统教科书进行补充与拓展，丰富教学内容，提高教学效率，甚至在不久的将来取代纸质教科书。

电子课本不仅仅是纸质教科书的电子版，更是纸质教科书与多媒体技术结合的数字信息学习资源包。已有研究从电子书和教科书两方面出发，分析了数字教科书的概念、属性与特征，明确了数字教科书的内涵，区分了数字教科书的属性与特征，提出数字教科书是学校教学与学习领域数字媒介的结合，把教学所需的教材、工具书等按科学的结构整合而成的综合资源包；是一种数字教学资源，具有富媒体性、关联性、交互性等特点；是一类根据学生阅读规律、有利于组织学习活动、依据课程目标要求、按照图书风格编排的电子书或电子读物。

---

① 富媒体是由英语 Rich Media 翻译而来，是指具有动画、声音、视频及其他具有交互性的信息传播方式，包含流媒体、声音、Flash，以及 Java、Javascript、DHTML 等程序设计语言及其组合。

2. 探索了数字教科书开发与应用领域

开发和设计是数字教科书研究的重要关注点。已有研究提出了教育性、科学性、交互性、实用性等基本开发原则，明确了教学分析、产品设计、制作开发三个过程和教学内容、系统架构、教学构件、用户界面四个测试角度①。在中职院校数字化教科书开发中提出教学分析、教学设计、制作开发、试用审定四个开发阶段②。从软件开发的角度提出基于微信订阅号的数字教科书的开发包括系统需求分析、制定技术方案、技术准备、搭建系统框架。有些研究者从理论的层面介绍了数字教科书的开发过程，认为数字教科书的开发包括需求分析、学习设计、媒体开发、作品发布四个阶段，以《Photoshop 图像处理》为例对学习设计中的知识图绘制和学习路径设计做了详细的阐述，但这两个过程的中间阶段缺乏具体的教学策略和原则。

在设计方面，最初纸质教科书的电子版仅仅是将教科书的内容用数字化的形式呈现出来，并未满足数字化阅读的需求，也无法为数字化教学提供支持。但随着信息化时代的发展，数字化教科书日益凸显出富媒体化等特点，研究者们针对数字教科书应具有的功能提出了不同的设计方案。有研究主张从组成要素的方面构建一个以数字教科书为中心，以教学工具、硬件设施以及网络平台为支持环境的模型；或基于评价—教学法—技术（Assessment-Pedagogy-Technology，APT）模型重新解析评价、教学法、技术三个要素，构建智慧教室中的 iPad 电子教科书设计框架。尝试将加瑞特（J. J. Garrettt）提出的用户体验元素模型，结合电子教科书的教育特性进行修订，为学习者创建一个"可以穿越的信息空间"；根据首要教学理论和多媒体认知理论，构建面向 1∶1 数字化学习的新型电子教材设计与开发模式——EDMBFC（E-Textbook Development Model Based on First Principles of Instruction and Cognitive Theory of Multimedia Learning）模式，以提升电子教材开发实践的理论水平。

总的来说，国内数字教科书开发与设计的研究成果较多，但实践经验仍然缺

---

① 康合太，沙沙. 数字教科书建设的探索与实践：以第二代"人教数字教科书"为例 [J]. 中国电化教育，2014（11）：80 – 84，100.

② 田晖，张铭命，刘波. 中职数字化教科书建设的探索与实践：以上海市医药学校教科书开发为例 [J]. 中国职业技术教育，2019（32）：49 – 52.

乏，大多数开发与设计流程主要是借鉴软件工程的思想，技术层面的探讨较多，体现教科书理念要求的内容较少。数字教科书的编辑如何突破传统教科书的局限，更好满足学生要求和人的全面发展，还有很长的路要走。

二、国外数字教科书回顾

国外主流研究不仅关注学生的学习需要，而且从学生和课程出发关注在教学活动中数字教科书的表现；注意到数字教科书的设计应与具体学科的特征相结合，如科学类电子教科书如何使用动画展示科学活动的过程，阅读类数字教科书插入动图或者电子音频辅助学生阅读理解；将数字教科书的研制与学生的认知理论联系在一起，认为数字教科书的发展需要以学生的认知理论作为基础，贴近学生的学习生活，符合学生的发展规律；同时数字教科书的技术发展也是重要问题，如何将网络技术应用于数字教科书的开发，如何利用图片、音像、动画、网络等多媒体更好地向学习者表达课程内容是数字教科书发展的永恒主题。

1. 数字教科书编用价值

增加交互式和协作资源。早期数字教科书是印刷教科书的电子形式，需要使用电子设备来访问和查看内容，在电子设备和网络普及的前提下获取更加便利，使得内容可以通过网络获得。数字教科书所包含的互动资源是其他印刷材料中没有的，包括对视频等媒体内容的实时链接、交互式案例研究、突出显示、注释工具以及音频翻译等。一些数字教科书具有协作能力，学生和教师可以共享重点内容、注释，并相互提出问题。数字教科书整合交互式和协作资源的能力为教育提供了一个重新设想如何以一种创新的方式呈现教学内容的机会，可满足或引导学生的新型学习方式，有助于更好地理解视觉和口头呈现的内容，额外资源和协作学习方式也能为教师提供将即时学习经验融入课堂的机会①。比起传统教科书，数字教科书更具有流动性，学生们可能更愿意把便携的电子课本带到课堂上；同时，交互式和协作资源可以将课堂搬到虚拟空间，能够突破教育的空间限制，增强各国或各地区教育部门之间的合作与沟通。

---

① ROBB M. Potential Advantages and Disadvantages of Digital Textbooks [J]. Nurse Author & Editor, 2019, 29 (4): 1 - 9.

　　实时更新多样化教学资源。信息的及时性是学生感知数字教科书有用性的另一个关键因素。历史上，教科书的出版遵循隔几年更新一次印刷教科书的模式，一定程度上给教师的教学带来麻烦。数字教科书实时更新的潜力能提供更加多样化的学习资源，它会根据新信息的可用性和教育工作者以及学生的需求而变化①。使用数字教科书可以促进出版社不断保持内容的更新，并实时综合最新的教学发展需要，增加教科书的活力，拓展教师的视野，更新教师的教学设计，以便更加贴近学生、更加符合学情。另外，数字教科书的实时更新也有助于学生接触最新的知识体系和学习信息，这在政治、历史等课程中显得尤为重要，学生不再拿着过时的教材读"死书"，而是与时俱进，不断促进自我成长与发展。

　　促进残障学生教育公平。数字教科书可以发挥技术力量为所有学生，特别是残障学生提供平等教育的机会。可持续发展的目标之一是提供包容和公平的优质教育，促进全民终身学习，所有的孩子应该有机会学习并充分发挥他们的学术潜力，残障学生有权在没有歧视和机会平等的基础上接受包容性的教育。数据显示，残障学生是最有可能被排除在受教育之外的人口群体。在信息技术已经成为日常生活的重要组成部分的情况下，科技通常被视为一种辅助手段，可以使不同的学生获得平等的课程机会，促进特殊群体接受教育，提高教育成果②。传统的教学和学习资源对那些有长期身体、精神、智力或感官缺陷的学习者构成了重大障碍。数字教科书利用信息和通信技术，使用适当的扩大和替代的交流方式、手段和形式，提供教育技术和资源，可以更好地满足残障学习者的教育需求。数字教科书为有视觉、听觉和智力障碍的学生提供了一个有价值的辅助工具，可以作为他们进行教育的一种选择。

　　由于电子信息技术的大力发展，大数据时代已经到来，数字信息数据库给数字教科书提供了支持，可以实现文本、图像、声音、视频、动画等多种信息的关联，形成具有多样性、集成性和交互性的现代化教科书。数字教科书与传统教科书最大的区别在于多种媒介的集合，而不是传统的以"本"为单位的书，可以帮助学习者将知识与其他领域联系起来，根据需要选择运用不同媒体辅助教与

---

　　① WAMBARIA M W. Accessible Digital Textbook for Learners with Disabilities：Opportunities and Challenges ［J］. The Educational Review，2019，3（11）：164－174.

　　② 同①.

学，促进各种教学互动，将静态的课程资源转化为灵活的数字媒体和工具。

2. 数字教科书推广问题

增加教育成本。将出版社开发的课程内容与数字教科书捆绑在一起，会给学生增加额外的成本。学生必须先购买访问码才能从由出版社维护的学习平台上检索课程内容（如作业、小测验等）和数字课本①。使用数字教科书一定需要与之相匹配的电子设备，这无疑会增加学生的教育开支，并且对网络设备环境也有一定的要求，无形中增加了学校办学成本，而某些学校的办学成本最终要由受教育者来买单。

违背学生意愿。当代学生是随着科技发展成长起来的，比起以往的学生更为熟悉电子信息技术，但有研究表明，他们仍然对纸质教科书有强烈的偏好。学生虽然已经习惯了在数字环境下浏览网页和同时处理多项任务，但在屏幕上阅读对身体和精神都提出更高的要求②，教育者和受教育者甚至会出现"高新技术紧张症"（technostress），技术压力对数字教科书的使用有直接的负面影响。③ 与印刷教科书相比，电子教科书还存在其他技术层面上的缺陷，如滚动的电子内容不便于文本阅读，电子设备上的社交媒体信息易分散注意力，在电子页面上来回切换和移动不方便做笔记，长期盯着电子设备更容易使眼睛疲惫等。数字教科书虽有助于激发学生学习兴趣和动机，提升学习参与度，却不一定对提高学生学习成绩有所助益。

减弱学生理解能力。当教科书内容以数字形式呈现时，学生的理解水平在某些情况下会受到负面影响。阅读内容超过一页纸时，学生更容易理解打印格式的信息，而不是数字格式，并且研究发现当信息以印刷形式呈现时，学生们能够更好地列出关键点和回忆细节。另外，阅读纸质教科书的学生在回答需要推理的问题时表现得更好。数字教科书的推广要求编辑和教师在使用这一媒介时考虑如何

① ROBB M. Potential Advantages and Disadvantages of Digital Textbooks [J]. Nurse Author & Editor, 2019, 29（4）: 1–9.

② SINGER L M, ALEXANDER P A. Reading Across Mediums: Effects of Reading Digital and Print Texts on Comprehension and Calibration [J]. The Journal of Experimental Education, 2017, 85（1）, 155–172.

③ VERKIJIKA S F. Digital Textbooks Are Useful but Not Everyone Wants Them: The Role of Technostress [J]. Computers & Education, 2019, 140（10）: 103591.

更好地帮助学生理解，需要在写作、编辑和教学实践方面有效提升，以重新调整学生阅读数字和印刷格式内容的方式。

数字教科书仍处于发展完善的阶段，短期内会增加学生的教育成本，但如果大范围普及数字教科书，国家增加教育投入，开放更多的教育资源，长期来看，还是更为环保并能够减少教育成本。滚动的电子内容容易打乱学生的阅读思路，影响学生对文本的理解和记忆，需要数字教科书在开发应用的时候多方面考虑学生的需求和学习习惯，制作更符合实际、更适合学生使用的教科书。

3. 数字教科书发展情况

电子信息技术正在创造一个教科书开发、购买和阅读的新时代。数字教科书可以促进各种教学互动，将静态的课程资源变为灵活多样的数字媒体和工具，它在某些国家已经发展得较为成熟，形成了一个系统化的体系。例如美国、德国、澳大利亚、新西兰、马来西亚等多个国家都在高等学校甚至中小学中进行了"自带设备"（Bring Your Own Device，BYOD）进课堂的教学实践。目前，许多国家和地区仍然在继续夯实数字教科书基础设施建设，为数字教科书的使用扫清网络和硬件应用的障碍，包括持续普及和推广智能学习终端，提升互联网尤其是移动互联网的家校覆盖范围，逐渐引入虚拟仿真实验室、VR/AR（虚拟现实/增强现实）设施等，不断加大对开放教育资源的投入与支持，扩大学习资源的可访问性，降低教育成本。相比之下，我国数字教科书的发展还不够好，尽管已经出现了纸质教科书的电子版以及慕课等线上授课平台，但是相较于国外来说，电子教科书还没有真正走进教学课堂。以纸质书电子化为主的数字教科书并没有根据知识体系或者学生发展规律来开发设计，教师和学生都还没有完全接受、适应这种新的载体和表现方式。

教师需要充分地考虑各种媒体所表达的内容能对教学产生的效果，要充分理解教学内容的内涵，才能调动多种媒体更加生动地进行表达，达到教促进学的效果。学校需要为学生应该学什么制定明确的目标，必须清楚地了解不同的学习活动如何有助于实现学习目标，寻找适合不同学习活动的数字化学习技术以提高学生的实际学习程度，响应特定学习者的需要和任务要求。教师应该在管理学生学习以及如何在各种课程和项目中使用数字学习技术方面发挥关键作用。

三、数字教科书编辑展望

国内数字教科书建设起步并不晚，但推进速度却没有预想的那么快。根据人民教育出版社官网资料，人民教育出版社 2002 年推出了我国最早的第一代人教版数字教材"人教电书"，并在 100 多所学校实验使用；2013 年开发出第二代数字教材；2018 年发布第三代人教数字教材，成为"面向中小学师生，依据国家课程标准，以传统纸质教材为蓝本，针对信息化环境中教与学的新需求，以提高教学和学习效果、发展学生核心素养为目标，利用互联网、数字媒体、大数据等技术手段，融教材、数字资源、学科工具、应用数据于一体的立体化教材"。由此可见，数字教科书发展的概念性成分要远远大于实践应用，其在社会生活中的快速普及相比而言仍然任重而道远。

1. 数字教科书解决什么问题

信息时代的人们生活方式发生了极大改变，只要信息平台本身操作方便、安全可靠，使用者就可以轻而易举掌握它的使用方法。以互联网为基础的信息交换广泛渗入人们的日常生活后，就出现了线上和线下两种活动方式，线上虚拟现实的丰富性、多样性和可选择性对人更具吸引力。据统计，截至 2020 年 12 月我国使用互联网的网民达 9.89 亿，其中手机网民约 9.86 亿，几乎所有青少年学生都是网民或潜在网民。同时，教育信息化建设成为学校发力和教育市场争夺的重点领域，硬件投入、软件开发和服务方式都以前所未有的规模推进。2018 年，教育部颁布《教育信息化 2.0 行动计划》（教技〔2018〕6 号），通过实施教育信息化 2.0 行动计划，在 2022 年我国基本实现"三全两高一大"的发展目标，即教学应用覆盖全体教师、学习应用覆盖全体适龄学生、数字校园建设覆盖全体学校，信息化应用水平和师生信息素养普遍提高，建成"互联网＋教育"大平台，推动从教育专用资源向教育大资源转变、从提升师生信息技术应用能力向全面提升其信息素养转变、从融合应用向创新发展转变，努力构建"互联网＋"条件下的人才培养新模式，发展基于互联网的教育服务新模式，探索信息时代教育治理新模式。实现目标要求的一个重要行动是完善数字资源公共服务体系，其中数字教科书是其核心内容。

特别是 2020 年以来受新冠疫情影响，为保障停课不停学，线上教育不得已成为主要授课方式，全国超过 1.8 亿中小学生通过网络接受教育，创造了教育史上"史无前例、世无前例"的历史，在线教育再一次被舆论推上风口。在国家和社会大力推进教育信息化以及学生可能接受的学习方式发生深度改变的情况下，传统教科书作为教学中介的地位和作用是否被颠覆或否定？如果没有，在传统教科书数字化的基础上，再利用互联网的优势增加教学资源、学科工具等可供师生选择的教学手段所形成的数字教科书，能在多大程度上改变教学现状？或者说能够在多大程度上解决教学质量、教学效率不高的问题？青少年学生网络成瘾、手机依赖等问题非常普遍，"出身于不同社会阶层、学业水平处在优良中差不同级别的庞大青少年群体均不同程度地表现出对于互联网的热衷、着迷。这一代青少年中，网络过度使用、上网冲动控制障碍的发生率居高不下。据中国青少年网络协会调查，全国青少年网瘾用户约占青少年网民的 13.2%，除此之外，非网瘾用户中还有约 13% 的网民，即约 900 万青少年存在网瘾倾向"①，在这种情况下如何能够确保线上学习不会成为导致或加重网瘾的隐形推手？更为关键的是，人类离开传统纸质载体后的学习方面，以立体化、虚拟化的图像资源部分或完全代替对文字的理解、想象和现场体验，会对其思维方式和生活方式产生怎样的影响？当我们以十二分的激情来拥抱一个新的时代来临的时候，不应当放弃对人存在和生活的终极方式作出深层次的思考。包括数字教科书在内的数字化教育对推动教育均衡发展、加强信息素养、增大学习容量以及体现学习个性化等方面都具有传统方式无法比拟的优势，但如果缺乏恰当客观的评估，也许其带来的负面作用将远远超过其正面价值。数字教科书推广使用将解决什么问题，本身可能产生的问题如何解决，这些表征着数字教科书发展的基本价值。

2. 数字教科书如何改善教学质量

发展数字教科书意味着其在提高教学质量方面有着比传统教科书更为明显的优势，但这仅仅是一种预设，并没有全面评估、证明数字教科书的效果一定能够全面超过传统教科书，这意味着数字教科书开发与推广的价值并不是确定无疑的，而是需要在不断改进和完善的过程中提高教学质量，这才能显现出自身优

---

① 刘磊，赵红艳. 青少年网络依赖的代际特征及教育建议［J］. 当代青年研究，2014（4）：64 – 68.

势。与之相关的更深层次问题是，什么样的教学才是更高质量的教学，教学本身所追求的效果是什么。在不同的时代，人们对教学质量的认识有着明显的差别，或者说对教育教学的期望及其实现程度取决于特定社会观念。以"读书无用论"为例，在不同观念中的"用"存在明显差别，用可以是对国家和社会之用，如周恩来总理所说的"为中华之崛起而读书"；可以是对个人和家庭之用，这又能细分为两个层面，一是促进个人素质发展，如当前所倡导的素质教育；一是为功利层面的获得，如应试教育，功利包括实现阶层流动、获取经济回报或提高社会声誉等不同方面。数字教科书应当致力于改变不同教育理念分裂甚至对立的状态，在个人发展和社会发展达成有效平衡的基础上，运用信息技术手段选择资源并设计活动形式。

当前数字教科书发展应当改变其仅是一种教学资源拓展的情况，着力在推动学习内容组织的序列化、学习活动设计的科学化和学习效果评价的多元化等方面下功夫，以解决传统教科书使用中存在的典型问题。人们对数字教科书最直接的认识是将教科书内容数字化，能够突破纸质教科书容量的限制，可提供大量可选择的教学内容。但同时也会导致师生在教学的有限时间内面对大量信息产生"选择困难症"，需要将教学资源组织为线索清晰的结构体系，以核心概念为中心组织学习主题、拓展知识领域，通过扩大可选择内容提高学习者获取知识、开展活动和及时反馈学习情况的针对性和精准度。在人工智能领域，"研究人员将人工智能、深度神经网络、自然语言处理与数据库技术相结合，在对知识图谱构建的研究方面取得了一些成果。然而，在高效构建知识图谱的过程中，不难发现目前缺乏成熟的知识图谱构建平台，需要对知识图谱的构建体系进行研究和分析，以满足不同行业的应用需求"①。数字教科书建设应高度关注人工智能领域研究成果的应用，并在可能的情况下推动人工智能技术发展，在智能化方面不断改进，通过部分代替教师功能从而推动教学质量大幅提升。

3. 数字教科书怎样规范发展路径

标准是制约行业发展的重要外部环境。《中华人民共和国标准化法》规定：

---

① 杭婷婷，冯钧，陆佳民. 知识图谱构建技术：分类、调查和未来方向［J］. 计算机科学，2021（1）：175－189.

"对需要在全国范围内统一的技术要求，应当制定国家标准。国家标准由国务院标准化行政主管部门制定。对没有国家标准而又需要在全国某个行业范围内统一的技术要求，可以制定行业标准。"国家相关部门及地方政府推动了数字教科书的行业标准制作与发布，国家市场监督管理总局、国家标准化管理委员会于 2022年 4 月 15 日批准发布了《数字教材 中小学数字教材出版基本流程规范》《数字教材 中小学数字教材元数据》《数字教材 中小学数字教材质量要求和检测方法》等 3 项行业标准，上海市、河南省等省级教育部门根据本地实际情况发布了数字教材建设规范或标准，主要用来解决数字教材的技术规范和平台融合问题，在工具层面的统一方面迈出了一大步，为数字教材开发、推广与使用提供了良好基础。"目前，中小学数字教材标准化建设工作面临的主要难点有三个方面：一是多领域标准之间的深度融合，二是中小学数字教材标准体系的构建，三是中小学数字教材的外部系统接口标准研究。"①

技术层面的问题可以通过技术手段来解决，其发展与信息技术领域密切相关。数字教科书的规范最终指向于供师生更为有效使用，应当与教师教学方式相适应或推动教师教学方式的优化。首先要解决数字教科书与当前各种教学平台的兼容问题。当前在线教学平台包括不同机构、不同部门开发的上百种各类型平台，它们各具特色和优势。但在数字教科书本身规范并不十分完善的情况下，教育部门是否有能力在自身架构内同步推动教育信息一体化发展，是需要在规划中进行宏观调控的首要任务。其次，是数字教科书的使用规范问题。从教材管理角度来看，数字化背景下教学资源几乎可以无限拓展，如何确保数字教科书运用能够体现国家意志、符合课程标准要求，是规范化发展中必须解决的另外一个障碍。"缺乏政策和管理下的中小学数字教材，并没有像传统纸质教材那样的财政专项经费保障机制，数字教材的开发、实验、服务等基本上出于市场行为，应用难以普遍推广，也难以实现持续发展。"② 在信息社会，数字教科书发展似乎被当作理所当然的趋势，而现实情况并不会如想象的顺利和美好，其进程必然是艰难曲折的。

---

① 沙沙. 中小学数字教材标准化建设的思考 [J]. 科技与出版，2017 (7)：90 – 93.
② 王志刚. 我国中小学数字教材开发现状及发展建议：基于中小学数字教材典型产品调研的分析 [J]. 出版科学，2020, 28 (5)：22 – 30.

主要参考文献

专著类：

1. 阿普尔，克丽斯蒂安－史密斯. 教科书政治学 ［M］. 侯定凯，译. 上海：华东师范大学出版社，2005.

2. 安德森，等. 布卢姆教育目标分类学：分类学视野下的教及其测评 ［M］. 蒋小平，等译. 北京：外语教学与研究出版社，2009.

3. 巴赫金. 文本、对话与人文 ［M］. 白春仁，等译. 石家庄：河北教育出版社，1998.

4. 鲍建生，周超. 数学学习的心理基础与过程 ［M］. 上海：上海教育出版社，2009.

5. 布列钦卡. 教育基本概念：分析、批判和建议 ［M］. 上海：华东师范大学出版社，2001.

6. 布鲁纳. 教育过程 ［M］. 邵瑞珍，译. 北京：文化教育出版社，1982.

7. 陈学恂. 中国近代教育史教学参考资料 ［M］. 北京：人民教育出版社，1987.

8. 戴伯韬. 戴伯韬教育文选 ［M］. 北京：人民教育出版社，1985.

9. 杜威. 民主主义与教育 ［M］. 王承绪，译. 北京：人民教育出版社，2001.

10. 多尔. 后现代课程观 ［M］. 王红宇，译. 北京：教育科学出版社，2004.

11. 方毅华，郝丽丽. 编辑学概论 ［M］. 2 版. 北京：中国广播影视出版社，2017.

12. 顾黄初. 中国现代语文教育百年事典 ［M］. 上海：上海教育出版社，2001.

13. 顾明远. 中国教育的文化基础 [M]. 太原：山西教育出版社，2008.

14. 洪宗礼，柳士镇，倪文锦. 母语教材研究：9 [M]. 南京：江苏教育出版社，2007.

15. 胡学常. 文学话语与权力话语：汉赋与两汉政治 [M]. 杭州：浙江人民出版社，2000.

16. 怀特海. 教育的目的 [M]. 徐汝舟，译. 北京：生活·读书·新知三联书店，2001.

17. 黄济. 教育哲学通论 [M]. 太原：山西教育出版社，2001.

18. 卡西尔. 人论 [M]. 甘阳，译. 上海：上海译文出版社，2004.

19. 孔凡哲，张恰. 教科书研究方法与质量保障研究 [M]. 长春：东北师范大学出版社，2015.

20. 莱维. 课程 [M]. 重庆：西南师范大学出版社，2011.

21. 雷雳. 发展心理学[M]. 2 版. 北京：中国人民大学出版社，2013.

22. 李伯黍，燕国材. 教育心理学 [M]. 2 版. 上海：华东师范大学出版社，2001.

23. 李臣之，郭晓明，和学新，等. 西方课程思潮研究 [M]. 北京：人民教育出版社，2012.

24. 李求来，昌国良. 中学数学教学论 [M]. 长沙：湖南师范大学出版社，2006.

25. 李杏保，顾黄初. 中国现代语文教育史 [M]. 成都：四川教育出版社，2004（3）.

26. 柳士镇，洪宗礼. 中外母语课程标准译编 [M]. 南京：江苏教育出版社，2000.

27. 鲁迅. 且介亭杂文 [M]. 北京：人民文学出版社，2006.

28. 陆扬，王毅. 文化研究导论：修订版 [M]. 上海：复旦大学出版社，2015.

29. 毛泽东. 毛泽东选集：第4卷 [M]. 北京：人民出版社，1991.

30. 孟建，于嵩. 国家形象：历史、建构与比较 [M]. 南京：江苏人民出版社，2019.

31. 单中惠，杨汉麟. 西方教育学名著提要 ［M］. 2 版. 南昌：江西人民出版社，2004.

32. 邵益文，周蔚华. 普通编辑学 ［M］. 北京：中国人民大学出版社，2011.

33. 申凡，威海龙. 当代传播学 ［M］. 武汉：华中科技大学出版社，2000.

34. 施良方. 课程理论：课程的基础、原理与问题 ［M］. 北京：教育科学出版社，1996.

35. 石鸥. 百年中国教科书忆 ［M］. 北京：知识产权出版社，2015.

36. 石鸥. 教科书概论 ［M］. 广州：广东教育出版社，2019.

37. 石鸥. 晋察冀边区国语课本 ［M］. 广州：广东教育出版社，2016.

38. 石鸥. 民国中小学教科书研究 ［M］. 长沙：湖南教育出版社，2018.

39. 石鸥. 弦诵之声：百年中国教科书的文化使命 ［M］. 长沙：湖南教育出版社，2019.

40. 石鸥. 新中国中小学教科书图文史：语文 ［M］. 广州：广东教育出版社，2015.

41. 石鸥. 新中国中小学教科书图文史：自然常识、物理、化学、生物学 ［M］. 广州：广东教育出版社，2015.

42. 舒尔曼. 教师教育中的案例教学法 ［M］. 郅庭瑾，主译. 上海：华东师范大学出版社，2007.

43. 舒新城. 近代中国教育史料 ［M］. 北京：中国人民大学出版社，2012.

44. 索耶. 剑桥学习科学手册 ［M］. 北京：教育科学出版社，2010.

45. 谭建川. 日本教科书的中国形象研究 ［M］. 北京：北京大学出版社，2014.

46. 田建荣. 中国考试思想史 ［M］. 北京：商务印书馆，2004.

47. 田中阳. 传播学基础 ［M］. 长沙：岳麓书社，2009.

48. 王道俊，郭文安. 主体教育论 ［M］. 北京：人民教育出版社，2005.

49. 王国维. 王国维文学美学论著集 ［M］. 上海：上海三联书店，2018.

50. 王祎. 王忠文集：外四种 ［M］. 上海：上海古籍出版社，1991.

51. 王郢. 教材研究导论 ［M］. 北京：人民出版社，2016.

52. 王治河. 福柯 [M]. 长沙：湖南教育出版社，1999.

53. 维果茨基. 维果茨基教育论著选 [M]. 余震球，译. 北京：人民教育出版社，2005.

54. 吴平，芦珊珊. 编辑学原理 [M]. 武汉：武汉大学出版社，2011.

55. 夏丏尊，叶绍钧. 国文百八课 [M]. 北京：生活·读书·新知三联书店，2008.

56. 徐林祥. 百年语文教育经典名著：第14卷 [M] 上海. 上海教育出版社，2017.

57. 叶圣陶. 叶圣陶教育文集：第4卷 [M]. 北京：人民教育出版社，1994.

58. 袁亮. 中华人民共和国出版史料 [M]. 北京：中国书籍出版社，1995.

59. 曾天山. 教材论 [M]. 南昌：江西教育出版社，1997.

60. 张大均. 教育心理学 [M]. 3版. 北京：人民教育出版社，2015.

61. 张静庐. 中国近代出版史料 [M]. 上海：上海书店出版社，2011.

62. 张隆化，曾仲珊. 中国古代语文教育史 [M]. 成都：四川教育出版社，2000.

63. 张人杰. 国外教育社会学基本文选 [M]. 上海：华东师范大学出版社，1989.

64. 张树年. 张元济年谱 [M]. 北京：商务印书馆，1991.

65. 张燕华. 教科书语言学 [M]. 广州：广东教育出版社，2019.

66. 赵云泽，等. 偏见与想象：外国人对中国形象建构机制分析 [M]. 福州：福建人民出版社，2016.

67. 中国第二历史档案馆. 中国民国史档案资料汇编：第五辑第二编·教育：一 [M]. 南京：江苏古籍出版社，1997.

68. 中华民国教育部. 第一次中国教育年鉴：戊编：教育杂录 [M]. 上海：开明书店，1934.

69. 钟启泉，崔允漷，张华. 为了中华民族的复兴 为了每位学生的发展 [M]. 上海：华东师范大学出版社，2001.

70. 钟启泉. 现代课程论：新版 [M]. 上海：上海教育出版社，2003.

期刊论文：

71. 陈波，马治国. 著作权法定许可中"教科书"的概念辨析 [J]. 南京社会科学，2012（12）.

72. 陈尔寿. 加强乡土地理教学，为乡土建设服务 [J]. 人民教育，1982（3）.

73. 陈尔寿. 新编高中地理课本的说明 [J]. 课程·教材·教法，1982（2）.

74. 陈黎明，邵怀领. 古代蒙学教材的分类 [J]. 河北师范大学学报（教育科学版），2011（5）.

75. 程广文，宋乃庆. 论教学智慧 [J]. 教育研究，2006（9）.

76. 崔允漷，余文森，郭元祥，等. 在线教学的探索与反思（笔谈）[J]. 教育科学，2020（2）.

77. 杜成宪. 为"六经"配"四书"：宋代新经学课程体系的构建 [J]. 全球教育展望，2018（1）.

78. 杜萍，田慧生. 论教学智慧的内涵、特征与生成要素 [J]. 教育研究，2007（6）.

79. 杜仁菊，刘林. 脱嵌与再嵌：新时代中国青年亚文化的包容性重构 [J]. 毛泽东邓小平理论研究，2018（6）.

80. 段乐川，李莎莎. 编辑概念再认识：争论焦点与融合视角 [J]. 中国编辑，2020（1）.

81. 段雪雯，段京肃. 新媒体时代的传播利益博弈场：基于国家、社会、公众的"石头剪子布"游戏视角 [J]. 当代传播，2015（2）.

82. 高瑾. 谈主编负责制度下责任编辑对教材质量的掌控 [J]. 科技与出版，2013（9）.

83. GAY G，王明娣. 文化回应教学理论：背景、思想与实践：华盛顿大学多元文化教育中心 Geneva Gay 教授访谈 [J]. 当代教育与文化，2017（1）.

84. 葛洪. 新媒体背景下编辑活动的职能 [J]. 中国编辑，2020（1）.

85. 韩震. 用习近平新时代中国特色社会主义思想铸魂育人：统编普通高中思想政治教材的编写背景及主要特点 [J]. 基础教育课程，2019（19）.

86. 杭婷婷，冯钧，陆佳民. 知识图谱构建技术：分类、调查和未来方向 [J].

计算机科学，2021（1）.

87. 何中华. 弘扬优秀传统文化亟待澄清几个模糊认识 [J]. 理论导报，2017（4）.

88. 侯前伟，张增田. 基于功能—结构分析的教科书通用评价框架建构 [J]. 教育学报，2018（5）.

89. 侯前伟. 教科书内容的"文化选择"：内涵、评价依据与标准建构 [J]. 基础教育，2019（5）.

90. 胡扬洋，邢红军，谷雅慧. 物理教科书编写呈现科学方法的研究：以人教社高中物理必修教科书为例 [J]. 课程·教材·教法，2019（9）.

91. 江明，顾黄初，钱梦龙. 严格把关 积极扶持 促进教材建设健康发展：中小学各科教材审查的回顾 [J]. 课程·教材·教法，1998（4）.

92. 姜桐. 对历史教科书叙述方式的思考 [J]. 现代交际，2018（23）.

93. 康合太，沙沙. 数字教科书建设的探索与实践：以第二代"人教数字教科书"为例 [J]. 中国电化教育，2014（11）.

94. 柯劲松. 战后日本的历史观：七十年间教科书中的侵华战争记述之变迁 [J]. 南京师范大学学报（社会科学版），2017（6）.

95. 课题组. 中学数学课程教材与信息技术整合的思考 [J]. 课程·教材·教法，2002（10）.

96. 雷鸣. 教材的使命 [J]. 中学地理教学参考. 2019（12）.

97. 李朝晖. 意识形态与中国古代科学教育 [J]. 高等工程教育研究，2006（3）.

98. 李澄锋，陈洪捷. 知识生产方式的转型与同行评议的危机 [J]. 高等教育研究，2020（12）.

99. 李健. 大众文化视觉表征机制及其犬儒主义倾向 [J]. 学术界，2017（10）.

100. 李倩，陈晓波. 我国基础教育教材研究现状及发展趋势 [J]. 课程·教材·教法，2019（8）.

101. 李晓华. 论教学经验、教学知识与教学智慧的关系 [J]. 西北师大学报（社会科学版），2018（3）.

102. 李新，石鸥. 教学性作为教科书的根本属性及实践路径 [J]. 课程·

教材·教法, 2016 (8).

103. 李学. "教教材"还是"用教材教": 兼论教材使用功能的完善 [J]. 教育发展研究, 2008 (10).

104. 李学. 论学科核心素养的内涵及教学培育策略 [J]. 湖南科技大学学报 (社会科学版), 2017 (3).

105. 李云龙. 国家意志与教材实现: 新中国成立初期教科书编审路径及其启示 [J]. 课程·教材·教法, 2019 (12).

106. 林崇德. 中小学教材编写心理化设计的建议 [J]. 课程·教材·教法, 2019 (9).

107. 刘丙元. 当代青少年的话语模式及其发展特点 [J]. 中国青年研究, 2015 (11).

108. 刘丙元. 青少年的话语模式研究及其道德教育意义 [J]. 中国青年社会科学, 2016 (1).

109. 刘磊, 赵红艳. 青少年网络依赖的代际特征及教育建议 [J]. 当代青年研究, 2014 (4).

110. 刘启迪. 改革开放以来中小学教材编写的反思与展望 [J]. 当代教育科学, 2018 (8).

111. 刘真福. 中小学教科书编审流程: 以语文教科书为例 [J]. 出版科学, 2007 (2).

112. 陆贵湘, 何成刚. "历史从插图中走出来": 从插图设计评北师、华师、人教版新教材 [J]. 中学历史教学参考, 2002 (4).

113. 罗钢. 叙述视角的转换及其语言信号 [J]. 北京师范大学学报 (社会科学版), 1995 (1).

114. 盖昭桦, 云云. 物理学习困难的认知因素分析 [J]. 课程·教材·教法, 2003 (8).

115. 牛慧兰. 谈图书版权页的著作权问题 [J]. 中国出版, 1999 (7).

116. 牛瑞雪. 学者型教科书编辑的养成 [J]. 中国编辑, 2017 (7).

117. 戚业国, 孙秀丽. 我国普通高中学生批判性思维状况与教育应对 [J]. 教师教育研究, 2020 (2).

118. 漆涛. 教材学科逻辑和心理逻辑的二元对立与超越：基于杜威教材心理化的概念分析 [J]. 全球教育展望, 2015 (5).

119. 沙沙. 中小学数字教材标准化建设的思考 [J]. 科技与出版, 2017 (7).

120. 石鸥, 李祖祥. 教科书的空无内容与教师的应对 [J]. 教师教育研究, 2009 (5).

121. 石鸥, 张美静. 被低估的创新：试论教科书研制的主体特征 [J]. 课程·教材·教法, 2019 (11).

122. 孙秦敏. 社会主义意识形态的调适性变迁：基于国家治理现代化的视角 [J]. 湖北社会科学, 2018 (7).

123. 孙素青. 亚洲一些国家教科书出版及著作权归属 [J]. 出版发行研究, 1997 (2).

124. 孙智昌. 教科书的本质：教学活动文本 [J]. 课程·教材·教法, 2013 (10).

125. 田晖, 张铭命, 刘波. 中职数字化教科书建设的探索与实践：以上海市医药学校教科书开发为例 [J]. 中国职业技术教育, 2019 (32).

126. 田慧生. 加快推进课程教材治理体系和治理能力现代化 [J]. 人民教育, 2020 (5).

127. 田建平. 中国古代出版传播方式及其价值 [J]. 河北大学学报（哲学社会科学版）, 2002 (4).

128. 仝冠军. "焚书坑儒"与秦朝文化政策 [J]. 出版发行研究, 2009 (5).

129. 王本华. 统编高中语文教材的设计思路 [J]. 人民教育, 2019 (20).

130. 王超明. 古代蒙养教材编辑出版中的"人本化"倾向 [J]. 西南民族大学学报（人文社科版）, 2004 (8).

131. 王鉴. 教学智慧：内涵、特点与类型 [J]. 课程·教材·教法, 2006 (6).

132. 王嵘. 作为语言来学习, 发展数学抽象素养和逻辑推理素养 [J]. 中学数学教学参考, 2019 (25).

133. 王旭东. 历史教科书的错误折射出美国国家历史观 [J]. 史学理论研究, 2010 (4).

134. 王钰. 新技术条件下的图书编辑 [J]. 新闻传播, 2017 (11).

135. 王志刚. 我国中小学数字教材开发现状及发展建议：基于中小学数字教材典型产品调研的分析 [J]. 出版科学，2020，28 (5).

136. 韦志榕. 地理教材编写感悟 [J]. 课程·教材·教法，2011 (2).

137. 魏宏聚. 实用主义哲学视域中"教学经验"的意蕴 [J]. 教育发展研究，2019 (18).

138. 吴海涛. 教科书老编辑琐忆 [J]. 中国编辑，2015 (6).

139. 吴立宝，沈婕，王富英. 数学教科书隐性三维结构分析 [J]. 教育理论与实践，2017 (35).

140. 吴王杰，杨军. 融合教学案例　建设一流大学物理教材 [J]. 中国大学教学，2020 (6).

141. 吴小鸥. "教科书"考释 [J]. 华东师范大学学报（教育科学版），2020 (5).

142. 吴小鸥. 民国时期中小学党化教科书及其启蒙规定性 [J]. 中国人民大学教育学刊，2013 (4).

143. 徐蓝. 历史核心素养统领下统编高中历史教科书的编写 [J]. 课程·教材·教法，2019 (9).

144. 徐云知. 语感的本质探析 [J]. 中学语文教学，2003 (6).

145. 杨兵，王喜贵. 中美高中化学教科书支撑同一知识的实验设计和内容呈现比较：以"影响化学反应速率的因素"为例 [J]. 化学教育（中英文），2018 (5).

146. 杨可，冯希莹. 中国共产党与东北地区的抗日斗争再思考：基于国家层面对"十四年抗战"概念的明晰 [J]. 长白学刊，2019 (6).

147. 佘宏亮. 建设教材强国：时代使命、主要标志与基本路径 [J]. 课程·教材·教法，2020 (3).

148. 张恩德. 关于修辞与物理教材编写的思考 [J]. 教育理论与实践，2014 (17).

149. 张涛甫，鲍震. 读图时代的文字阅读：困境与出路 [J]. 现代出版，2020 (5).

150. 张晓洁，张广君. 教学认识论的当代转向：从知识论到生成论：生成论教学哲学的认识论镜像 [J]. 教育研究, 2017 (7).

151. 张雪, 张静, 姚建欣. 物理教科书中科学本质表征变迁研究 [J]. 全球教育展望, 2020 (7).

152. 张一麟. 我之国语教育观 [J]. 教育杂志. 1919, 11 (7).

153. 张元济, 杜亚泉, 等. 编辑共和国小学教科书的缘起 [J]. 教育杂志, 1912, 4 (1).

154. 张增田. 超越经验与常识: 教科书的教学性再认识 [J]. 课程·教材·教法, 2020 (1).

155. 赵长林, 周英杰. 新中国物理教科书 60 年之演进 [J]. 湖南师范大学教育科学学报, 2011 (2).

156. 中华书局. 新制中华初等小学国文教科书 [J]. 中华教育界, 1913, 2 (9).

157. 钟启泉. 教学活动理论的考察 [J]. 教育研究, 2005 (5).

158. 钟启泉. 确立科学教材观: 教材创新的根本课题 [J]. 教育发展研究, 2007 (12).

159. 朱晶. 科学教育中的知识、方法与信念: 基于科学哲学的考察 [J]. 华东师范大学学报 (教育科学版), 2020, 38 (7).

160. 邹丽晖. 高中物理教科书插图修订策略研究 [J]. 课程·教材·教法, 2019 (9).

161. ROBB M. Potential Advantages and Disadvantages of Digital Textbooks [J]. Nurse Author & Editor, 2019, 29 (4): 1 – 9.

162. SINGER L M, ALEXANDER P A. Reading Across Mediums: Effects of Reading Digital and Print Texts on Comprehension and Calibration [J]. The Journal of Experimental Education, 2017, 85 (1): 155 – 172.

163. WAMBARIA, M W. Accessible Digital Textbook for Learners with Disabilities: Opportunities and Challenges [J]. The Educational Review, 2019, 3 (11): 164 – 174.

后记

在人类文明的长河中，书籍一度被视为智慧和知识的象征，饱读诗书、笔畅墨酣曾是对学识水平的最高褒奖。自进入工业社会以来，知识生产和传播的状况急剧变化，知识的累积速度空前加快，不同类型知识价值此消彼长，读书有什么用、读什么书、如何读书等选择性困惑替代了皓首穷经的励志故事，社会普遍更加关心知识对个人的价值。伴随科技进步而来的经济繁荣的狂欢浪潮，导致对人自身存在的价值追寻与坚守迅速转向于心灵之外的物质世界，社会发展日新月异，而精神生活每况愈下。如何回归人的本身、协同精神与物质同步发展，是文化建设的重要议题，也是教育的应有之义。

教科书是教育的核心要素，在文化传承与发展中具有独特价值，其编辑质量在很大程度上决定着教育以什么样的内容和方式来引领年轻一代的成长。基础性、科学性和教育性等标准是教科书编辑的基本要求。基础性要求教科书精选促进学生核心素养发展的关键内容，寻求社会最需要的、学生最大限度能够学习的内容之间的最佳重合区域。科学性要求教科书选择的内容符合世界发展的客观规律和主流价值观念，并且遵循学生认知发展的阶段要求。教育性要求教科书对学生发展有明确具体的预期，为有效开展教育教学活动提供最佳支撑。面对众多教学科目、上亿的学生群体、庞大的知识体系、不断变化的教育理念和社会需求，教科书编辑面临的困难可想而知，迫切需要有系统的理论支撑和丰富的实践经验总结。

教材管理审定制度推动了教科书出版的空前繁荣，教科书编辑围绕内容、体例、排版等多个方面探索创新，积累了很多成功的经验。由于经费、时间、团队等多种因素影响，目前还没有形成多套教科书齐头并进的局面，教科书编辑研究仍以经验回顾为主，尚未出现系统、全面的成果梳理。基于这种现状，首都师范大学石鸥教授将《教科书编辑学》纳入国家出版基金项目"中国教科书理论研究丛书（第二辑）"，以期从编辑视角拓展教科书研究领域，从教科书使用的维度探讨教科书编辑的专业化问题，加快教科书编辑的学理化、科学化进程，推动更多学者关心、支持并投入教科书编辑学的理论建构。

从 20 世纪末起，石鸥教授及其团队就开始搜集、整理和研究清末以来的教科书，在教科书资料保存和理论创新等方面产出丰硕成果。我读博期间就有幸聆听石鸥教授教导，也与其团队大部分成员有不错的私人关系。我在教科书研究领域，特别是教科书编辑研究方面可以说是个门外汉，在学术的好奇驱动和石鸥教授的信任鼓励下，以"初生牛犊不畏虎"的心态完成《教科书编辑学》撰写任务，不敢以"始生之物，其形必丑"之辞来推脱学力不逮之实，诚惶诚恐等待读者批评。

书稿虽已完成，但责任并未卸下，教科书编辑学尚有诸多问题需要深入探讨。教科书编辑的专业属性与经济社会发展要求之间如何保持合理张力？教科书的内容统一、相对稳定与学生学习的多样化、差异化之间如何形成基本平衡？教科书如何以更好的方式为教学设计提供广阔空间，而又不过分限制教师的创造和生成？传统教科书编辑如何应对数字化时代的挑战？教科书编辑如何加快实现专业化，其成功经验如何更好总结与推广？只有群策群力、集中多学科智慧，才能充分发挥教科书在教育体系中的核心作用，使教科书成为教、学、考统一的主要凭借。

本书得以顺利出版，首先要感谢石鸥教授的信任、督促与支持，石鸥教授的学术大智慧大视野、温文尔雅的人格魅力、清新淡雅率真的语言风格，是指引我奋力前行的灯塔。感谢李海萍、李炳煌、谭千保、罗渊、刘奇玉、李胜清、莫运平等领导和同事的宽容理解，为我提供独立空间和充裕时间，启发我的写作思路。感谢"中国教科书理论研究丛书（第一辑）"的作者王攀峰教授、方成智教授、张燕华博士、刘景超博士赠书指导，给我树立前行的路标。感谢我的妻子默默承担家务，容忍我早出晚归，感谢我的父亲大病痊愈，使我不再两地奔波。感谢广东教育出版社的林蔺等编辑……

情绪可以飞扬，学术不能想象，教科书编辑学能够蹒跚起步，也一定能够走上康庄大道。是以为记。

李　学

2024 年 3 月